大是文化

活成了帝王將相

每個人都有某種時刻，能和權與利非常靠近，你怎麼選擇眼前的路？看38位將相帝王，洞悉人生成敗模式。

創造五億閱讀量的歷史自媒體
艾公子◎著

目錄

第二章 功過誰論？守業比創業更難

第三章 亂世，誰才是最後的贏家？

第六章　不懂得掩飾鋒芒，如何活長久？

第七章　有能力的人很多，有風骨的人很少

推薦序一

走進王者，閱讀權力的世界

「故事：寫給所有人的歷史」專欄作家／金老ㄕ

在我寫下這篇文章的前些日子，世界上發生一件眾人矚目的消息：大不列顛聯合王國女王——伊莉莎白二世（Elizabeth II），以九十六歲高齡過世。

這位坐在英國王座達七十年之久的君主，面對家國大事的變動，例如：冷戰興起、殖民地獨立、王室醜聞、脫歐趨勢……雖然沒有真正的實權，可她卻如坐針氈的應對，以免王室蒙羞，進而導致王權消逝。

而當伊莉莎白二世過世，絕大部分世人透過緬懷，肯定女王的表現時，隨即接班的查爾斯三世（Charles III），在承接母親鞏固王室的果實的同時，也要面對眾人的質疑。

兩位英國君主，用她的一生以及他的登基，告訴世人一個清晰的道理：欲戴王冠，必承其重！**正因君主擁有比平民更高的權力，權力的重壓往往將人最真實的一面逼迫出來**。

有人拚死爭奪但求大權在握，有人畏懼壓力而企圖逃脫，有人藉助權力造福為善，有人操縱權力恣意妄為……這些帝王往事被人記錄在歷史之中，而中國為自古以來少見的超大型國家，皇帝擁有的王權遠超諸國，也因此更加形象鮮明或是光怪陸離。

《活成了帝王將相》精簡概括的介紹多位中國帝王，他們有的被譽為英明神武，有的則被貶為昏君，有不少在屍山血海中搶得王權的狠腳色，卻也有最終恨不得能捨棄王權的悲情人物。

其實作為一個**人可謂相當複雜，可能既有高大上卻同時包含矮矬卑**，又或者某些人眼中的好人，在另一批人眼中卻是可惡至極。而作為一呼百諾影響萬民的帝王，他們的一個舉動往往就牽連甚廣以至於一言難盡。所以概括的寫法，可能只是簡單且片面的呈現。

但作為大眾讀物，深度的受限可用數量來截長補短。不同的帝王、不同的心性、不同的際遇、不同的結局，或許總有幾個場景能擊中讀者的心，能讓人找到他們想看的，又或是意想不到的洞見。

或許有些人將帝王的往事當作見聞或消遣。但對我來說，即便帝王已經不存在我生活之中，也不談那些執政掌權的上位者，**一般人其實有時跟帝王沒有兩樣，因為：我們總有掌握某種權力的時刻**。

那麼在掌握權力的時刻，我們會做出什麼？或許這是我們閱讀本書時，需要反覆思考的疑問。

推薦序二

在皇冠陰影之下的真實人生

podcast《一歷百憂解 Placebo Salon》主持人／李文成

皇帝，在這個兼有神話色彩與歷史厚重感的頭銜之下，彷彿是各種令人欽羨的集合：至高無上的聖旨、坐擁整個天下億兆黎民的生殺大權，帝國版圖與王朝偉業都能筆筆被寫入史冊、為萬世傳唱。正如同獨裁者所高唱的：江山與權勢是如此迷人多嬌，引得無數英雄競折腰。

然而，正因為這份工作的報酬太過誘人，在僅有一位的限制之下，千百年來，這都是一份風險極高的職位，不但容易過勞、引來野心者側目，甚至連家庭生活都會隨之破碎，而且難以安全降落。

從登基之初必須防範外戚干政、本家坐大、諸侯騷亂，還要考慮跟官僚集團如何取得權力的平衡點，是否要重用宦官集團進行制衡。到了執掌大權後，則開始思考執政路線，是否要以儒家的道德價值，作為本朝的唯一意識形態；具體救災應該如何處理；邊疆騷擾該武力鎮壓還是懷柔感化。

甚至回到自己家務事都不得輕鬆：是否要冊立儲君；立後宮何人為后；國本之爭會不會動搖朝廷；後宮的勾心鬥角是否與前朝黨爭有關。

更可怕的是，你身邊幾乎無人可信，高唱仁義的宰相難保不是王莽、曹操之輩，乖乖順從的也不缺嚴嵩、李林甫之流；與自己血脈相連的至親骨肉，也可能覬覦皇位；幾位皇帝父親把朝政搞到天怒人怨；外敵包圍京師時，可能突然將責任甩到繼承人身上，要求解決已經爛到不能再爛的攤子，例如宋徽宗與唐玄宗。兄弟手足、叔叔伯父更是危險到當除之而後快的存在，遠的來說有漢朝的七國之亂，近點來看也有康熙朝的九龍奪嫡。

千年來，華夏政權最為強大的唐朝，其歷代皇帝也在這頂壓得令人喘不過氣的皇冠之下，付出生命代價，除了開國者李淵與生命力旺盛的李隆基外，少有帝國最高統治者能活超過五十五歲。

《活成了帝王將相》透過三十八位皇帝的故事，為我們揭示站在權力顛峰的他們，執政生涯中有多少的無奈與痛苦：被定義為暴君的秦始皇在人生終點前，如何為了延續這套體制而掙扎；光武帝劉秀的溫和，其實是透過妥協換取世家大族支持的利益交換；唐代的小太宗，名義上中興大唐，卻因為他的得位不正，與歷史上最為啼笑皆非的「皇太叔」身分，在他的大中之治背後，有多少矛盾與作秀的成分？

無比精彩的閱讀體驗，讓我們更能思考，關於權力運作與需要付出的代價，也重新理解何謂「欲戴王冠，必承其重」的至理名言。

序
旁觀他人人生，讀懂歷史真相

關注歷史人物，尤其是那些有影響力的人，對於我們讀懂歷史的真相，有很大的裨益。這就是本書重寫帝王將相史的主要原因。

人性複雜。我們唯一能釐定的，僅有他人墓碑上最簡短的資訊——姓名與生卒年。在生與死之間，充斥無數的側面，像是一面面鏡子交互對照。

我們始終只是他人人生的旁觀者。

從秦到清，時代、境遇、使命，統統在變，本書中寫到的人物，有的把握自己的人生，有的失去唾手可得的東西，有的則被裹挾著前行，還有的在前所未有的巨變中修煉靈魂……他們的活法，無形中構成一部微縮的中國史——畢竟，大部分人走向人生終點時，只留下一聲嗚咽，而他們卻留下一聲巨響。

艾公子，係微信公眾號「最愛歷史」創作團隊的集體筆名。三名作者分別是鄭煥堅、吳潤凱和陳恩發。謝謝第一批讀者在「最愛歷史」閱讀本書部分內容，並提出一些寶貴的修改意見。另外，書中部分篇目曾在《同舟共進》、《青年文摘》、《意林》、《廉政瞭望》等雜誌刊載，謹致謝忱。
是為序。

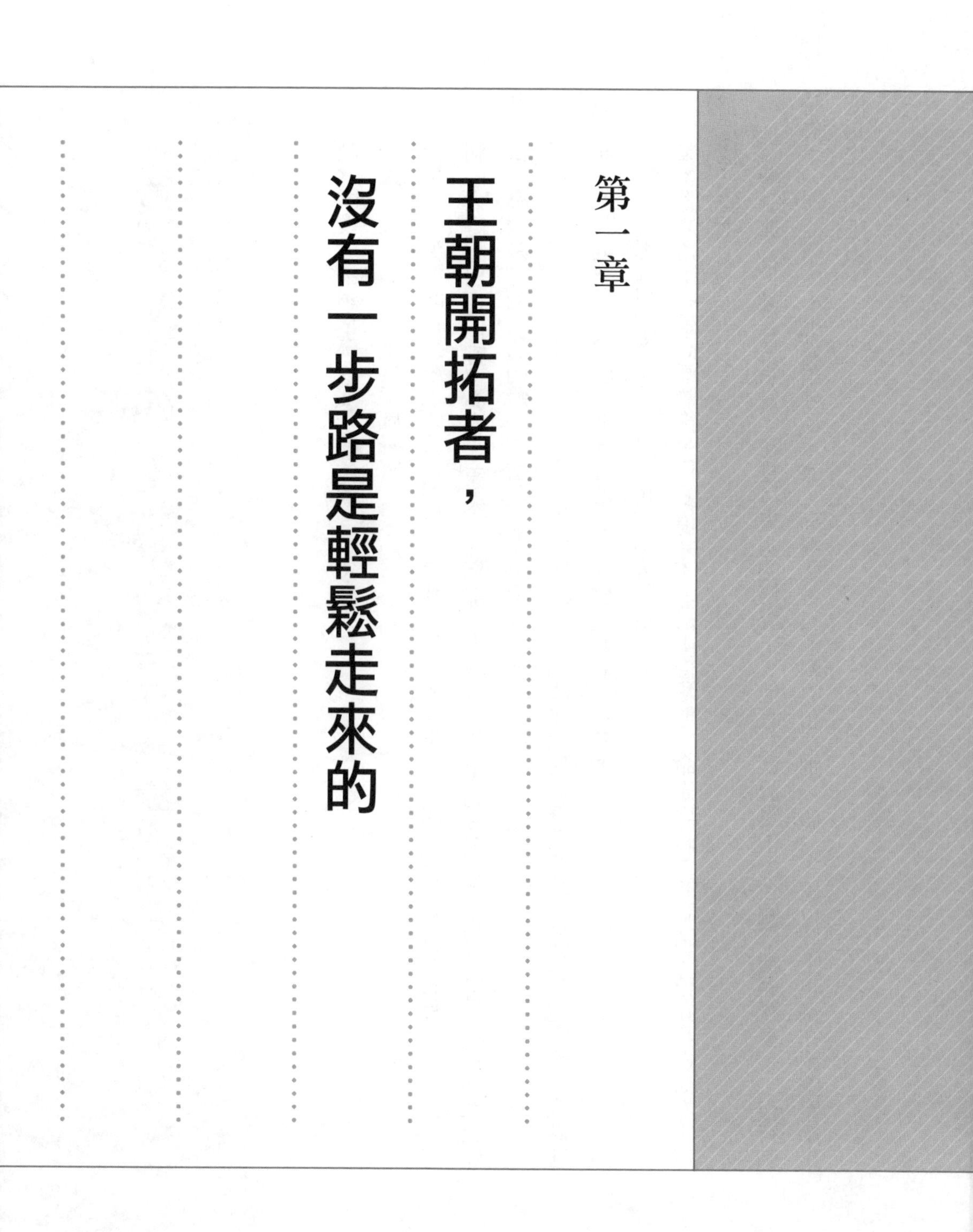

第一章

王朝開拓者，沒有一步路是輕鬆走來的

1 過度糾結生與死，秦始皇的迷信、暴虐與功業

滅六國後，秦始皇嬴政唯一的恐懼，是死亡。

一天，又一名刺客來到了咸陽宮。

他是一位流浪的音樂家，因擅長擊筑（一種形似琴的絃樂器）而得到秦始皇的召見。朝中大臣認出這個神祕來客。原來，他是朝廷追捕多年的逃犯高漸離。高漸離是荊軻的至交好友，當年嬴政躲過荊軻的刺殺後，對其親友下追殺令。

高漸離逃亡，隱姓埋名在一家店打工。店主人偶然間發現他的擊筑技藝，於是讓他表演。高漸離取出匣中塵封的樂器，演奏一曲悲壯淒美的燕歌，聽者無不落淚。之後，高漸離以無名樂手的身分再次引人矚目。

秦始皇知道來者是高漸離後，仍愛惜其才，捨不得殺他，命人熏瞎他的眼睛，留在身邊演奏，以為這樣就安全了。

高漸離進一步接近秦始皇，在雙目失明的情況下，他將鉛藏於筑中，企圖尋機砸死皇帝，但行刺時失手，沒能擊中。風蕭蕭兮易水寒，高漸離曾與荊軻唱和訣別，而今，這位壯士也倒在距離秦始皇咫尺之遙的地方。

從此之後，秦始皇再也不敢接近六國之人。

秦始皇最怕的是死，而世間欲殺其者，何止高漸離一人。

漢初三傑之一的張良，出身韓國貴族，年輕時也曾在秦始皇東巡路上設伏刺殺，因秦始皇早有防備，偷偷換了車駕而沒能成功。張良趁亂逃離現場，從此銷聲匿跡，直到秦末農民起義才再次出山，輔佐劉邦建立大漢王朝。

還有一次，秦始皇換上便服，與幾名武士在夜裡出行，遇到一夥強盜。當時情況十分危急，幸虧保鏢厲害，才殺退強盜。之後二十天，秦始皇下令在關中追捕逃犯，嚴厲整頓治安問題。

遭遇這麼多次刺殺後，秦始皇更加怕死。

秦王政二十六年（西元前二二一年），三十九歲的嬴政派秦軍兵臨齊國境內，秦國最後一個對手齊王建被迫投降。至此，六國滅，嬴政躊躇滿志的高坐於咸陽宮中。

嬴政想改秦王這個名號，丞相王綰（按：音同碗）、廷尉李斯等人商議後，上奏說：「當年五帝的領土不過千里，諸侯並未全受其控制。秦王興正義之師平定天下，設置郡縣，法令一統，這是亙古未有之事，五帝都沒法跟您比。古代有天皇、地皇、泰皇，泰皇最高大上，王應當改稱『泰皇』。另外，天子發布的政令改稱為『制書』或『詔書』，自稱為『朕』。」

嬴政不太滿意，只採納一半，他去掉「泰」字，並合併上古五帝的「帝」號，自封「皇帝」。此後兩千多年中國歷朝歷代最高統治者的稱號，就此誕生。

嬴政建立一個空前龐大的國家，他自封為皇帝，同時廢了諡號，並改叫始皇帝，「後世以計數，二世、三世至於萬世，傳之無窮」。

但不可一世的秦始皇，內心深處仍埋藏著對死亡的恐懼。

「夫天地者，萬物之逆旅也；光陰者，百代之過客也。」人的一生與天地山川相比，實在短暫無常。完成統一大業的秦始皇，享盡了人間的榮華富貴，卻唯獨無法逃避死亡，在秦始皇生命的最後十一年裡，他最糾結的便是生與死這個千古難題，最惦記的，也許是永不可能尋得的長生之藥。這一憂慮，驅使他追尋永生的幻夢。

坑儒：兩個方士講真話，上百人受牽連遭殃

話說，秦始皇統一六國後，為人津津樂道的事之一，是他在生命的最後十一年，出巡五次，最後還死在巡遊路上。

當然，秦始皇巡遊的目的是「東撫東土」、「威服海內」，樹立威望。

秦始皇二十八年（西元前二一九年），即滅六國後的第三年，秦始皇第二次出巡，向東到了泰山，召集齊、魯儒生七十餘人登上山頂進行封禪大典，並立石頌德，證明自己當上皇帝是受命於天。此次出巡，秦始皇有「意外收穫」，他在齊地遇到方士（按：即方術士，秦漢之後，多以道士稱之）徐福（一作「徐市」）的。

徐福對皇帝說：「你給我一筆錢，我帶著人坐船出海，給你找長生不老藥。」

據說，渤海之中有蓬萊、方丈、瀛洲三座仙山，遠遠望去虛無縹緲，山上宮殿為黃金白銀建造，禽獸草木皆為白色，一旦有人走近，仙山就消失無蹤。最誘人的是，仙山之上，「諸仙人及不死之藥

皆在焉」。

這個傳說從戰國時期就已流行，齊威王、燕昭王等都曾派人尋訪仙山，把仙藥炒作得越來越火。實際上，齊地靠海，航海者有時候會看到海市蜃樓，由於古人無法解釋這一現象，才演變成三仙山的傳說。

秦始皇卻信了徐福的話，派出數千童男童女，掏錢給他造船，讓他入海求仙。徐福這一走就是九年，其間杳無音信。可秦始皇對仙藥一直念念不忘，還把自稱改成「真人」，下詔：「我仰慕得道的真人，以後我就自稱真人了。」

徐福走後，秦始還皇任用一批方士為他求仙問藥，如盧生、侯公、石生、韓終等，這些人都從始皇那裡撈了一大筆錢。

讀史書，會發現秦始皇最後幾年的舉措，許多都與求仙問藥有關。

秦始皇三十二年（西元前二一五年），秦始皇第四次出巡，東臨碣石而歸，深得其信任的方士盧生給他帶來了一本圖錄（關於圖讖符命的書）。

書中有一句驚人的讖語：「亡秦者，胡也」。

這個「胡」會是誰？秦始皇最先想到北方的匈奴，他們是國家長期以來的邊患。秦始皇此次出巡，主要巡視的就是北方邊地。於是，他即命大將蒙恬率領三十萬大軍北擊匈奴，並召集民夫修建萬里長城。

燕人盧生沒能找到長生之藥，他的一句讖語，卻讓秦始皇大動干戈。

蒙恬率軍到達邊境後，為抗擊南下陰山、河套地區的匈奴立下赫赫戰功，僅用四年就帶領軍民修築萬里長城。

事實上，**秦長城並非全是秦朝時修建的**。春秋戰國時期，列國已開始修築長城。蒙恬透過增修戰國時期的長城，構建一道西起臨洮（今甘肅岷縣），東到遼東的防禦工程，其中西段原為秦昭襄王時修築的長城，而中東段原本是趙、燕兩國的長城。

這道防線對中原農耕民族抵禦北方游牧民族的入侵，有突出的貢獻，但也加重了百姓的苦難，磚石之間，盡是血淚。

秦代有一首民謠：「生男慎勿舉，生女哺用脯，不見長城下，屍骸相支拄。」意思是，生了男孩不要養活，生了女孩要好生撫養，君不見長城之下，是無數屍骨在支撐。中國古代重男輕女，可當時的人們寧願多生女孩，也不願男孩長大了去服苦役。

北擊匈奴三年後，秦始皇再次因方士的一番話下達殘暴的政令，但這一次，是方士惹怒他。

秦始皇三十五年（西元前二一二年），實行焚書令後，方士盧生、侯公等越懼怕秦始皇。他們本來就只會騙人，根本找不到仙藥，擔心總有一天自己也會倒大楣。

盧生與侯公聚在一起議論秦始皇，說這人剛愎自用、專任刑殺，自從兼併天下後，就以為自古以來無人能比得上自己，朝中雖然有博士七十人，其實都是擺設，全是他一人說了算，沒有人敢跟他提不同意見，只有執行嚴刑峻法的獄吏能得到他的信任。

他們還說，長此以往，上位者聽不到不同意見而日益驕橫，下位者為了博取信任，只會欺騙皇帝，這樣國家遲早完蛋。

這一番話很快傳到秦始皇耳中。秦始皇下令追捕時，他們已不知逃到何處。

惱羞成怒的秦始皇將氣撒在自己曾最信任的方士身上，說：「韓終說好給我求仙藥，卻不辭而別；徐福從我這裡得到的資費數以萬計，也沒找到仙藥；盧生接受我的巨額賞賜，如今還誹謗我。」秦始皇指責京城咸陽諸生「或為妖言以亂黔首」，這是極其嚴重的罪名。

既然搜捕不到盧、侯二生，秦始皇就拿咸陽的諸生（包括方士、儒生等）開刀，經過審訊，牽扯出四百六十人，將他們盡數坑殺，以威懾天下人。這就是臭名昭著的「坑儒」事件。

這一事件造成了秦始皇長子扶蘇與父親的決裂。

在得知諸生將被處死後，扶蘇表示：「天下剛剛平定，遠方百姓尚未賓服，諸生中有不少是誦讀孔子經書的讀書人，如此用重典加以懲罰，恐怕會引發天下的不安，請三思。」

秦始皇不聽，把扶蘇貶出咸陽，趕到上郡（今陝西北部）給蒙恬當監軍。

生病時只問鬼神，難怪被人鑽空隙

嬴政並未放棄尋仙問藥的幻想。

秦始皇三十七年（西元前二一〇年），秦始皇最後一次出巡。來到齊地，多年未見的徐福突然現身，秦始皇並未治他的罪，還召見他打聽仙藥的下落。

徐福知道秦始皇求仙心切，他說：「我已經找到蓬萊山上的藥，但海上有大魚經常添亂，因此臣無法上山，希望陛下派一些神箭手。以後再遇到大魚，我以弓弩射殺，就可能得到仙藥。」

秦始皇喜出望外，又撥款給徐福，讓他再次出海求藥。史載，孔武有力的秦始皇還親自操作弓弩，在芝罘（今山東煙臺）射殺一條大魚，為徐福的船隻保駕護航。

關於徐福的結局眾說紛紜，《史記·淮南衡山列傳》記載，他第二次出航，載著五穀種子，帶著三千名童男童女和多名工匠，漂泊到了海外一塊遼闊的土地上，從此自立為王，再未回朝。還有一些人認為，他最後到達日本。總之，長生不老藥沒音信了。

古代的皇帝大都迷信天象，偏偏在此前一年，出現天象「熒惑守心」。熒惑，指火星，當火星運動到了天蠍座中被稱為「心宿」的三顆星附近，並停留時，就稱作熒惑守心。古人認為，熒惑守心的寓意極不吉利。心宿中的三顆星分別代表皇帝與皇子，是爭奪皇權的象徵，表示帝王恐有亡故之禍。對貪戀權力又迷信神仙的秦始皇而言，這種天象真是太可怕了。

另外，據史書記載，這一年還發生兩件怪事。

先是一顆隕石掉落到東郡（中國古代的郡。始立於秦王政時期，終於隋。行政中心在今河南濮陽），人們上前觀察時，發現隕石上刻著字：「始皇帝死而地分」。隕石墜地不是大事，但這句話帶來的問題就大了。

秦始皇大為震驚，派人到東郡逐戶盤查，看是誰刻了這行字，結果無人承認。秦始皇當即下令，處死隕石周圍所有人家，並焚毀這塊刻字的石頭，此事才就此作罷。

不久後，另一件詭異的事讓秦始皇驚出一身冷汗。

這年秋天，一個使者經過華陰，被一個手持玉璧（一種中央有穿孔的扁平狀圓形玉器。穿孔稱作「好」，邊緣器體稱作「肉」）的人攔住，對方說：「請你替我把這塊玉璧送給滈池君。」臨別前，他還對使者說一句莫名其妙的話：「今年祖龍死。」

使者回到咸陽，向秦始皇彙報此事。秦始皇命人對此事進行占卜，得出的結果「游、徙吉」，意思是，只有出巡和遷徙百姓才能逢凶化吉。於是，秦始皇下令遷移三萬戶人家到榆中、北河地區，並給每戶人家賜一級爵位。

之後，秦始皇踏上人生的最後一段旅途。

這次巡遊歷時十個月之久，秦始皇帶上幼子胡亥同行，讓右丞相馮去疾為首的一幫大臣留守咸陽，左丞相李斯、上卿蒙毅與中車府令趙高等隨行。

《史記》記載，「至平原津而病」，也就是說，他們行至平原津（今山東境內）時，秦始皇得了重病。古文中的病，與現代漢語中的病，概念不同。古文中，較輕的病症稱為疾，只有得重病才稱作病。可見，秦始皇當時的身體情況不太妙。

秦始皇一如既往的迷信，他再次進行占卜，結果顯示是北方的山鬼作祟。嬴政的心腹大臣蒙毅因此被緊急派往各地名山祭祀，為皇帝祈福消災。

如此一來，趙高有了可乘之機。趙高曾教皇子胡亥書法、法令，並掌握皇帝符節、印璽，是秦始皇很信任的大臣之一。他決定利用職權之便，為自己撈取最大的政治資本。

隨著車駕渡過黃河，秦始皇的病情急遽惡化，一向害怕死亡的他，終於不得不承認人固有一死，在病危時命趙高草擬詔書，安排身後事。

這道詔書的具體內容已不得而知，只知其中一句，據《史記》記載：「……為書賜公子扶蘇曰：『以兵屬蒙恬，與喪會咸陽而葬。』」——讓扶蘇回咸陽主持喪事，蒙恬留守北方。

但這道關鍵的詔書，卻被趙高夥同李斯扣壓下來，之後，他們共同擁立胡亥繼位。這一撲朔迷離的遺詔事件，史稱「沙丘之謀」。

在沙丘平台（今河北廣宗），秦始皇結束了與死神的搏鬥，五十歲時撒手人寰。此時距他統一天下，自封皇帝，只過去了十一年。

從來就沒有神仙，一個人死了，就歸於塵土，什麼都沒了。

既是千古一帝，也是一代暴君

無論是生前，還是身後，秦始皇都是一個無比複雜的人物。

鮮有人會質疑秦始皇震古鑠今的功業。

嬴政少年即位，繼承秦孝公以來六位秦國國君的創業成果，為東周以來列國紛爭的亂世畫下句號，建立大一統的中央集權國家。

他廢分封、行郡縣、統一度量衡、修馳道、修長城、實行「書同文，車同軌」，每一個舉措都是順應歷史大勢的正確抉擇。

在滅六國後，秦軍北征匈奴、南平百越，更將國家版圖延伸到前所未有的寬度，如秦始皇東巡泰山刻石所說：「六合之內，皇帝之土，西涉流沙，南盡北戶，東有東海，北過大夏，人跡所至，無不臣者。」

秦始皇兼併六國後，十分勤政，據說他用秤砣稱量公文的重量，每天一定要批閱一百二十斤公文才休息。

秦始皇陵修了三十九年，前前後後用了七十萬人力。民工加班加點還沒修完皇陵，秦始皇三十五年（西元前二一二年），又動用民力，開始修建另一個空前絕後的工程——阿房宮。這個宛如仙境一般的宮殿，直到秦朝滅亡也沒建成，僅前殿就有十一個足球場那麼大，放在今日也堪稱超級工程。

中國歷史學博士葛劍雄統計，秦朝統一時，人口約三千萬。北京大學人文社會科學研究院邀訪學者李開元，根據史料推算秦朝為建設工程、南征北戰、後勤保障調集的勞動力，不下一千萬。

全國三分之一人口被派去服徭役，錢糧還得跟上，於是秦朝向老百姓徵收比以前多二十倍的田租賦稅。在秦始皇的暴政下，國家逐漸走向失控。

在秦始皇死後一年揭竿而起的陳勝、吳廣，都不過是一介平民，地位遠遠比不上六國的名門望族。他們只是因擔心誤期被判刑才鋌而走險選擇起兵，卻吹響反秦的號角，掀起全國的起義浪潮，原因正是在於大秦盡失民心。

陳勝與吳廣在起義前的會議上說：「天下苦秦久矣！」

劉邦起兵反秦時，為沛縣父老鄉親送去的一封帛書，也是寫著：「天下苦秦久矣！」即便如此，漢高祖劉邦仍繼承秦始皇的制度，並自詡為秦始皇的繼承人。

劉邦年輕時，不過是家鄉沛縣的一介亭長。有一次到咸陽服徭役，看到秦始皇的車馬出行，他不禁發出感慨：「嗟乎，大丈夫當如此也！」

劉邦打敗項羽，開創大漢王朝後，延續秦朝的政治制度，並在臨死之前，下一道詔書，派守墓人祭祀前代君王，其中說道：「秦始皇帝、楚隱王陳涉、魏安釐王、齊緡王、趙悼襄王皆絕無後，予守冢各十家，秦皇帝二十家，魏公子無忌五家。」

在劉邦的安排下，秦始皇及其後代祭祀的待遇遠遠高於其他國君。漢朝君臣在多次總結秦朝二世滅亡的教訓時，也不忘審視秦始皇統一天下的功績。

司馬遷在《史記》中對秦始皇的評價，也表明了這種態度，他引用賈誼的《過秦論》：「及至始皇，奮六世之餘烈，振長策而御宇內，吞二周而亡諸侯，履至尊而制六合，執搞朴而鞭笞天下，威振四海。」但他也批判秦始皇滅六國後驕傲自滿，一錯再錯，為秦朝速亡埋下禍根。

但從秦始皇對死亡的畏懼來看，千古一帝其實也是一個凡人而已。

趙高與李斯決定擁立胡亥後，為了掩人耳目，沒有立刻起駕回京，而是祕不發喪，載著秦始皇的屍體，沿原定的路線繼續巡遊。大隊人馬繞道最北邊的九原（今內蒙古包頭），再走秦直道（按：秦始皇為聯結關中平原與河套地區修建的通道）趕回咸陽，而後才向天下宣告，始皇帝已駕崩。

當時正值夏季，秦始皇的屍體早已腐爛發臭，為了掩蓋這股味道，趙高等人拉來了幾車臭鮑魚「以亂其臭」。在幾車臭烘烘鮑魚的陪伴下，始皇帝的屍體被運回了咸陽。

一個華麗而殘酷的時代，就此走向落幕。

2 從待人到治天下，漢光武帝終以柔道行之

建武十七年（西元四十一年），漢光武帝劉秀走上了人生巔峰。

在一次宴會上，劉秀和同族宗親舉杯暢飲。

看著他長大的伯母嬸娘們趁著酒酣耳熱之際，聊起劉秀的童年趣事。其中一人說：「文叔（劉秀字）年少時謹慎老實，與人打交道也不懂殷勤應酬，只知待人坦率柔和，不承想如今竟然能當上皇帝！」劉秀一聽，大笑：「我治理天下，也要推行柔和之道（吾理天下，亦欲以柔道行之）。」

從一介沒落貴族到一代中興雄主，劉秀始終以柔道善待文臣武將和天下百姓。

建武十二年（西元三十六年），大司馬吳漢平定蜀地，東漢的統一大業宣告完成。

坐天下未必比打天下容易。歷經多年亂世紛擾，如今另一個棘手問題擺在劉秀面前，就是如何處置開國功臣。

鳥盡弓藏，兔死狗烹。元老宿將都知道，朝堂之上比沙場更為凶險，畢竟當年漢高祖劉邦就曾翦滅一批開國功臣，尤其是功勛卓著的異姓諸侯王。

與劉邦一樣，劉秀手下也聚集了一大批傑出人才，包括後世熟知的雲台二十八將、三十二名臣。他的「創業團隊」成分更為複雜，歷史學者朱紹侯將其分為四類：

1. 親屬集團，包括劉秀的妹夫李通、姐夫鄧晨等。這些功臣早在劉縯、劉秀兄弟起兵前，就已經參與籌劃工作，有「首創大謀」之功，是同吃一鍋飯的老戰友，還有血濃於水的親情維繫。

2. 南陽、潁川家鄉集團，如劉秀的老同學鄧禹，南陽人賈復、馬武，潁川人祭遵……這些人都是劉秀的老鄉，有的參加過綠林軍（按：指中國新朝末年主要的一支反對王莽政權的軍隊，由因旱災和蝗災造成的飢民所組成），有的是劉縯、劉秀兄弟所率領的舂陵軍老班底，都是反莽聯軍的骨幹。很多人還曾和劉秀一起參加過那場罄天下於一戰的昆陽之戰。

3. 河北集團，包括吳漢、耿弇（按：音同眼）等。這批功臣不是劉秀的嫡系成員，而是他領兵北渡黃河，在河北壯大事業時拉攏的人才。劉秀稱其為自己的「北道主人」，是他南下統一天下的關鍵力量。為取得河北豪強的信任，劉秀還迎娶出身當地名門望族的郭聖通。

4. 河西集團，以竇融為首，原是割據一方的地方軍閥，直到劉秀稱帝，與隴西隗囂、蜀地公孫述作戰時，才帶兵來投，助劉秀一臂之力。

天下初定，百廢待興，若換某些開國之君，早已磨刀霍霍向功臣，而劉秀卻想著怎樣才能讓大家吃好喝好，過上幸福快樂的日子。

劉秀的友善提醒，功臣安穩退休

建武十三年（西元三十七年），吳漢征蜀凱旋，劉秀設宴犒賞將士，並大封功臣。此次受封者多達三百六十五人，其中鄧禹為高密侯，食邑四縣；李通為固始侯；賈復為膠東侯，食邑六縣。

在此之前，有一次劉秀封賞功臣，諫議大夫丁恭曾提出異議：「以往分封諸侯，封地不過百里，以此形成強幹弱枝的局面。如今陛下封功臣四縣，不合法制。」

劉秀聽了之後，不以為然：「自古以來，都是因為無道才亡國，還沒聽說過由於功臣封地多而亡國。」其實，劉秀早已想好功臣的「退休方案」，便是「高秩厚禮，允荅元功」，用優厚的俸祿和隆重的禮儀來回報功臣，並削奪其權力。

在大封功臣的同一年，劉秀罷左、右將軍，轉而採用「偃干戈，修文德」、「去甲兵，敦儒學」的政治路線。這是一個信號，劉秀「友善提醒」功臣們。

東漢的開國功臣皆非不明事理之人，得知劉秀有意收繳權力，紛紛主動交出兵權。手握重兵的鄧禹、賈復深知，劉秀不願身在洛陽的功臣對他形成威脅，於是上交兵權，從此在家研究儒家經典。

鄧禹有十三個兒子，他讓他們各自研習一門技藝，專心治學，各盡其才，不許他們做紈絝子弟、不務正業。家中的一切開支則全部取自封地收入，沒有透過任何不法管道盈利，更不曾以功臣的身分肆意妄為。

隨著鄧禹、賈復放下兵權，耿弇等征戰四方的名將也交出大將軍、將軍印信綬帶，離開京城安享晚年生活。從此，不再過問政事，只有在加以「特進」（按：非正式官名，為引見之稱，朝會時位僅次於三公）之銜後，才定期進京參加朝會。

漢光武帝一朝，封侯的開國功臣中只有高密侯鄧禹、固始侯李通、膠東侯賈復三人曾和朝中大臣一起議論國事，其餘功臣都安然無恙的退隱，「保其福祿，無誅譴者」。

竇融想辭官回家保平安，劉秀慰留

劉秀收回兵權的舉措也曾引起一些功臣恐慌，到後來才知是虛驚一場，其中就包括竇融。

正如前文所說，竇融不是劉秀的嫡系舊臣，他一度經營河西五郡以據境自保，直到建武五年（西元二十九年）才獻地歸漢。劉秀大封功臣後，將竇融由冀州牧改封為大司空。大司空位列三公，竇融此番扶搖直上，正當春風得意之時，卻愁得茶飯不思。

竇融自知不是劉秀的元功宿將，功勞也比不上其他大將軍，每次朝會都表現得十分謙卑，其神情和言辭一點都不像曾經割據一方的軍閥。

劉秀見竇融態度如此謙遜，反而更加厚待他。劉秀臉上笑嘻嘻的，也不懷惡意。

竇融內心卻仍惶恐不安，幾次上書辭職，並對劉秀說：「臣的兒子早晚都在研讀儒家經典。臣不讓他學習天文，也不許他研究讖緯之學，只希望他恭敬怕事，恂恂守道，而不希望他有任何才能。」言外之意是我一家都是老實人，陛下就高抬貴手吧。

之後，竇融為辭官三番五次請求單獨晉見劉秀，都被劉秀拒絕。

有一次朝會結束，竇融獨自一人在席間徘徊。劉秀知道他又要談辭職，就命左右（侍者）趕緊催他回家。

幾天後，劉秀又見到竇融，就對他說：「我知道你又來提辭職，歸還封地，所以才讓左右告訴你，天氣熱，暫且回去納涼。今日相見，應當談論其他事，不准再說辭職。」

從此之後，竇融就不再提辭職的事情。光武一朝，竇融滿門顯貴，深得劉秀信任，自然也沒有遭到誅滅。

君臣之交，東漢做最好

一天，劉秀將尚健在的開國功臣請到宮中，大擺筵席，喝酒聊天。老臣們興致很高，舉杯開懷大笑，暢談舊事，從昆陽之戰聊到收編銅馬，從平滅赤眉（民變）說到得隴望蜀。

酒過三巡，劉秀看著大家的醉態，說：「假如諸位生活在太平盛世，沒有這番機遇，你們自認為能做到什麼官爵？來，都說一說。」

鄧禹率先發言：「臣自幼學習儒家經典，可以在南陽郡中當文學博士。」

劉秀笑道：「高密侯太謙虛了，以你的志向和學問，至少也可以做個功曹。」功曹只是郡守或縣令的佐吏，劉秀這句話其實也有幾分調侃的意思。

鄧禹說完，其餘功臣一一回答，場面一片和諧。輪到楊虛侯馬武發言時，在場功臣都十分期待。馬武綠林軍出身，是劉秀手下的一員猛將。他為人任氣使性，醉酒時經常在御前折辱同列，說話無所顧忌。每次馬武喝醉，劉秀總覺得又好笑又好氣，故意逗他說話，以此取樂。

馬武一聽劉秀發問，大大咧咧的說：「臣剽悍勇武，可以做都尉，督捕盜賊。」

劉秀聽完連連搖頭，笑說：「你只要不做盜賊，到亭長那裡自首，也就可以了。」眾人聽了，都捧腹大笑，馬武這才知道劉秀又拿自己開玩笑，只好跟著傻笑。

從這段君臣對話中，可看出劉秀與功臣們既是君臣，也是好友。在經過多年出生入死、征戰四方後，他們仍如最初起兵時那樣其樂融融。

對此，明末三大思想家之一王夫之曾讚嘆：「光武終不任將帥以宰輔，諸將亦各安於韎韐（按：音同妹夾。韎，用茜草染皮革；韐，古代皮革製成的胸甲）而不欲與於鼎鉉。嗚呼，意深遠矣！故三代以下，君臣交盡其美，惟東漢為盛焉。」

這是說，劉秀不任命開國將帥為輔政大臣，而這些開國功臣也都安於現狀而不做非分之想。自古以來，開國君臣之間保持這樣善始善終的美好關係，只有東漢做得最好。

嚴子陵的高尚，離不開劉秀的成全

劉秀一方面「鑑前事之違，存矯枉之志」，吸取前朝經驗教訓，不任命功臣為重臣；另一方面又「退功臣而進文吏」，任用一大批懂得治國安民之術和封建典章制度的文人儒士治理國家。劉秀禮賢下士，為招攬人才不怕拒絕，多次求索。拒絕他的名士中，最著名的當屬嚴光。

嚴光，字子陵，是天下聞名的高士。劉秀貧賤時曾與他遊學長安，有一段同窗之誼。

亂世之中，劉秀起兵，匡扶漢室，嚴光隱居，更名改姓。等到劉秀稱帝，嚴光早已不知下落。於是，劉秀命畫工繪成畫像，四處尋訪。苦等多年，終於有人上報：「齊地有一男子，披羊裘垂釣於澤中，似乎就是嚴子陵。」

劉秀大喜過望，急忙遣使者攜帶禮品前去邀請。朝廷使者來往多次，嚴光才答應進京見劉秀。在嚴光進宮後，劉秀與他論道，回憶往事，一連數日。

故人相見，百感交集，劉秀問嚴光：「朕與昔日相比如何？」

嚴光回答：「陛下勝似往日。」

劉秀一聽，拊掌大笑，之後拉著嚴光一同在南宮寢臥歇息。嚴光坦然酣睡，無所顧忌，睡到一半竟把腳放到了劉秀的腹上，劉秀卻始終以禮相待，不曾發怒。

相聚多日，劉秀越佩服嚴光的才華，要封他為諫議大夫。嚴光再三推辭，不辭而別，從此在富春山中躬耕垂釣。劉秀也不再勉強，嚴光去世後，他命當地政府賜錢百萬、穀千斛將其安葬。嚴光以其高風亮節聞名後世。宋代范仲淹作《嚴先生祠堂記》，其中就有一句「雲山蒼蒼，江水泱泱，先生之風，山高水長」。

但是，嚴子陵的高尚節操，離不開劉秀的成全。

皇帝耍特權？郅惲不吃這套

劉秀不僅對嚴光這樣的世外高人禮遇有加，更以柔道厚待恪盡職守的直臣，而對阿諛奉承的小人嗤之以鼻。

郅惲，早年在江夏一帶以教書為生。劉秀「退功臣而進文吏」，郅惲正趕上當地推舉孝廉，被拜為上東城門候，也就是都城洛陽一個城門門官。

劉秀平生沒什麼不良愛好，就是喜歡打獵。有一次，劉秀到洛陽郊外打獵，一時興起，玩到晚上才回城，那時城門都已關閉——這是劉秀曾頒布的法令：都城到二更後緊閉城門，任何人都不准打開，違令者依法論處。

劉秀到了郅惲把守的城門，便下令打開城門接駕。郅惲不為所動，仍緊閉城門。劉秀以為郅惲不認識自己，就命左右隨從到城門前與其交涉，見他仍不相信，就親自策馬立於橋前。不料郅惲依舊閉門不開，還對著城下大喊：「夜裡看不清楚，按朝廷的規矩，現在不能打開城門。」

劉秀無奈下，只好從另一個城門入城。這一回，門官一聽說是皇帝御駕，二話不說就打開城門。

這事還沒完，隔天郅惲上了一道奏章：「從前文王不敢玩樂遊獵，因為他時時刻刻憂心老百姓。可是陛下卻沉迷山林遊獵，夜以繼日的遊玩，這對江山社稷會有什麼影響？如果陛下不能以此為戒，臣下實在擔憂。」

從文字內容來看，郅惲顯然知道昨晚城門外的人是劉秀。

前一晚，劉秀在城門外耽擱許久，覺都沒睡好，第二天看到這道奏章，竟然也不發怒，反而感慨這個守門小官是個鐵面無私的賢臣。劉秀將郅惲請來。一番交談後，發現此人果然才能出眾，便賞賜郅惲布帛一百匹，讓他擔任太子的老師。至於那天夜裡放劉秀入城的門官，則被貶出京城。

漢光武帝一朝，因敢言直諫、秉公執法而得罪劉秀的人，劉秀也經常不追究。

江夏郡太守董宣不畏權貴，當街懲處公主家中殺人犯法的奴僕，得罪了劉秀的姐姐湖陽公主。公主找劉秀告狀，董宣因此差點被亂棍打死在殿上。可當劉秀得知事情原委後，當即放過董宣，只要其向公主磕頭謝罪。董宣寧死不從，劉秀只好命人將這個「強項令」（按：強項，即頸項強直不曲。形容人剛正不阿）拉出去，並賜其三十萬賞錢。

雲台二十八將之一祭遵曾被劉秀任命為軍市令，協助掌管軍紀。劉秀的侍衛因私取庫府黃金，觸犯軍法，被祭遵處死。

劉秀得知後勃然大怒，好在身邊主簿（按：中國古代官職名稱，屬於文官，主管文書簿籍及印鑑）提醒，才想起祭遵依法辦事。於是赦免了祭遵先斬後奏的罪名，反而讓他擔任刺奸將軍，授予其監督諸將的權力。

從沒落貴族到一代雄主，始終以柔道待天下

劉秀不僅以柔道待眾臣，更以柔道待天下百姓。

他曾目睹王莽之亂造成的「野穀旅生，麻菽尤盛，野蠶成繭，被於山阜」淒涼景象，稱帝後更是時時不忘生活艱苦的老百姓。

西漢末年以來，大量社會勞動力淪為奴婢，劉秀深知其害。從建武二年（西元二十六年）到建武十四年（西元三十八年），他下達關於釋放奴婢的九道詔令，宣布：「民有嫁妻賣子欲歸父母者，恣聽之。敢拘執，論如律。」大量奴婢因此返歸田園。

為更進一步減少剝削，劉秀實行輕徭薄賦（按：減輕勞役，降低賦稅），改為三十稅一，山林川澤不再徵收「假稅」（按：出租、借貸所徵的稅）；為了撫平戰後創傷，恢復生產，劉秀體恤民情，尤其重視農業，柔和寬待農民。

建武十九年（西元四十三年）秋，劉秀南巡路過汝南郡南頓縣，設酒宴賞賜當地官員，並下令免除南頓縣田租一年。

當地人居然還不滿足，趨前叩頭說：「陛下的父親曾在這裡居住，陛下也熟悉此地，每次來都給我們很多賞賜。請陛下免南頓縣田租十年吧。」

面對如此「得寸進尺」的鄉親父老，劉秀非但沒有生氣，反而和他們討價還價。「治理天下責任重大，我經常擔心不能勝任，一天天的過還擔心出問題，怎敢預期十年之久呢？」

南頓縣官民就說：「陛下就是捨不得減免，何以講得這樣謙遜呢？」

劉秀仍然一臉和氣，放聲大笑，之後就把免租的期限加了一年。

劉秀以柔道待人，卻嚴於律己。每逢清晨上朝，到下午才肯甘休。他曾多次請公卿大臣入宮討論經書義理，直到半夜才休息。

太子劉莊（漢明帝）不忍心看父親太操勞，進諫道：「陛下有禹湯之明，而失黃老養性之福，願頤愛精神，優遊自寧。」

劉秀擺擺手，說：「我自樂此，不為疲也。」

中元二年（西元五十七年），常年為國事操勞的劉秀病倒在洛陽南宮，從此再也沒能站起來。一向提倡薄葬的劉秀在遺詔中說：「朕無益百姓，皆如孝文皇帝制度，務從約省。刺史、二千石長吏皆無離城郭，無遣吏及因郵奏。」在生命的最後一刻，劉秀仍牽掛他的國家、大臣和百姓。他只希望國泰民安，不求有人為他痛哭流涕，歌功頌德。

想當年，劉秀與宗親宴飲，坦言：「吾理天下，亦欲以柔道行之。」日後，劉秀成功兌現了這個承諾。這個馬上取天下的漢光武帝，終以柔道治天下。

3 趙匡胤稱帝，一根擀麵棍打出來的新朝代

後周顯德七年（西元九六〇年），正月初二，作為後周大將的趙匡胤，被一則到處謠傳的消息，搞得有點惶恐不安。

此前一天，不知道從哪傳來的消息，說契丹聯合北漢再次南下進攻後周，慌亂之下，後周朝廷急忙命令趙匡胤領兵出戰，因為當時趙匡胤是後周兩大軍隊系統之一殿前司（按：禁軍指揮機構殿前都指揮使司的簡稱，五代後周開始設置的軍事機構）的最高統帥：殿前都點檢。

儘管事前已經做了大量準備，消息還是走漏出去，開封城裡到處傳言：「出軍之日，當立點檢（趙匡胤）為天子。」

正值新年，開封城裡的老百姓被這則傳言嚇得到處逃命，整個開封城裡人心惶惶，然而詭異的是，後周朝廷卻毫無反應，貌似對開封城裡的大騷動毫不知情，像是消息被封鎖了。

後周朝廷毫無反應，趙匡胤自己卻被嚇了個半死。惶恐不安的他馬上叫來家裡人一起商量：「外面的傳言如此厲害，怎麼辦才好啊？」

趙匡胤的姐姐當時正在廚房裡，她聽到後鐵青著臉，拿著擀麵棍出來打了一下趙匡胤，說：「大丈夫臨大事，行不行自己決定！不要來家裡嚇女人！」

對此，北宋史學家司馬光在《涑水紀聞》中表示，趙匡胤在被打後，若有所思，「默然出」（按：一聲不吭的離開家）。

臨走前，趙匡胤將家裡人全部藏到開封城中的封禪寺，以免失敗罹禍，因為他決定要幹大事了。

趙匡胤被姐姐打的兩天後，後周顯德七年正月初四早上，趙匡胤在離開封城不遠處的陳橋驛（今河南封丘東南陳橋鎮），發起一場被後世稱為「陳橋兵變」的政變，隨後迅速回師開封，逼迫八歲的後周恭帝柴宗訓「禪讓」帝位，演出中國歷史上的一齣禪讓大劇。

《宋史》等書說，這天早上，趙匡胤喝了酒還沒完全醒，糊里糊塗之中，將士們拿著一件不知道從哪裡搞來的黃袍，強行逼迫他當皇帝。

事情沒這麼簡單吧？確實不簡單，對此，趙匡胤早已密謀許久。要奪權，首先要掌握禁軍。

在後周世宗柴榮時期，後周擁有侍衛親軍司、殿前司兩大軍隊系統，而當時，趙匡胤只是殿前司的副將，殿前都指揮使；而當時的殿前司主將殿前都點檢，是後周太祖郭威的駙馬張永德——如何才能取而代之當上主將，真正掌握其中一支禁軍呢？

機會很快到來了。

一則傳言，讓趙匡胤無痛掌控軍隊

顯德六年（西元九五九年）六月，後周世宗柴榮病重，就在這時，柴榮不知道從哪裡聽到一則傳言，說「點檢做天子」。此時，作為禁軍大將的張永德兵強馬壯，而後周太子柴宗訓卻只有七歲，於是，臨死前幾天，柴榮下令撤掉張永德的殿前都點檢職務，改命趙匡胤接管殿前司。

四天後，顯德六年六月十九日，三十九歲的柴榮病逝。

在一個來路不明、不知道由誰製造的傳言的說明下，趙匡胤作為最大的受益者，順利得到了禁軍大將職務殿前都點檢。此時，他只有三十三歲。

後周時期，為了防止禁軍掌控國家命脈，軍隊被分為侍衛親軍司、殿前司兩大系統，後周世宗柴榮臨死前，趙匡胤透過一則廣泛流傳的傳言，順利當上殿前都點檢，掌控殿前司這支軍隊。

然而還有一支軍隊——侍衛親軍司怎麼辦？

當時，作為柴榮的皇后，後周恭帝柴宗訓的母親符太后還有一個身分：她的親姐妹是趙匡胤的弟弟趙光義之妻子。在符太后看來，趙匡胤是后黨、外戚成員，掌控禁軍，她心裡比較踏實；在趙匡胤一黨的攛掇（按：音同汆多，指慫恿，從旁勸唆人去做某事）運作下，侍衛親軍司的最高統帥、始終效忠後周的侍衛馬步軍都指揮使李重進，沒多久就被外派到揚州，做淮南節度使。

調走自己最大的軍事對手後，趙匡胤又在侍衛親軍司中，將自己人高懷德安排成侍衛親軍司馬軍都指揮使；另外一個自己人張令鐸，則被任命為侍衛親軍司步軍都指揮使。

如此一來，儘管李重進名義上是侍衛親軍司最高統帥，實際上只是外派揚州的淮南節度使兼侍衛親軍司馬步軍都指揮使，指揮權卻已經落到了趙匡胤等人手中。

不知不覺，在後周世宗柴榮死後半年，被符太后視為外戚和親信的趙匡胤，已然隱祕掌控了後周帝國的兩支軍隊。

說起來，趙匡胤的祖父趙敬，曾當過五代十國時期後唐的營州、薊州、涿州等三州刺史；趙匡胤的父親趙弘殷，則長期在後周侍衛親軍司擔任高級將領，為兒子趙匡胤留下了深厚的人脈。

西元九五六年，也是發生陳橋兵變前四年，五十八歲的趙弘殷在軍中病逝，死後還被後周世宗柴榮追贈為武清軍節度使、太尉。所以，後周帝國的軍隊系統中，到處都是趙弘殷和趙匡胤父子的人脈，而趙匡胤在後周的軍隊中，還加入一個連他在內，號稱「義社十兄弟」的組織。

義社十兄弟，是趙匡胤、楊光義、石守信、李繼勛、王審琦、劉慶義、劉守忠、劉廷讓、韓重贇（按：音同暈）、王政忠等十人，在年輕還是低級軍官時搞的一個結拜組織。後來，這些人有的成為後周朝廷的高級軍官。

在陳橋兵變前，義社之一的石守信已是殿前司的第三號人物殿前都指揮使；另外一位義社兄弟王審琦，則是殿前司的第四號人物殿前都虞候；而其他義社兄弟，則分散在後周的各軍隊系統中，擔任大大小小的職務。如此一來，整個後周的軍隊系統，都有趙匡胤的人。

姐姐手上的擀麵棍，「敲定」趙匡胤的決心

儘管籌謀已久，但發動兵變前，趙匡胤還是有點忐忑。這不，回到本文開頭，底下小兵就管不住自己的嘴，把「出軍之日，當立點檢為天子」一話，傳得整個開封城人盡皆知。除了蒙在鼓裡的符太后和小娃娃後周恭帝，開封城裡的老百姓已掀起一場大逃亡，搞得趙匡胤心裡惶恐不安，這才有了被他的姐姐用擀麵棍敲打訓斥的事。

趙匡胤一家對這場兵變早已了然於胸。因為在陳橋兵變後，趙匡胤的母親、榮升為太后的杜氏說

了一句很有名的話：「吾兒素有大志，今果然。」

後周顯德七年正月初一，一個詭異的消息從後周前線傳來，說契丹聯合北漢南下，軍情緊急（後來事實表明，應該是假消息），請求大將、殿前都點檢趙匡胤立刻帶兵出征，慌成一團的後周朝廷隨即傳令整軍出兵。

說起來，符太后和後周朝廷的重臣們忘記了十年前發生的一件事：後漢隱帝乾祐三年（西元九五〇年），樞密使郭威也是以契丹入侵的名義，趁機掌控軍隊發動兵變，建立後周。時間才過十年，隨著後周太祖郭威、後周世宗柴榮的相繼去世，孤兒寡母的後周小朝廷，已然忘了後周如何得以建立的大事了。

以軍情緊急掌控大權後，後周顯德七年正月初二，趙匡胤先是以他的副手、殿前副都點檢慕容延釗（按：音同招）作為前鋒，整軍出發離開封城。當時，與石守信、王審琦不同，慕容延釗雖然跟趙匡胤關係不錯，但他並不知曉趙匡胤的兵變計畫，所以趙匡胤將他打發走遠一點，以免妨礙大事。

新年的第三天，正月初三，趙匡胤整軍出發了，當晚，他就帶兵抵達了陳橋驛。

這天傍晚，自稱懂得天文的軍士苗訓先是大叫起來：「日下復有一日」原來，那會兒剛好日暈，但經苗訓這麼一說，似乎天機有變，大太陽要吞掉小太陽了！於是乎，將士們「相與聚謀」，說這不對啊，要變天了！

正月初四凌晨，趙匡胤的弟弟趙光義、家臣趙普等一幫子人馬湧進了趙匡胤的軍帳，把一件事先準備好的黃袍披在趙匡胤身上，然後跪下高喊萬歲。

暈暈乎乎，還沒完全「酒醒」的趙匡胤，跟手下們約法三章，說：「你們不要隨便殺人，不要隨便搶劫，這樣子我才能當你們的皇帝。」

將士們說：「一定、一定。」

沒商議卻能順利進行的叛變

在宋代史學家的渲染中，陳橋兵變似乎一呼百應，屬於一個完全沒有前期準備工作的突發事件。但司馬光有意無意的記下趙匡胤挨姐姐訓打「點撥」的事。

正月初四日，在陳橋驛黃袍加身當天，趙匡胤帶著大軍殺回開封城。

然而，在開封城的異動中，在開封城陳橋門值班的兩位警備隊長陸、喬二人（史書沒有記下詳細名字，僅留姓氏），在開封城幾日來的異動中，已感覺到不對，他們拒絕為趙匡胤打開城門，並與趙匡胤的部隊對峙；趙匡胤也沒有強行攻打，而是指揮部隊繞路到封丘門進入開封城，在那裡，趙匡胤的親信打開城門。

當時，作為後周兩大軍隊系統之一的侍衛親軍司的二把手（按：中國用語，相當於一個單位中地位居第二的領導）、馬步軍副都指揮使韓通正在皇宮內，聽說趙匡胤兵變入城的消息後，忠於後周朝廷的韓通在倉促之中，馬上帶著少數親兵出城迎戰，沒想到卻被趙匡胤的內應、義社兄弟石守信派兵伏擊。韓通隨後衝出重圍，並馬上派人搜捕趙匡胤的家屬，沒想到的是，趙匡胤的前鋒王彥昇已殺入開封城中，隨後，韓通及其三個兒子全部被殺。

聽說皇宮已經淪陷後，守衛陳橋門的陸、喬兩位警備隊長，不甘心投降趙匡胤，雙雙選擇上吊自殺，為後周殉國。至此，開封城中微弱的敢於抵抗的軍事力量，已全部消失。

陳橋兵變當天，趙匡胤隨即殺進開封皇宮。對於這場突如其來的兵變，宰相范質在憤怒之中，緊抓住副丞相王溥的手，指甲幾乎將王溥掐出血來。范質不顧生命危險，大聲質問趙匡胤，趙匡胤的部下羅彥瑰拔出劍，厲聲威脅范質等人說：「三軍無主，眾將議立檢點（趙匡胤）為天子，再有異言者斬！」

范質：「頗誚讓太祖，且不肯拜」，但被嚇得面如土色的王溥，隨即跪拜趙匡胤。

趙匡胤隨後強行逼迫後周恭帝馬上退位禪讓。開封皇宮內殺氣騰騰，翰林學士陶穀從懷中掏出逼迫後周恭帝禪讓禪文，恭恭敬敬的進獻給趙匡胤審閱，然後轉身交給范質等人。

陳橋兵變第二天，趙匡胤正式將後周國號更改為宋，並改年號為建隆。至此，宋朝正式建立。

趙匡胤奪權後，後周世宗柴榮還活著的四個兒子，之後的結局如下：後周恭帝柴宗訓在被迫「禪位」後，被降格為鄭王，十三年後去世，年僅二十一歲，無子；陳橋兵變後兩年，柴熙謹在十歲去世；柴熙讓、柴熙誨，按照北宋史學家、編撰《新五代史》的歐陽修的說法是：「不知其所終。」

至此，柴榮家族的血脈，從史書中消失了。

對於後世所謂「宋朝皇家厚待柴氏後人，封柴榮後裔為世襲崇義公、宣義郎」的記載，從血脈上來說，他們其實並非柴榮的嫡系子孫；因為真正的柴榮子孫，早已在歷史上或夭折或消失了。

趙匡胤想不到的是，陳橋兵變後十六年，也就是西元九七六年，他自己也會在一場詭異的大雪後離奇暴亡；而他僅存的兩個兒子趙德昭和趙德芳，一個自殺，一個離奇暴死。

4 鐵木真：史上最強征服者，影響世界八百年

成吉思汗的本名，是孛兒只斤・鐵木真。在他九歲那年，父親也速該死了。也速該是乞顏部的首領，他帶著鐵木真沿著斡難河（按：即現在的鄂嫩河，是一條位於蒙古和俄羅斯的河流）去另一個部落求親，回程路上遇到一群塔塔兒部勇士在野餐。

蒙古人一向豪爽，又或是因剛給兒子定下親事，也速該心情好，他不顧兩族恩怨，與塔塔兒部勇士一起喝酒吃肉。但對方認出眼前的人是孛兒只斤家族的猛將，知道他殺死自己不少弟兄，於是偷偷在食物裡下毒。也速該因此撒手人寰，留下了兩個寡婦和七個不滿十歲的孩子。

在經歷年幼喪父之痛後，鐵木真又經歷流離失所之苦、妻子被劫之恥、兄弟反目之仇等種種挫折與痛苦，最終成長為成吉思汗。

他是十三世紀最可怕的征服者，也是一個苦盡甘來的人。

同族的無情，塑造鐵木真的征服者性格

在蒙古高原，斡難河的源頭，流傳著蒙古人祖先的傳說：神話中，蒼狼與白鹿結合生下一個兒

子，他在神靈長生天的庇佑下成長，他的後代以狩獵與游牧為生。惡劣的環境鑄就了他們粗獷的外形，他們在無邊浩瀚的草原上馳騁縱橫。

出生於一一六二年的鐵木真，幼時就嗅到草原上血腥殘酷的氣息。陰謀、背叛與劫掠交織在一起，醞釀一齣齣悲劇。

鐵木真於草原崛起之前，各部落如同一盤散沙，仇殺不斷，還沒有統一蒙古的概念。鐵木真的一個追隨者後來回憶道，當時的蒙古諸部互相攻擊，人不安生，沒有一處安寧之地。同時，金朝皇帝為了阻止蒙古各部統一，採取打壓措施。鐵木真所在部落的一位祖先俺巴孩，因與塔塔兒部發生衝突，被仇敵抓捕後獻給金朝。金朝用慘無人道的酷刑折磨俺巴孩，將他釘死在木驢上。

俺巴孩臨死前向女真人發毒誓：「我的子侄眾多，他們復仇時一定會讓你們戰慄。」在當時，誰也不會將這個預言放在心上，可能只會輕蔑的說：「就這樣？」

多年後，蒙古人在成吉思汗的帶領下蹂躪金人，以鮮血祭奠俺巴孩的亡靈。

年幼的鐵木真失去父親，他成了流浪者，只能在絕望中求生存。

鐵木真的母親訶額侖是也速該擄掠而來的女人，在丈夫死後，她本來應該由同族的其他男人收繼，如果也速該與另一個妻子所生的兒子年齡足夠大，也可以成為她的丈夫。但在當時，沒有男人願意收留訶額侖和她的孩子。

不久後，鐵木真與母親得到消息，他們不再是這個氏族的一員了。由於家裡失去頂梁柱，在分配食物時，同族長輩直接忽視訶額侖一家。族人沿著斡難河向夏季的牧場遷移時，訶額侖母子被拋棄在原地，無人問津。史書記載，一個出身低微的老人站了出來為訶額侖一家鳴不平，抗議同族人的所作所為。不到十歲的鐵木真，卻親眼看到，無情的族人轉身離開時，將這個善良的老人刺死。

沒有人天生喜好殺戮，正是這樣的成長經歷，塑造了征服者的性格。

這個家庭並沒有因此消亡。訶額侖是一個堅強的女性，為了養活孩子，她卷起裙擺，日夜奔波，採拾野果為食，挖掘草根充飢。鐵木真學會磨獸骨作為利器、製作木箭，以捕捉鼠類作為食物。

隨著孩子年齡漸長，他們獲取的獵物也越來越大。鐵木真與家人們就這樣艱難的活下來。

妻子被擄，鐵木真統一蒙古的起點

悲慘的童年，讓鐵木真知道草原上的殘酷規則。

在白手起家的「創業」過程中，幫助鐵木真的人，是他的好兄弟與義父。

強大的部落札達蘭部常駐紮在斡難河沿岸，靠近鐵木真所在的乞顏部，其中有一個叫札木合的少年，與鐵木真建立親密的友誼。鐵木真與札木合相識後，經常一起打獵、釣魚，在結冰的河上嬉戲，在馬背上練習射箭。他們兩次歃血（按：古代盟誓時，用牲血塗在嘴邊，表示守信不悔。歃，音同煞）為盟，結為安答（義兄弟），誓言彼此永不相忘。為了表示對友人的忠誠，兩個孩子交換禮物，札木合送給鐵木真一個雄獐的指骨，而鐵木真給札木合一塊嵌有小片銅塊的寶物。第二年，他們如草原上一代代的獵人一樣交換了箭頭，這是成年人之間結盟的象徵。

後來，札木合成為札達蘭部的首領，他與鐵木真的誓約，成為兩人重要的政治資本。

鐵木真十六歲那年，迎娶未婚妻孛兒帖，這是其父生前為他定下的親事。

按照當時的風俗，鐵木真要準備一份與妻子嫁妝同等價值的禮物送給自己的父親。由於父親早亡，鐵木真決定將一件黑貂皮外套帶給他父親的摯友——克烈部的首領聶斯脫里。

克烈部生活在蒙古高原中部最肥沃的草原上，聶斯脫里年輕時與鐵木真的父親也速該結為安答，並肩作戰，並推翻克烈部的前任首領，奪取汗位。

聶斯脫里後來被金朝封為「王」，一些史書稱之為「王汗」。

王汗聽說朋友一家遭受的磨難，爽快的收下鐵木真的禮物，也就是認他為義子。於是，鐵木真與克烈部也結成了聯盟。

《蒙古祕史》等史書記載，此時的鐵木真更傾向成為部落的領導者，並沒有統一各部的野心。然而，一場意外將鐵木真推向了他人生中的第一場戰爭。

一天清晨，蔑兒乞部的一夥強盜闖入鐵木真的營地，擄走了鐵木真的新婚妻子和其他幾個女眷。鐵木真在慌亂中騎馬逃走，躲入黎明前的黑暗中。鐵木真面臨著人生的關鍵抉擇。如果不奪回妻子，他將一輩子蒙受屈辱，可他孤身一人，如何與蔑兒乞部為敵？

鐵木真想起了自己的義父與兄弟。他來到克烈部的營地，告訴義父王汗：「蔑兒乞人把我的妻子擄走了，請您發兵助我。」

王汗毫不猶豫的答應鐵木真的請求，說：「你父親曾幫助過我，我一直把他的恩情記在心間。現在正是我實現諾言的時候，我馬上發兵幫你搶回孛兒帖。」

鐵木真派人送口信給札木合：「兄弟，我的妻子被人奪走了，你怎麼為我雪恨？」札木合當即回信：「鐵木真安答被洗劫一空、愛妻被奪，我心肝俱裂。我們應該消滅蔑兒乞部，救出孛兒帖。」

他們為這場對蔑兒乞部的聯合作戰集結了四萬多人的軍隊，由札木合指揮。在義父與兄弟的大力相助下，聯軍鐵騎殺掠無度，戰利品堆積如山。這是鐵木真參與的第一場軍事襲擊。

大勝之後的他無心過問戰果，只想與妻子團聚，他在亂軍中聲嘶力竭的呼喊孛兒帖的名字。在找到妻子後，他告訴札木合：「我已經找到要找的人了，不要追擊窮寇，就在這裡安營紮寨吧。」

孛兒帖與鐵木真破鏡重圓後，發現自己懷孕了，她在幾個月後生下長子朮赤。這個名字的意思是「客人」。很多學者認為，儘管朮赤長大後得到父親重用，但鐵木真始終懷疑，他不是自己的親生兒子，而是流著蔑兒乞部人的血。也有一些學者指出，鐵木真為長子取這個名字，是為了表示，他們一家人是札木合的客人。

鐵木真奪回妻子後，帶著他的族人投靠札木合，他們為慶賀結盟宴飲狂歡，札木合與鐵木真更是共被而眠，親密無間。

多年後叱吒風雲的征服者，也有一段寄人籬下的歲月。但正是在這場戰役後，鐵木真開啟了統一蒙古各部的征途，而他的對手，包括札木合與王汗。

昔日的義父與兄弟，往後一統大業的敵人

十二世紀末，蒙古各部獨霸一方，聲勢漸起。在金人與周邊民族的壓制下，蒙古人融為一體已是大勢所趨，唯一懸而未決的問題是，誰將成為領導者。在當時的青年才俊中，札木合比鐵木真更有威望，一些部落也唯他馬首是瞻。

到西元一一八九年，之前已在戰爭中證明自己的鐵木真，得到其父親舊部的支持，在乞顏部貴族的推舉下成為首領，由此有了自己的「創業」班底。日後威震四方的蒙古軍名將博爾朮、速不台等，也在此時投入鐵木真麾下。

札木合對鐵木真的事業發展卻頗為忌憚，他只是把鐵木真當作自己的小老弟，可他的這位安答偏偏不想久居人下。這樣的兄弟情，註定不會長久。

此前鐵木真投靠札木合時，有一次，他們要拆除冬季營地，向其他牧場遷徙。札木合與鐵木真如往常一樣並駕齊驅，走在隊伍的最前方。那天，札木合卻突然跟鐵木真說了一句：「我們依山紮營，可以讓牧馬人住在帳廬裡；我們近河安寨，牧羊人飲食方便。」

鐵木真回家向母親、妻子講述這一情形。他們都感覺到，鐵木真與札木合的關係已經破裂。札木合的意思，是他本人要帶著馬匹到靠近山坡的地方安營紮寨，他的權力就像牧馬人一樣，而鐵木真應該帶著羊，到河邊建立另一個營地，當個牧羊娃。從此，鐵木真離開了札木合。兄弟之間的分裂，後來發展成為歷時二十年的戰爭，幾乎與鐵木真統一蒙古的過程相始終，並逐漸把所有蒙古人捲入其中。

最初，鐵木真的勢力難以與札木合抗衡。

西元一一九〇年，就在鐵木真被推舉為乞顏部首領的第二年，札木合的一個同族在一次搶奪鐵木真所部（按：管領）牲畜的襲擊中被殺，札木合以復仇為名，召集部下攻打鐵木真。鐵木真將所屬三萬人分為十三部迎敵，雙方交戰於斡難河上游。

在這場被後世稱為「十三翼之戰」的戰役中，鐵木真慘敗，軍營被衝垮，無數部下被俘。

憤怒的札木合不顧往日情誼，對鐵木真的部下展開極其殘忍的報復。他砍下一名對方將領的頭，將其首級繫在自己的馬尾上，這是馬最汙穢的部位，以此羞辱死者。札木合還用七十口大鍋烹煮年輕的男性戰俘，將他們活活烹殺。

在這場勝利後，札木合確實讓人們對他心生恐懼，但他對戰俘的暴虐，也加深了舊貴族與底層民眾之間的矛盾，蒙古的老百姓更加同情與支持戰敗的鐵木真。

札木合贏了此戰，卻失了人心。

與之相反，從小歷經磨難的鐵木真，再次在逆境中站了起來。

鐵木真之後削弱了乞顏部舊貴族的勢力，隨同王汗攻打塔塔兒部，又收服主兒勤部，消滅泰赤烏部，逐漸奪取了蒙古高原東部地區。在十三翼之戰的十一年後，他再次與札木合狹路相逢。這一次，他擊潰了以札木合為首的十二部聯盟軍。

隨著鐵木真的實力壯大，克烈部的王汗與他的聯盟也走向破裂。

西元一二〇二年，鐵木真向王汗提出親上加親，請求由長子朮赤娶王汗的孫女為妻，同時把自己的一個女兒嫁給王汗的孫子。

王汗的兒子桑昆卻對鐵木真日益強大感到不滿，堅決反對這門親事，說：「我的女兒如果嫁到他家，只能站在門後做妾婢，仰看坐在正位的主人。他的女兒如果嫁到我家，是坐在正位上做主子，俯視站在門後的妾婢們。」這兩門親事，都沒能談成。

鐵木真聽到這話，知道他與札木合的悲劇，即將發生在他與義父之間。

統一各部的戰爭，最終只有一個結果，就是出現唯一的領袖，帶領蒙古人走向顛峰。

王汗與鐵木真反目成仇後，鐵木真又遭遇了一場大敗。

《史集》記載，王汗大軍與鐵木真的軍隊交戰時，由於克烈部軍隊人多，鐵木真抵擋不住，便退卻了，當他後退時，大部分士兵已離開了他。鐵木真狼狽不堪，敗走班朱尼河畔，身邊只剩下十九人，只能射野馬為食，汲渾水以飲。史載，鐵木真舀起渾濁的河水，與追隨者們指天為誓：「使我克定大業，當與諸人同甘苦，苟渝此言，有如河水！」

西元一二〇三年秋天，鐵木真集結軍隊，對王汗展開復仇，突襲克烈部，徹底擊潰了自己的義父，奪得了蒙古草原的霸權。他的義父在逃跑途中被哨兵所殺，幾個公主成了鐵木真的兒媳婦，狂妄的桑昆流落到今新疆庫車一帶靠搶劫為生，被擒獲後處死。

王汗死了，札木合也敗了。

在最後一次輸給鐵木真後，札木合向西北逃跑，身邊只有五個那可兒（門戶奴隸）。這五個人將他綁了起來，押送給鐵木真。札木合臨死前對鐵木真說：「我若不死，只怕安答你夜裡睡不著覺，白天不能安心……在這一生中，義兄弟與我二人的名聲，從日出之地到日落之地，人人皆知。」

蒙古，疆域最廣的游牧帝國

克烈部滅亡三年後，草原上不再有蔑兒乞部、札達蘭部和塔塔兒部等鬆散的部落，這些部落已經臣服同一個男人，變成了一個統一的民族——蒙古族。

西元一二〇六年，鐵木真在斡難河上游召開忽里勒台（部落和各部聯盟的議事會），被推為成吉思汗，一手締造了蒙古帝國。

為什麼是成吉思汗？

成吉思汗開創的帝國，是世界歷史上疆域最遼闊的游牧民族帝國，延續了農耕民族與游牧民族的古老戰爭。但與以往的游牧征服者不同，**成吉思汗的軍隊實現了空前的紀律性，完成了從部落制到帝國制的轉變。**

鐵木真對境內所有牧民進行整編，建立千戶制，實行生產組織、行政組織、軍事組織為一體的政權體制，所有適齡男丁平時從事生產，戰時投入戰鬥。《元史》記載，蒙古帝國「家有男子，十五以上、七十以下，無眾寡盡簽為兵」，「上馬則備戰鬥，下馬則屯聚牧養」。

在消滅塔塔兒諸部時，鐵木真頒布軍令，規定統一指揮，不許將士各自搶奪戰利品：「戰勝敵人時，不可貪財。戰勝了敵人，那些財物都是我們的，我們共同分配。如果被敵人打退，退到最初衝出去的原陣地，就要反攻；不反攻者，處斬。」

這道軍令具有重大意義，主要是針對部落戰爭時期掠奪財物與軍馬隨意進退的弊端。

斡難河大會後，象徵著至高權力的徽旗九斿白纛（按：斿，音同遊；纛，音同道），迎著蒙古高原的烈風高高飄揚，而這僅僅是開始。

西元一二〇八年，金朝使臣帶來金章宗去世的消息，並向蒙古人遞交詔書，新任皇帝是衛王完顏永濟。

成吉思汗在帳外接見使臣，問道：「剛即位的皇帝是誰？」

使臣告訴他，是衛王。

成吉思汗不屑一顧，說：「我以為中原能做皇帝的都是人中龍鳳，這種庸懦之才也能做皇帝嗎？怎麼能拜這樣的人呢？」說罷，揚鞭策馬而去。

在生命的最後二十年，成吉思汗南下攻金，幾次大戰殲滅金軍精銳，掃蕩華北，使「河朔為墟，蕩然無統」；他進軍中亞、西亞，滅了強盛一時的花剌子模王朝，蒙古軍穿過今亞塞拜然、格魯吉亞（喬治亞）、俄羅斯境內，一直打到裏海。

長期以來在宋、遼和金之間周旋，立國已近兩百年的西夏，也被成吉思汗下了最後通牒。成吉思汗征討花剌子模時，曾經叫西夏一起，卻被拒絕了，西夏大臣還對蒙古使臣冷笑道：「兵力不足，哪裡有資格做大汗呢！」

西元一二二六年，六十五歲的成吉思汗發出了人生最後一怒，率領大軍進攻西夏。次年，成吉思汗在與西夏王朝的戰爭中去世。

鐵木真之死是一個謎，就連他的葬地也不為人知。成吉思汗死後葬在了蒙古高原的一個山谷——起輦谷裡。史載，有一次鐵木真出去打獵，發現這裡長著一棵孤獨的大樹，於是下馬靜坐許久，並對近臣說：「這個地方，就作為我的葬地吧，我和我的子孫就葬在這裡。」

如今，已經辨認不出成吉思汗的埋葬之地。

5 明太祖朱元璋為什麼「愛殺」功臣？

在父親朱元璋連續多年、大規模屠殺功臣後，太子朱標終於看不下去了。

這是洪武二十三年（西元一三九〇年）。朱元璋連續利用胡惟庸案、空印案、郭桓案屠殺功臣、官員十多萬人後，這一年，宰相李善長一門七十多人也被下令全部斬殺。對此，接受儒家教育長大的太子朱標規勸父親朱元璋說：「陛下誅殺過多，恐怕會傷了和氣。」

朱元璋聽後默默不語。第二天，他指著放在地上的一根長滿刺的荊棘，讓朱標撿起來。太子朱標怕扎手，猶豫著不知如何下手。

這時朱元璋才慢慢開了口，說：「我是怕你不好拿，為你剝光了刺，再給你，難道不好嗎？現在我殺的人，都是對國家社稷有危險的人，除掉他們，對你很有好處。」在朱元璋看來，太子性格文弱，所以他血洗英才薈萃的功臣集團，在某種程度上，也是在為孱弱的後代接班鋪平道路。

功臣集團，用完就丟

起初，他可不是這麼說的。

在西元一三六八年建立大明帝國後，非常推崇《孫子兵法》的朱元璋曾將兵術權謀斥為卑劣之術。他經常對臣子們說：「用仁者無敵，恃術者必亡。」然而，在持續多年的大規模屠戮功臣行動展開後，他卻改變口吻：「奈何胡元以寬而失，朕收平中國，非猛不可！」

在朱元璋看來，大明建國之初，蒙古人殘餘的北元勢力仍然虎視眈眈，在遼東、西北以及雲南等地，對明朝形成夾峙之勢，所以他仍然需要利用群臣。等到逐漸掃清北元勢力後，他開始覺得當初賴以起家的淮西功臣集團很礙眼。

朱元璋祖籍本是沛國相縣，與漢高祖劉邦所在的豐縣同屬今天的徐州市。由於家境貧寒，到了朱元璋的祖父輩時，舉家一再遷徙。而朱元璋則是出生在濠州（今安徽鳳陽），在親兄弟和堂兄弟中排行第八。他起初連正式的名字都沒有，父親只是給他隨便起了個名字叫朱重八。至於取名朱元璋，那是參加起義軍以後的事了。

朱元璋小時候給地主放過牛。在父母和大哥由於飢荒和瘟疫相繼死亡後，他又被迫當了和尚謀食。寺中無糧，他甚至當了三年乞丐，流浪四方。後來，朱元璋在親自撰寫的《皇陵碑》中，回憶這段流亡生涯，他動情的說：「朝望突煙而急進，暮投古寺以趨蹌，仰穹崖崔嵬而倚碧，聽猿啼夜月而淒涼。魂悠悠而覓父母無有，志落魄而佒佯。西風鶴唳，俄淅瀝以飛霜。身如蓬逐風而不止，心滾滾乎沸湯。」

西元一三五二年，朱元璋二十五歲，他在同鄉湯和的勸說下投奔紅巾軍，由此開始了他馳騁一生的軍事生涯。由於出生於淮河流域，因此朱元璋的功臣集團多為淮西人。建立明朝後，洪武三年（西元一三七〇年），他封賞李善長、徐達、常茂（常遇春之子）、李文忠、鄧愈、馮勝等六人為公爵，這六人全部為淮人。另外，他又封侯爵三十人，其中絕大部分也是淮人。對此，當時的詩歌描述說：「馬上短衣多楚客，城中高髻半淮人。」

然而，輔佐自己起家的「淮西勛貴」們仗著自己勞苦功高，常掠奪民田、貪贓枉法。朱元璋因此特意命令工部鑄造鐵榜告誡功臣集團：「不以功大而有驕心，不以爵隆而有怠心，故能享有榮盛，延及後世。」

對於起家自社會最底層，當過牧童、和尚和乞丐的朱元璋來說，他對於權貴集團有著本能的敏感。鑑於元朝末年社會豪強並起、欺凌百姓以致亡國的教訓，他一直保有警惕。於是，在光復北京，隨後又相繼平定西北和遼東，基本掃蕩北元的勢力後，覺得功臣們已經無甚大用的朱元璋開始下手了。

集權、殺臣，全是為了自家人

洪武十三年（西元一三八〇年），朱元璋決定對功臣集團先發制人，突然以圖謀不軌的罪名，誅殺宰相胡惟庸，並屠滅三族、誅殺其「黨羽」共一萬五千多人。

早已告老還鄉的宋明初政治家宋濂，本來與胡惟庸八竿子都打不著，可偏偏宋濂的孫子宋慎與胡惟庸關係密切，朱元璋一怒之下，意欲誅殺宋濂，將他逮捕至京城。

與朱元璋一同起自寒微的馬皇后勸告朱元璋：「民間百姓尚且懂得對老師以禮相待，何況宋濂早已致仕（退休）多年，與朝堂已無瓜葛，久居鄉里，為何要殺他？」但朱元璋堅持不肯赦免宋濂。

到了吃飯時，馬皇后故意不沾酒肉，朱元璋覺得奇怪就問為什麼。馬皇后回答說：「宋先生要死了，我是在為他祈福。」朱元璋至此才動了不殺之心。

另外，平時為人文弱的太子朱標挺身而出，為自己的老師宋濂進行死諫（按：大臣為了自己的想法被採納，而不惜冒犯領導者〔通常是皇帝〕的行為），以投河自盡為要脅，朱元璋這才宣稱放過宋濂，但將其全家流放到茂州（在今四川北部）。年老多病、經不起長途顛簸的宋濂，最終死在了流放路上。

誅殺胡惟庸後，朱元璋馬上宣布取消中書省，廢除當時已經存在了一千多年的宰相制度，並宣布由其本人直接管轄六部。由此，在中國歷史上能起到制衡皇權作用的相權被廢除。同時，他又將原來統管軍事的大都督府拆分為中、左、右、前、後等共五軍都督府，透過分權牢牢控制軍隊。將政權和軍權牢牢掌握在皇帝一人之手，使得**中國的帝制在朱元璋以後開始走向集權顛峰**。

為了管控功臣集團和整個王朝，朱元璋還宣布設置錦衣衛，並由其親自控制，四處偵察官員的舉動。對此，朱元璋不無得意的說：「有此數人，譬如惡犬，則人怕。」

透過革除相權、掌控軍隊以及製造特務統治，朱元璋的皇權越發鞏固。然而，他對功臣集團還是不放心。

誅殺胡惟庸等功臣整整十年後，洪武二十三年（西元一三九〇年），朱元璋又興起黨獄，以協助胡惟庸造反等名義，誅殺當時已經七十七歲的前任功臣宰相、韓國公李善長一門七十多人，以及猛將陸仲亭、唐勝宗等一大批功臣宿將。整個胡惟庸案前後歷時十多年，「詞所連及坐誅者三萬餘人」。

李善長被殺後第二年，虞部郎中王國用上書《論韓國公冤事狀》，公開為李善長叫冤。王國用表示，李善長與陛下出生入死，生前封韓國公，位極人臣，並且還是皇帝的親家（李善長的兒子娶了朱元璋的長女臨安公主），如果說他自己圖謀不軌還說得過去，但說他要幫助胡惟庸造反，實在太荒謬，難以服眾，請求陛下以此為戒，不要再行殺戮。

王國用本抱著必死的信念上書，不知朱元璋是否一時良心發現，竟然沒有發怒。其實，朱元璋自己心裡也明白，整個胡惟庸案前後所誅殺的功臣集團及連坐的三萬多人，其實基本都是一些「莫須有」的罪名，只是為了鞏固自家的天下。

朱早期為功臣流淚，晚年使人民噴血

大明建國初期，朱元璋與功臣集團也有過一段「溫馨歲月」。

在歷經十六年的征戰後，西元一三六八年，四十一歲的朱元璋登基稱帝。起初，他與功臣們的關係還算融洽。洪武初年，每當有功臣去世，朱元璋就感傷不已。鄂國公常遇春死後，朱元璋就親到棺材前祭奠。大都督府同知康茂才在陝州病逝後，朱元璋「親為文祭之」。衛國公鄧愈死後，朱元璋下令輟朝三日。

但是，隨著年齡的增長，朱元璋越來越冷酷。

應該說，年輕時長期緊張的戰鬥生活，使得他種下了陰冷殘酷的種子。到了晚年，隨著國事的繁冗勞累，他的身體每況愈下，當上皇帝不久後就患「心不寧」症，即心跳過速的病症，甚至常發高燒，「每心火炎上，喜怒不常」。心裡一煩，早期對待功臣和部屬的那種忍讓和細心，便開始消失。傳說，朱元璋有一次微服私訪，當聽到有個老婦人在路邊與人交談，竟然將「皇帝」稱呼為「老頭」後，他一回到宮中，立刻下令將老婦人及當地人全部殺光，並說：「張士誠死後，當地人至今還叫他『張王』，但對朕竟然大膽叫『老頭』，真叫人活活氣殺。」

對待身邊的嬪妃，朱元璋也是動輒殺戮。魯王的母親郭寧妃、唐王的母親李賢妃、伊王的母親葛麗妃因為觸怒朱元璋，被同時處死。朱元璋下令將三人的屍體裝在同一個大筐，埋在南京的太平門外。後來怒氣消除打算以棺木入殮三人，挖出屍體時卻發現早已腐爛無法辨認，只得勉強立了三個墳墓，以致後來唐王悄悄祭奠，都不知道自己的母親究竟是哪個墳墓。

後來，楚王的生母胡充妃由於被懷疑墮胎，也被朱元璋暴怒之下斬殺，「投其屍城外」。楚王哭著請求將母親屍體帶回下葬，朱元璋只下令給一條胡充妃生前用過的衣帶。楚王只能帶著衣帶回到封國，為母親做了個衣冠塚。

在誅殺胡惟庸、廢除宰相制度後，儘管將政權獨攬，但這也造成了一個嚴重後果，就是給朱元璋帶來海量的工作。根據史書記載，僅洪武十八年（西元一三八五年）九月十四日至二十一日，這八天時間裡，朱元璋就審批閱覽了內外諸司奏札，共一千六百六十件，處理國事計三千三百九十一件，平均每天要批閱奏札兩百多件，處理國事四百多件。

明朝的官僚集團在殺戮壓頂的高壓政策下，普遍不願擔責。因為既然所有的事情都是皇帝說了算，那麼官員又有什麼責任呢？

朱元璋將政務的最終審決幾乎全攬到自己頭上，這也使得他逐漸不堪重負。臨死前幾年，他就對身邊的侍臣說：「今朕年老，精力已倦。」

洪武二十五年（西元一三九二年），太子朱標病死，年僅三十八歲。接班人突然死亡，讓王朝再掀腥風血雨。

起初不殺武將，因為還要他們打蒙古

朱標去世這一年，朱元璋已經六十五歲。他所剩時日已經無多，而朱標的兒子、皇孫朱允炆這時才十六歲。為了鞏固接班人的江山，朱元璋覺得，他有必要繼續為後代「開路」。

在朱元璋看來，尾大不掉的功臣集團將是後代子孫的隱患。他先斬殺以胡惟庸、李善長為首的文人功臣集團連帶其宗族、下屬共三萬多人，而武將功臣集團此前之所以還沒大規模清除，是因為蒙古人殘存的北元勢力仍然還在，他仍然需要猛將們為他賣命。

但是到了明朝建國十九年後，洪武二十年（西元一三八七年），宋國公馮勝、潁國公傅友德、永昌侯藍玉等率軍二十萬人最終平定遼東。洪武二十一年（西元一三八八年），藍玉又帶兵遠襲捕魚兒海（今貝加爾湖附近）的北元朝廷，並俘虜了北元皇帝脫古思帖木兒的次子地保奴、故太子必里禿妃（按：昭宗必里克圖汗的皇后）等王侯貴族共三千多人，以及奪走北元朝廷的寶璽、圖書、金銀印章等，給予了北元朝廷以毀滅性打擊。

看到北元勢力已經被擊垮，朱元璋掂量著，武將集團們也沒什麼利用價值了。他開始尋思著下手的機會，太子朱標的病逝，更加使他覺得，如果不在有生之年加速剷除剩下的武將功臣集團，那麼他年幼的皇長孫也將很「危險」。

於是，在朱標死後次年，朱元璋以「謀逆」的罪名，處死大將軍藍玉以及景川侯曹震、鶴慶侯張翼、舳艫侯朱壽、定遠侯王弼、東莞伯何榮、吏部尚書詹徽、戶部侍郎傅友文等人，前後「族誅者萬五千人」，幾乎將整個明朝的開國武將集團殺了個精光。

至此，在前後將文臣和武將兩個開國功臣集團及其家族、下屬共四萬五千多人全部斬殺後，明朝的「元功宿將相繼盡矣」。

《明書》中記載：「（朱元璋）藉諸功臣以取天下，及天下既定，即盡舉取天下之人而盡殺之，其殘忍實千古所未有。」

朱元璋時代，什麼事都是砍頭理由

但朱元璋仍不滿足。

在陸續誅殺開國功臣集團的過程中，朱元璋又對整個官僚集團和民間地主豪強大開殺戒。作為當過牧童、和尚和乞丐的開國皇帝，朱元璋在內心深處有著強烈的自卑感。他內心深處湧動著不是你死就是我活的偏頗、狹隘的世界觀，對於功臣豪強更是有著發自本能的警惕和敵視——儘管這些人曾經是與他一起出生入死的戰友兼兄弟。

朱元璋晚年時，浙江府學教授林元亮在一份奏表內寫有「作則垂憲」四字，朱元璋認為「則」與「賊」近音，是在諷刺他農民軍出身，因此暴怒之下殺了林元亮。而常州府學訓導蔣鎮在《正旦賀表》中，寫有「睿性生知」，朱元璋認為「生」與「僧」近音，是在諷刺他當過和尚，將蔣鎮斬首。**儘管貴為帝王，但貧微的出身是朱元璋極度自卑的根源**。誰要是敢掀這個老底，或者是影射諷刺，立刻就叫他人頭落地。

而作為窮苦出身的孩子，朱元璋更認為，天底下的官僚集團都應該勤儉節約。於是，他強行壓低官員俸祿，部分底層官員俸祿「月不過米二石，不足食數人」，以致很多官員「不足以資生」，「困於飢寒」。後來的史學家感慨說，**明朝的官員是歷朝歷代工資最低的**。

不僅如此，朱元璋還發起規模浩大的反貪運動。在他治下，明朝官員貪汙六十兩就會被斬首，剝皮填草示眾。而追究起來，朱元璋時期很多官員所謂的「貪汙」，竟然是「收受衣服一件、靴二雙」、「書四本、網巾一個、襪一雙」。

戶部尚書滕德懋被人舉報貪汙，朱元璋隨即下令將他斬殺，還命令剖開他的肚子看看裡面有什麼。當看到滕德懋肚子裡都是一些粗糧雜菜後，朱元璋才感慨說：「原來是個清官啊！」

在不停的斬殺開國功臣集團的前後，朱元璋也大清洗整個官僚集團。其中僅洪武十五年（西元一三八二年）的空印案和洪武十八年的郭桓案，就前後連坐斬殺近八萬人，以致明朝從中央到地方、從官員到民間豪強，「大抵皆破」。

史載，從洪武元年（西元一三六八年）到洪武十九年（西元一三八六年），兩浙、江西、兩廣、福建地區的「所有司官，未嘗任滿一人」，因為他們在任期內要麼被拘捕，要麼被殺了。

這種不分青紅皂白，針對整個官僚集團、民間豪強乃至普通有錢人的大規模屠戮殺害，使得傳為江南首富的沈萬三家族幾乎被滅門。而讀書人則「多不樂仕進」、「以溷（按：音同混）跡無聞為福，以受玷不錄為幸」，部分人甚至不惜自殘來避免被錄取為官，以求自保。

在這種恐怖的社會氛圍下，朱元璋倖存的臣子們戰戰兢兢，因為不知道自己哪天就會被隨意處死，許多官員每天上朝前，都要和妻兒訣別，如果當天活著回家，就要私下慶賀。而這些倖存的臣子據說每天上朝，還要揣測朱元璋的玉帶怎麼擺放。如果朱元璋把玉帶高高貼在胸前，那就說明他當天心情好，可能不會殺人；但如果他的玉帶被按在肚子下面，滿朝文武大臣就知道情況不妙，可能有人要倒楣了。

損天下而肥自家，朱元璋給明朝留下隱患

朱元璋雖然對待開國功臣和全部臣民，以暴酷著稱，但對待自己的子女，卻是出奇的溫柔。明朝建國初期，朱元璋將自己存活的二十四個兒子和一個重孫全部分封為王。朱元璋給明朝官員們定下了歷代王朝最低的工資標準，使得著名清官海瑞甚至窮得吃不起肉，以至於當海瑞為老母親祝壽，破天荒買了一斤肉時，轟動了整個明朝官場。可與此同時，朱元璋卻規定皇族一旦被封為親王，其年俸祿至少在萬石以上，是明朝最高級官員的十幾倍，而這還不包括土地等大量賞賜。為了讓子孫後代過上最優越的生活，朱元璋還規定皇族子孫不必從事任何職業。每一個皇族後代，所有消費全部由國家承擔，十歲起還可以享受俸祿，結婚時國家發放房屋、冠服、婚禮費用，死後還有一筆厚厚的喪葬費。

對於官僚集團工資低得無法養家糊口，而皇族成員待遇卻遠超宰相的畸形狀況，明朝有人曾經私

下感慨說：「我朝親親之恩，可謂無所不用，其厚遠過前代矣。」

在朱元璋看來，整個天下都是朱家的，他剷除開國功臣、向太子朱標闡述「除刺」的心聲，包括強行壓低整個官僚集團的俸祿，其目的無非是損天下以肥自家。儘管帝王都有這個傾向，朱元璋卻將這種做法推到了登峰造極的程度。

然而，厚待親王皇族，也給明朝埋下了隱患。

從洪武十一年（西元一三七八年）開始，朱元璋將封為藩王的各個兒子派往藩國，這些皇子中「護衛甲士少者三千人，多者至萬九千人」。有的藩王還鎮守北方重鎮，例如駐守大寧（區域遍布今河北北部、內蒙古、東北等地）的寧王所部「帶甲八萬，革車六千，所屬朵顏三衛騎兵皆驍勇善戰」。藩王們分駐各地，在明朝初期拱衛了朱家的天下，但由於他們普遍身擁重兵，到了朱元璋晚年，這個問題已經開始引起朱元璋本人和明朝內部的擔憂。

對於這種分封制帶來的隱患，早在洪武九年（西元一三七六年），山西平遙一位小人物葉伯巨，就公開上書指出「分封過侈」，在後世將形成尾大不掉之勢。朱元璋因此暴怒，認為葉伯巨公然議論皇族內務，離間皇帝父子骨肉之情，遂下令將葉伯巨囚死獄中。此後，再也沒人敢說藩王尾大不掉的事了。

但作為皇位的接班人，皇太孫朱允炆也看得很清楚。

洪武二十五年（西元一三九二年）太子朱標死後，皇太孫朱允炆有一次跟朱元璋聊天，憂心忡忡的問朱元璋，假如「諸王不靖，孰禦之」？

朱元璋一時語塞，面對自己的這位皇太孫和王朝的接班人，他想起了當初那個「膽大妄為」的草民葉伯巨的分析。他想了想，反問朱允炆：「你覺得應該怎麼辦？」從小在皇宮長大、接受儒家教育的朱允炆說：「以德行感化他們，以禮法制約他們，這樣不行的話，就削減他們的封地，還不行的話就改立其他人或舉兵討伐。」

朱元璋點頭說：「是啊，也只能這樣了。」

為了給兒孫鋪路，朱元璋不惜大肆屠戮功臣集團和天下仕民，但對於自己分封藩王的這種肘腋之變，朱元璋卻像庸人一樣不以為然。

洪武三十一年（西元一三九八年）閏五月，朱元璋最終走完了自己腥風血雨的一生，終年七十一歲。臨死，他還囑咐要讓四十六位嬪妃殉葬。

朱元璋在死前發布的遺詔：「朕膺天命三十有一年。憂危積心，日勤不怠，務有益於民。奈起自寒微，無古人之博知，好善惡惡，不及遠矣。今得萬物自然之理，其奚哀念之有？」

雖然朱元璋臨死前禁止各位藩王進入京師憑弔，以防止他們趁機爭奪帝位，但他沒想到的是，他死後僅僅一年，建文元年（西元一三九九年）七月，他的第四子燕王朱棣，就在北平起兵叛亂。又三年後，建文四年（西元一四〇二年），朱棣最終攻占南京，建文帝朱允炆在戰亂中失蹤。朱棣奪位成功，成為後來的明成祖。

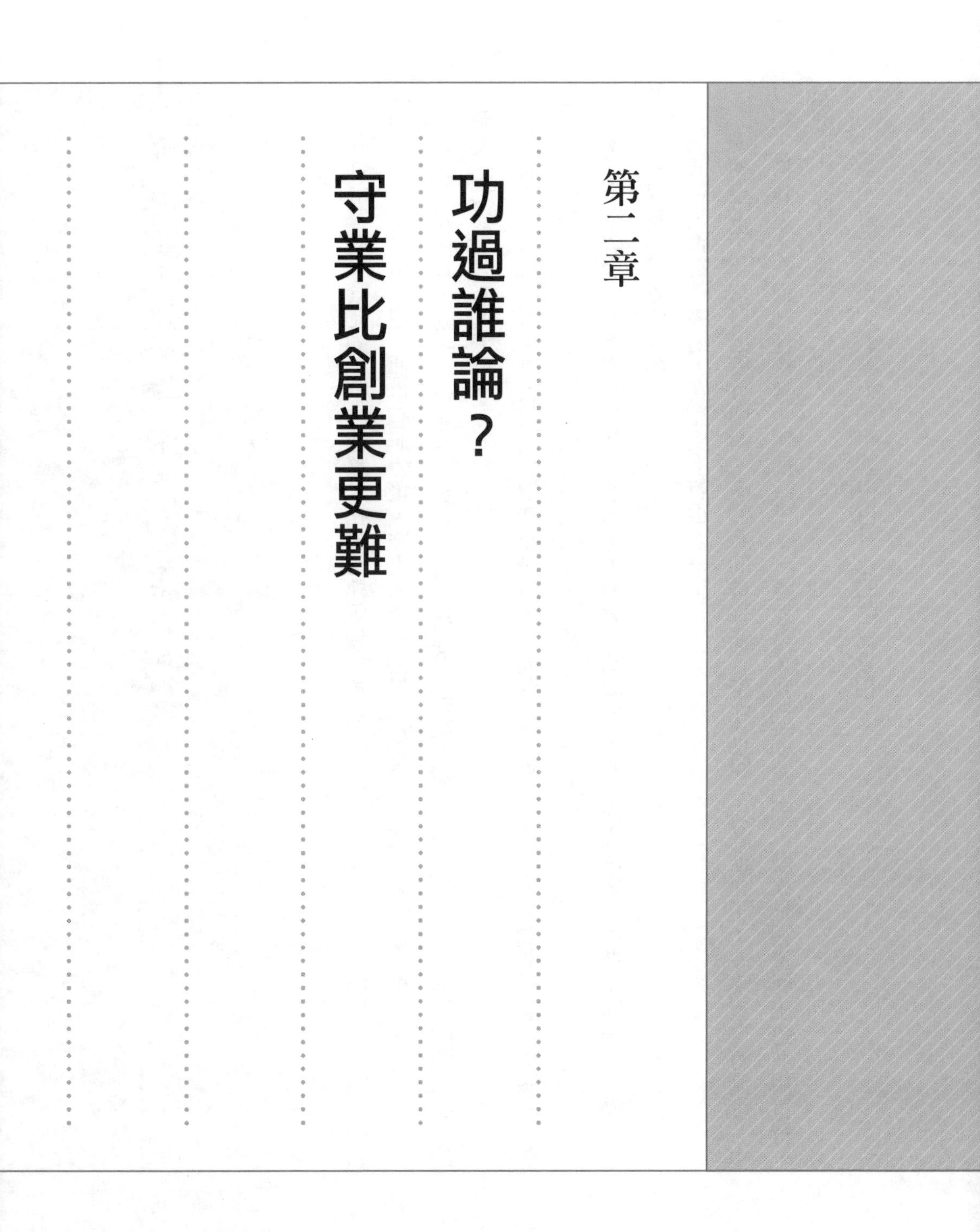

第二章

功過誰論？守業比創業更難

1 漢武帝不是尊儒術，而是唯我獨尊

董仲舒家有一套花園別墅，他整天在書房裡研習《春秋公羊傳》，多年來足不出戶。哪怕園中蟲鳴螽（按：音同忠）躍，他也心無旁騖，被人稱讚「三年不窺園」。這是個能幹大事的人。

元光元年（西元前一三四年），二十三歲的漢武帝劉徹舉辦一場「選秀」，董仲舒憑藉著名的《天人三策》一鳴驚人。

他將天人感應、君權神授的光環罩在皇帝身上，並跟漢武帝說，要約束人們的思想，消滅「邪辟之說」。具體做法，就是只讓人們讀儒家六經、學孔子之術，其他學說棄之不用。

漢武帝親政後，「尊儒」成為大漢的基本國策，此即所謂的「**罷黜百家，獨尊儒術**」。不過，這八個字**不是董仲舒本人說的**。

漢武帝是否獨尊儒術，在歷史上有很大爭議。

漢朝皇帝不認為自己獨尊儒術。漢武帝的曾孫漢宣帝在位時，告誡他兒子：「漢家自有制度，本以霸王道雜之，奈何純任德教，用周政乎？」意思是，我們漢朝治國，歷來是霸道與王道並用實行，怎麼可能純粹用道德教化呢？

在重重疑雲背後，藏著大漢帝國冉冉升起的隱祕真相。

外儒內法，是漢武帝政治手段，也是公孫夕的活命工具

董仲舒為漢武帝帶來用思想大一統（按：指在國家政治上的整齊劃一，經濟制度和思想文化上的高度集中）來維持政治大一統的主張，引導國家從百家爭鳴、私人著述的「子學時代」進入國家壟斷思想的「經學時代」。然而，董仲舒當時的地位並不高，在司馬遷的《史記》中，他也不過是與其他儒生合為一傳。這意味著，**漢武帝並沒有全盤採納董仲舒的對策**。

漢武帝說是獨尊儒術，實際上更傾向於重用法家的文吏。

獄吏出身的公孫弘喜歡研究《春秋》，他學問不如董仲舒，卻善於奉迎漢武帝。有一次，他對皇帝說：「董仲舒適合去膠西國為相。」

膠西王劉端是漢武帝的哥哥，此人殘暴凶狠，因寵倖的郎官與宮女偷情，他就誅殺這個郎官一家。每次有官員到膠西國任職，要依法辦事，劉端總會找罪名誣告他們，甚至將他們毒死。

在這個小小的諸侯國裡，多次發生二千石（按：郡守級別幹部的年薪，因此漢代稱呼郡守時往往以二千石代替）高官死於非命的案件。

公孫弘建議派董仲舒去膠西國為相，也許是想借刀殺人。所幸劉端對大儒董仲舒表現得挺客氣，但沒過多久，董仲舒就告病退休回家了。

漢武帝把董仲舒放到膠西國為相，卻重用獄吏出身的公孫弘，而公孫弘也看出漢武帝外儒內法的真面目。**獨尊儒術對漢武帝而言，不過是用來裝點門面而已，治國，不能只靠儒學**。

公孫弘早年在家鄉齊地做獄吏，賣過豬肉，後來跟隨大儒胡毋生研習《春秋》，成為朝臣時已年

過六十，古稀之年才拜相封侯。漢武帝一朝十三個丞相，有三個因罪免職、三個絕望自殺、三個論罪處死，公孫弘能壽終正寢，靠的就是以儒飾法，打通儒家與法家之間的那堵牆。

每次朝議，公孫弘總是引經據典，以公羊派學說對國家法令進行裝飾，以此討漢武帝歡心。遇到難辦的事，他都會察言觀色，按照皇帝的意思發言，或者讓直臣汲黯先發言，如果別的大臣在皇帝那裡碰壁，公孫弘就立刻改口。

時間久了，汲黯忍無可忍。汲黯向漢武帝揭發公孫弘的虛偽行徑，說：「齊地之人擅長詐騙，嘴裡沒實話。每次商議時，大家的意見是一致的，但是到上朝時，公孫弘總是出爾反爾，這是不忠。」一眾人的目光落在公孫弘身上。公孫弘卻反駁：「了解臣的人都說臣忠誠，不了解臣的才說臣不忠誠。」漢武帝也就沒有把此事放在心上。

公孫弘太懂外儒內法的門道了。

漢武帝在北方建朔方郡，公孫弘本來上書反對，漢武帝就派內朝大臣朱買臣提出十點責難，命公孫弘回答。公孫弘卻不敢公開辯論朱買臣的「十難」。退一步海闊天空，他一句也沒回答，反而承認自己錯了。

漢武帝不尊儒，而是唯我獨尊

在漢武帝手下執行皇帝意志的還有刀筆吏（按：掌案牘的書吏，簡稱刀筆），比如酷吏張湯。酷吏就是執法嚴苛的官吏，他們捍衛的是至高無上的皇權。

元狩四年（西元前一一九年），漢武帝採納大臣張湯的建議，進行第一次幣制改革，推出「白鹿皮幣」（按：簡稱皮幣）。同時規定，王侯宗室朝見，一定要花錢換皮幣做墊子。

所謂皮幣，主要材料就是一張一尺見方的白鹿皮，飾以紫色花紋，價值四十萬錢。這種只能用禁苑（按：帝王的林園）中的白鹿皮所製成的超級貨幣，只有漢武帝才有權力製造，他可以利用皇權，人為的操控其價值，無條件的將地方大量貨幣收歸國庫。

大司農顏異強烈反對推行新幣制，他表示：「王侯朝賀的玉璧一個價值才幾千錢，而作為墊子的皮幣卻值四十萬錢，這不是本末倒置嗎？」

大司農是九卿之一，主管國家財政，對政策發表看法本來無可厚非，完全合法。但張湯順著皇帝的意思，找人告發顏異，元狩六年（西元前一一七年），以腹誹之罪處死顏異。

腹誹，就是嘴上不說，心裡誹謗。張湯發現的證據，是有人去顏異家裡做客，對朝政表達不滿，顏異當時沒說話，嘴脣微微動了一下。張湯說，這就是腹誹。

漢武帝在位五十四年，其間可以列出一張很長的非正常死亡名單，其中多為護國功臣，死於構陷、權鬥或者「背鍋」：

元光四年（西元前一三一年），魏其侯竇嬰被殺。

元朔三年（西元前一二六年），齊相主父偃被殺。

元狩四年，前將軍李廣自殺。

元狩五年（西元前一一八年），丞相李蔡下獄自殺。

元鼎二年二月，即西元前一一六年十二月，御史大夫張湯自殺。

元鼎二年（西元前一一五年）十二月，丞相莊青翟下獄自殺。
元鼎五年（西元前一一二年），丞相趙周下獄自殺。
征和二年（西元前九十一年），丞相公孫賀下獄處死。
征和三年（西元前九十年），丞相劉屈氂下獄腰斬。

在加強大一統專制的過程中，遊俠郭解是另一個犧牲者。

郭解在民間素有俠名，他在洛陽時，不管當地出現什麼糾紛，只要他出面，三言兩語就能化解。有一次，郭解的外甥仗勢欺人，對別人強行灌酒，被那人刺死。郭解找到凶手後，得知他不過是防衛過當，真相是自己的外甥蠻不講理，就沒有怪罪凶手，而是把他放了，還說：「你殺得對。」

但這位名滿天下的大俠卻被舉報為地方豪強，列為「徙陵」對象。徙陵，是指漢代將地方豪強遷徙到位於關中的帝陵周圍居住，美其名為「護陵」，實際上是強制他們離開原籍，處於政府的就近監視之下。

徙陵名單一出，大將軍衛青替郭解求情，說他的資產並不符合徙陵的要求，家裡沒那麼多錢。漢武帝聽說後更加憤怒，認為郭解不過是一介布衣，竟可以讓大將軍為他說話，可見他確實有錢有勢，頗有威脅。

郭解遷到關中後，常有權貴與他結交，更加引起漢武帝的猜忌。後來，有舉報者被郭解的門客暗殺，漢武帝終於找到機會，下令將郭解逮捕。經過一連串調查，郭解被滅族，罪名是他身為布衣，卻「任俠行權」。

漢武帝興儒術、任用儒生，卻也重用酷吏；他建太學、推行察舉，卻也加強集權。

中國知名學者易中天說，橫行霸道的結果，就是「兩面三刀」。兩面，是賞與罰；三刀，是法家的法（嚴刑峻法）、術（陰謀手段）、勢（君主權勢）。

漢武帝的帝國，是皇權統治與官僚政治的帝國，**與其說漢武帝獨尊儒術，倒不如說是唯我獨尊。**

百姓，是國家財政困難時的挖錢管道

元朔六年（西元前一二三年），大將軍衛青在一年之間兩次出擊匈奴，殲敵過萬，為大漢狠狠的出了一口惡氣。

勝利的喜悅背後，是沉重的財政包袱。勝利後，漢武帝拿出黃金二十萬斤犒賞三軍。上萬名匈奴戰俘也得到厚賞，衣食由當地政府掏錢，讓他們感受一下大漢的溫暖，便於招降。

將士封賞、軍械馬匹、糧食衣甲、安撫降眾，一個也不能少。連年的戰爭耗盡了文景之治的國庫儲蓄，使漢朝陷入財政困難：「藏錢經耗，賦稅既竭，猶不足以奉戰士」。

為了挽救國家財政，漢武帝憑藉高度的集權，把民間的財富與勢力通通收歸中央，利用文景之治以來積累的財富，集中力量辦大事。

漢武帝推行了幾次貨幣改革，將鑄幣權徹底收歸中央，鑄造「上林三官五銖」，也就是歷史上有名的五銖錢。在壟斷鑄幣權的同時，漢武帝從工商業主手中奪回「山海之利」，將改革延伸到當時利益最為豐厚的幾大製造業——鹽、鐵、酒，實行「鹽鐵官營」。

為漢武帝推行財政改革的大臣都不是儒家，張湯本來是長安獄吏，而桑弘羊出身商人家庭，自年少起就在宮中當漢武帝的隨從。

漢武帝對獨霸一方的諸侯按照大臣主父偃的設計，實行推恩令。主父偃不是儒生，他的思想屬於縱橫家。推恩令的具體做法是，讓諸侯把土地拿出來分封給子孫。顧名思義，就是將皇帝的浩蕩隆恩延續到下一代，分封諸侯子弟為侯。諸侯子弟本來只有嫡長子有繼承權，現在每個人都可以有自己的土地。

這樣一來，諸侯國越分越小，對中央有威脅的也就所剩無幾。推恩令實行後，諸侯國實力削弱，但地盤還在各地宗室手中。漢武帝決定「酎金奪爵」。

漢文帝後，每年祭祀宗廟，諸侯都要獻金助祭，這叫酎金。漢武帝的方法就是，規定諸侯獻上的酎金分量不足或成色不夠，取消封號，收回封國。

這其實是巧取豪奪。酎金的分量、成色是否達標，全由漢武帝說了算。

在初次實行酎金奪爵的元鼎五年，諸侯中被奪爵者多達一百零六人。丞相趙周還因此丟了性命，起因是有人舉報他明知列侯所獻黃金不足卻不上報。

西漢初年的郡國並行制，就此逐漸退出歷史舞臺。

諷刺的是，提出推恩令的主父偃由於處事不慎，在齊國工作時逼死了亂倫的齊厲王，最終被群起而攻之，丟了腦袋。極力勸說漢武帝痛下殺手的人，還是老謀深算的公孫弘。

為了跟民間富豪要錢，漢武帝又實行算緡、告緡。

緡，是穿銅錢用的繩子。算緡，顧名思義就是透過計算商人手中積蓄的財產，按實際數目徵收財產稅，以充盈國庫。一種說法是兩千錢而一算，即每二千錢課稅一百二十錢，也就是抽取六%的財產稅。此令一出，起初只有一人響應。是個叫卜式的牧羊「土豪」，曾向國家捐了一半財產。

漢武帝很奇怪，派使者問他：「你是想做官嗎？」

卜式答：「我從小牧羊，不知道怎麼做官。」

使者又問：「難道是有冤家仇人嗎？」

卜式說：「我平生與人無爭。家裡貧窮的，我就借錢給他；為人不善的，我就教他做好事。我去到哪兒人緣都很好，沒人冤枉我。」

使者就納悶了：那你捐錢是為了什麼？

卜式說：「我愛國啊，天子要打匈奴，我認為，有賢能的人要為大節而死，有錢的人應該捐出來，如此，匈奴可滅。」

算緡令頒布後，天下富商爭先恐後的隱匿財產，卜式再捐二十萬，成了模範富豪、愛國商人。

為了對付那些隱匿財產的豪商大戶，漢武帝在頒布算緡令兩年後又頒布了告緡令，鼓勵全民舉報，凡是被告發隱瞞不報或所報不實者，將抄沒其全部財產，並將一半財產獎予告發之人。

隨著告緡遍天下，不僅富商和高利貸者受到整治，全國有錢的家庭幾乎都被捲入其中，面臨破產的命運。

朝廷沒收的財物堆滿了上林苑，史書記載：「中家以上大抵皆遇告……得民財物以億計，奴婢以千萬數，田大縣數百頃，小縣百餘頃，宅亦如之。」

有了錢，漢朝才有財力去實現宏圖偉業。

漢武帝在位五十四年，對匈奴作戰長達四十四年，從馬邑之謀開始，對盤踞在北方的頭號外患匈奴展開反擊。

到元狩四年，帝國名將衛青、霍去病各自帶兵出征，並至漠北，深入匈奴腹地，這是漢武帝對匈奴作戰規模最大的一場。少年英雄霍去病封狼居胥後凱旋，從此，漠南再無匈奴王庭。

漢武帝未曾停止開疆拓土的腳步，他四十七歲時，收復南越，將南方邊遠之地重新納入國家的版圖；四十八歲時，收服滇王；四十九歲時，吞併朝鮮。

漢武帝將帝國推向了顛峰。作為皇帝，他第一個用「獨尊儒術」統一思想，第一個用年號紀元，第一個開通西域，甚至其在位執政五十四年的紀錄，直到一千多年後才被清朝的康熙皇帝打破。

漢武帝興師動眾打了那麼多年仗，匈奴潰敗，四方安定，衛青、霍去病將星閃耀，可老百姓的日子卻不好過。

漢武帝後期，民生凋敝，文景之治積累的財富幾乎消耗殆盡，「師出三十餘年，天下戶口減半」。漢代樂府詩《戰城南》，說出了老百姓流離失所的哀怨，其中有：

戰城南，死郭北，野死不葬烏可食。
為我謂烏：且為客豪！
野死諒不葬，腐肉安能去子逃？

獨尊儒術的漢武帝，在功成名就後卻迷信於祭神求仙。

直到去世前兩年，他才知道自己被方士騙了，對群臣說：「以前我糊塗，被方士欺騙。天下哪有什麼仙人？全是妖言邪說。注意飲食，有病吃藥，才能少生病。」

中國著名的文學史家李長之因此說，漢武帝有時「幼稚，可笑，天真，不實際，好奇，好玩，好幻想」。

漢武帝寵愛的李夫人去世後，他深深思念，為之肝腸寸斷，他實在想與李夫人再見一面，就請來方士招魂。

方士設壇作法，漢武帝在帷帳中看到燭影搖晃，似乎有一輕柔身影飄過，若隱若現。他痴痴的嘆息：「是邪？非邪？立而望之，偏何姍姍其來遲。」

與秦始皇一樣，漢武帝迷信君權神授的光環。

元封元年（西元前一一〇年），泰山道上千里旗幟飄揚，十萬雄兵集合於盛大隆重的封禪大典，漢武帝將他的功業上告於天。元封這個年號，也因封禪典禮而得名。

但這種迷信在他晚年，釀成一齣血腥的悲劇。

征和二年（西元前九十一年），漢武帝風燭殘年，他懷疑有人埋了木頭人偶，用巫蠱詛咒他早日歸天，在處死丞相公孫賀後，巫蠱之禍蔓延到太子劉據身上。

秋風蕭瑟，危機重重，太子劉據崩潰了，他假傳聖旨，誅殺了離間他們父子的奸人，卻得了個謀反的罪名。

面對漢武帝派來「平叛」的大軍，太子逃無可逃，在絕望中自縊身亡，他的兩個兒子也旋即被殺。漢武帝曾經深愛的皇后衛子夫年老色衰，失去寵愛，太子失勢遇害時，她早已在宮中自殺。

巫蠱之禍後，漢武帝心力交瘁，漸漸燃盡生命。

兩年後，年邁的漢武帝在桑弘羊建議擴大輪台屯田時，頒發了《輪台詔》，其中提到曾有人奏請百姓每口增收賦稅三十錢，作為邊防軍費，這會使老弱孤獨者困苦不堪；派人去遙遠的輪台開荒，更會使天下人勞累，自己不忍心這麼做；如今應該致力於禁止苛刻暴虐的政策，減輕對民間的剝削，使天下安定。

漢武帝是否下過「罪己詔」，並且後悔以往窮兵黷武的政策，在史學界歷來眾說紛紜。在《輪台詔》中，漢武帝說的不過是「朕之不明」、「悲痛常在朕心」之類的話，主要否決桑弘羊等人的建議，並不是自我批評。

據《資治通鑑》記載，晚年的漢武帝確實曾表達悔過之意，但那是在征和四年（西元前八十九年），封禪泰山時對群臣說的一番話，無關輪台屯田，更不關詔書。

「朕即位以來，所為狂悖，使天下愁苦，不可追悔。自今事有傷害百姓，糜費天下者，悉罷之。」也許，《輪台詔》與獨尊儒術一樣，藏著漢武帝的另一張面孔，仍是大漢天子的王霸之術。

2 曾祖父的多疑，漢宣帝險死於監獄

漢宣帝本始二年（西元前七十二年），朝廷發生一件誹謗案。誹謗對象可不得了，是宣帝的曾祖父漢武帝。

這一年，即位不久的漢宣帝下詔頌揚漢武帝的豐功偉績，命群臣議論武帝的「廟號」和「廟樂」。眾臣舉雙手贊成，唯獨長信少府夏侯勝公開唱反調。夏侯勝認為，武帝「亡德澤於民，不宜為立廟樂」。說難聽一點，就是他不配。

夏侯勝是經學大家。一石激起千層浪，以丞相為首的大臣對夏侯勝群起而攻之，指責他「非議詔書，毀先帝」。

一邊是至高無上的皇權，另一邊是據理力爭的大儒，結果夏侯勝被送進監獄，差點丟了性命。對於眾臣彈劾夏侯勝的做法，明人李贄只用了一個字評價──「差」。

夏侯勝只是說出人人皆知的事實，畢竟武帝末年已經出現「天下虛耗，人復相食」的社會現象。漢宣帝為武帝立廟，是一舉多得的政治手段，一方面可樹立權威，另一方面也是在宣稱自己是漢武帝的嫡系繼承者。儘管那位雄才大略的曾祖父讓他一出生就經歷了人間煉獄，可就算是從一介囚徒到一代帝王，他還是漢武帝的後代，是名正言順的大漢天子。

漢武帝的多疑，使宣帝險死監獄

漢宣帝人生的前幾年，是在監獄中度過的。

漢武帝晚年多疑，在征和二年釀成了與太子劉據骨肉相殘的政治事件，史稱「巫蠱之禍」。在巫蠱之禍中，喪失理智的漢武帝幾乎誅殺了太子一家及其賓客、屬官，滿門屍體「莫有收葬者」。劉據在逃亡時自縊而死，只有他尚在繈褓的孫子，即後來的漢宣帝躲過屠刀。

巫蠱之禍發生時，漢宣帝出生僅幾個月，連名字都沒有。這個嗷嗷待哺的皇曾孫成為最年幼的犯人，被關進監獄。廷尉監邴吉可憐孩子無辜，找來兩個女囚犯為他哺乳，悉心照料，直到皇曾孫五歲。由於監獄中條件惡劣，皇曾孫多次染病，險些夭折，邴吉為祈求其病速癒，為他起名「病已」。

後來有一天，漢武帝生病了，聽人說長安獄中有天子氣，派人連夜搜查長安城各個監獄，囚犯無論罪行輕重全部處死。邴吉再一次救了劉病已，他禁閉監獄大門，一直到天亮都拒絕士兵進入，說：「皇曾孫在，他人無辜死者猶不可，況親曾孫乎！」

漢武帝後悔了。巫蠱之禍後，他修建了思子宮，寄託對劉據的思念。當聽到邴吉誓死守護皇曾孫後，他又釋然的說：「天使之也。」於是下詔大赦天下，賜劉病已自由。

劉病已早已無家可歸。當邴吉依照規定，護送劉病已到京兆尹（按：古代官職）官邸尋求幫助時，京兆尹拒不接納，生怕這個小孩給自己惹麻煩，讓他從哪兒來的就回哪兒去。劉病已被迫回到獄中。這時，劉病已的乳母要回家鄉，小孩子早已把她當作家人，拉著不讓走。邴吉就自己掏錢，雇她留下來照顧皇曾孫，每月俸祿中的米、肉，也都分給劉病已。

不久後，邴吉打聽到了劉病已的祖母史良娣家。史良娣早已死於巫蠱之禍，但她年邁的母親貞君還在人世。貞君看到自己可憐的曾外孫無依無靠，就把他接到了史家。至此，劉病已才離開監獄，告別了那段不堪回首的童年。

隨著漢武帝即將走到生命的盡頭，他對劉據的愧疚也就越深切，在去世前特命主管皇室族譜的宗正，恢復劉病已的宗室身分，由掖庭（按：漢朝後宮宮殿的名稱）撫養。掖庭令（按：官名，專掌後宮貴人采女事）張賀是漢武帝時期酷吏張湯之子，也是衛太子劉據生前的親信，在劉病已恢復皇族身分後，親手接過了邴吉如「教父」一般的責任，對劉病已無微不至的關心，自己出資補貼他的生活，還請人教他讀書。

到了劉病已娶妻生子的年紀，張賀還想把女兒嫁給他。張賀弟弟張安世是權臣霍光的左右手，深知其中利害，就對他哥說：「皇曾孫乃衛太子之後，有幸得到庶人的待遇就不錯了，你可不能再談嫁女之事！」張賀一聽，只好打消念頭，但以後沒人敢嫁劉病已怎麼辦？張賀好事做到底，用自己的家財做聘禮，向一個叫許廣漢的罪臣提親，讓劉病已娶了許家的女兒許平君為妻。

在劉病已登上皇位前，他一直都是很多人唯恐避之不及的罪人之子，出生不久沒了爹媽，從懂事起，所見的盡是汙濁的牢房、犯罪的囚徒和暗藏的危機。

等待劉病已的，本是最苦的人生，是那些善良的人將他從深淵中拉了回來。從未在壓抑的宮廷中成長，是劉病已的不幸，也是他的幸運。

在西漢的歷代皇帝中，劉病已年輕時的經歷最像漢高祖劉邦。史書記載，劉病已年少時「喜遊俠，鬥雞走馬」，他遊歷關中，對鄉里的奸邪之徒了若指掌，他出身卑微，對貪官汙吏魚肉百姓早有體會。皇位，對劉病已而言遙不可及，直到元平元年（西元前七十四年）秋天，他的命運才悄悄的發生轉變。

庶人到皇帝，史上最快的身分變化

這一年，漢昭帝劉弗陵駕崩，沒有留下子嗣。劉弗陵算是劉病已的同齡人，但他是漢武帝晚年得來的兒子，按輩分算，劉病已得叫他一聲叔公。

由於漢昭帝無子，霍光就得在宗室中選接班人，只好把昭帝的侄子昌邑王劉賀扶上皇位。劉賀不是可靠的人選。史載，他在進京的路上尋歡作樂，即位二十七天就把壞事做盡，嚴重違反漢朝禮制，氣得霍光把他廢了，罪名是「昌邑王行昏亂，恐危社稷」。

實際上，劉賀被廢的原因應該是他挑戰了霍光的權威。

劉賀不願做傀儡，而是欲效仿當年同樣以外藩入主皇宮的漢文帝奪權，他將「昌邑官屬皆征至長安，往往超擢（按：指升遷。擢，音同卓）拜官，相安樂遷長安衛尉」，也就是用昌邑群臣取代朝臣，藉此架空霍光。

這一舉動引起霍光的高度警覺。他行動迅速，不僅廢了劉賀，還下令殺了昌邑王的黨羽兩百多人。在古人看來，廢立皇帝是大逆不道之舉，霍光因此成了反派角色。後世史書常將擅行廢立，稱為「行伊、霍之事」（伊，指商朝的伊尹）。

劉賀被「淘汰出局」，皇帝得重選，劉病已的名字進入了霍光的視線。大臣中首倡擁立劉病已的是邴吉，他向霍光力薦，「遺詔所養武帝曾孫名病已在掖庭外家者，吉前使居郡邸時見其幼少，至今十八九矣，通經術，有美材，行安而節和」。也就是說，漢武帝的曾孫劉病已是我看著長大的，他如今已十八、九歲，通曉經學，才能出眾，人品也極佳。

史載，邴吉為人內斂，從不自誇，朝廷並不知道他對劉病已有過救命之恩。在霍光看來，劉病已確實是個不錯的人選。相比劉賀，劉病已對霍光幾乎毫無威脅，他在民間長大，不像諸侯王那樣有自己的「政治班底」，孤身一人便於控制，在血緣上又出自衛太子一脈，和霍光同屬於衛、霍家族。

這一年，劉病已被迎入宮，拜見年齡和自己差不多大，卻比自己大兩輩的上官皇太后，當場被封為陽武侯。這是在名義上給他一個體面的身分。當天，群臣奉上璽綬，**劉病已正式即位。從庶人到諸侯，再到皇帝，他只用了一天**，堪稱千古奇談。

許平君之死，是霍光陰謀？還是宣帝除掉眼中釘的藉口？

霍光成就了漢宣帝，也成為宣帝生平最大的對手。

霍光獨攬大權，朝中無論大事小事，「皆先關白光，然後奏御天子。光每朝見，上虛己斂容，禮下之已甚」。每天面對霍光的目光，漢宣帝如芒刺在背，時時感到恐懼。宣帝自出生起就遭受大難，在民間吃盡苦頭，善於察言觀色，也能做到動心忍性，就這樣忍了霍光整整六年。

其間，漢宣帝一直在爭取所剩無幾的皇權，他為曾祖父漢武帝立廟，更為祖父劉據一家平反，他為父、祖之墓置數百戶守墓人，祖父劉據謚號為「戾」，其父史皇孫謚號為「悼」，並修建戾園、悼園。宣帝為祖父修陵園、置奉邑，讓其盡享哀榮，但戾太子之謚號是可憐他所受冤屈，還是指責其不思悔改，歷來有爭議。

在另一件事上，漢宣帝更是不肯讓步。有一天，漢宣帝對外發出一道特別的詔書，說自己貧賤時有一柄寶劍，後來不慎丟失，此劍雖已陳舊，卻是心愛之物，希望臣民幫忙尋找。

群臣看到詔書，都知道漢宣帝不是要尋劍，而是想尋找結髮妻子許平君，並立她為后，可當時霍光夫婦有意讓小女兒霍成君當皇后。詔書下達後，支持宣帝的大臣紛紛上書稱贊許平君賢德。少數服從多數，在立后一事上，宣帝終於如願。

這事兒還沒完。依照慣例，皇后的父親應進位為列侯，如漢文帝竇皇后受封時，其亡父被追封為安成侯；漢昭帝即位後，也追尊其母鉤弋夫人為皇太后，其外祖父趙父為順成侯。

竇皇后與鉤弋夫人都出身卑微，許平君的父親許廣漢也有一個尷尬的身分，他是「刑餘之人」，曾經被漢武帝施以宮刑。霍光因此故意上奏，說許廣漢是一個殘缺不全之人，如何能封侯？在朝堂上公開議論此事，擺明是對皇帝的羞辱，漢宣帝敢怒不敢言，一年多後才封岳父為昌成君。

故劍情深，是漢宣帝守護對許皇后的愛情，他用眾臣之口扛住了來自霍家的壓力。可之後，他還是不幸的失去愛人。

許平君被立為皇后不久後懷孕，臨產時生了一場大病。霍光的妻子顯（史書稱為霍顯），早已欲殺之而後快，就買通了女醫淳於衍，乘許皇后分娩，將帶有毒性的附子下在藥中，將她毒死。

漢宣帝得知此事後震怒，下令徹查。霍顯這時才慌了，趕緊將實情告訴丈夫霍光，並對他說：「事已至此，就不要對淳於衍嚴刑拷打了。」霍光知道後大為驚愕，半天說不出話來，只好設法救下淳於衍。此事最後不了了之，真凶淳於衍早就免於問罪，調查結果只是許皇后產後虛弱而死，霍成君順理成章的成為新任皇后。許皇后之死，直到霍氏覆滅後才真相大白。

不過，有一些史學家認為，這是漢宣帝為除掉霍家編造的罪名，許皇后實際上是死於難產。中國華東師範大學教授呂思勉，就對淳於衍用附子毒殺許皇后一事，提出質疑。「附子非能殺人，尤不能殺人於俄頃間。宣帝非愚者，即視後死不能救，又寧待許伯而後知之乎？」

雖然仇視霍氏，但宣帝仍肯定霍光的功績

漢宣帝當然不傻，相反，他很精明。為了擺脫霍光對自己的控制，宣帝積極的拉攏宗室、大臣、外戚，利用一切可乘之機不斷發展自己的勢力。

漢武帝之子燕王劉旦，曾因謀反罪被逼自殺，其弟廣陵王劉胥，是漢昭帝死後的皇帝候選人之一，也曾覬覦帝位。

漢宣帝不計前嫌，多次施恩宗室，還封燕王與廣陵王的子孫為王、為侯。對那些因獲罪而被開除屬籍的宗室成員，宣帝也下詔給他們改過自新的機會，如果具有賢才、品德優良，就可以恢復其宗室屬籍。由於當時宗室的地位已被推恩令削弱，霍光並不在意，也默許這些行為。宣帝因此成功得到了宗室貴族的支持。

漢宣帝還透過拉攏朝中大臣，從內部瓦解霍光集團。

車騎將軍張安世是霍光的左膀右臂，位高權重，其兄張賀是漢宣帝年少時的恩人。但張安世一度

看不起劉病已，還勸過他哥別把女兒嫁給這個窮小子。

漢宣帝即位後卻多次賞賜張安世，將他的食邑增加到萬戶，三個兒子被任命為中郎將、侍中。張安世之子張彭祖被過繼給張賀為子，是宣帝的髮小，曾經同席讀書，關係很好，也拉近了漢宣帝和張安世的君臣之誼。幾年後，張安世逐漸脫離霍光一黨，對漢宣帝忠心耿耿。

為了培植足以對抗霍光的外戚勢力，漢宣帝更是為妻舅許氏三人、祖母娘家史氏三人及舅舅王無故、王武等加官晉爵。當年未能封侯的國丈許廣漢，也在霍光死後被封為平恩侯。

霍光病逝後，霍氏子孫中的霍禹、霍山等仍然官居要職，漢宣帝親臨霍光葬禮，給他最高的禮遇，讓其陪葬茂陵（漢武帝陵）。但霍氏一族群龍無首，權力遭到分化瓦解，軍政大權回到宣帝手中，離末日也就不遠了。

霍光去世僅僅過了兩年，地節四年（西元前六十六年），有人揭露許皇后一案真相，還有人告發霍氏家族謀劃廢立皇帝、毒害太子。新帳舊帳一起算，霍氏家族最終因謀反之罪被一網打盡，霍禹被腰斬，霍山自殺，而霍成君被廢之後遭到軟禁，霍氏親貴全部遭到清算。顯赫一時的霍光家族就此煙消雲散。

事實上，沒有霍光，也就沒有漢宣帝。無論宣帝如何仇恨霍氏，他都是霍光政策的繼承者，他延續了漢昭帝以來由霍光輔政開創的中興之世。十五年後，漢宣帝命人繪製十一名功臣畫像掛在麒麟閣，霍光一族雖被誅滅，但他本人依舊名列榜首，宣帝稱他「功如蕭相國」。

這個權臣，宣帝一輩子也忘不了。

對當時人民而言，宣帝是好皇帝

漢宣帝的時代，此時才徐徐展開。

昭宣中興，將大漢從千瘡百孔的危機中拉了回來。在此期間，漢昭帝八歲即位，在位十三年，幾乎都由霍光等大臣輔政，而漢宣帝在位二十六年，並在霍氏覆滅後親政，顯然對開創盛世有不可磨滅的貢獻。宣帝在位時，對內重現了升平景象，米價低到五文錢一石，對外平定匈奴、西羌，開創性的設立西域都護府。漢朝擁有正式廟號的皇帝只有四位，宣帝是其中之一，廟號中宗。

漢宣帝自稱：「夙興夜寐，以求賢為右，不異親疏近遠，務在安民而已。」他從百姓中來，對不法官吏如何魚肉百姓深有體會，為政的一大特色正是整肅吏治。

從本始元年（西元前七十三年）到神爵四年（西元前五十八年）的十五年間，漢宣帝曾七次下詔徵召人才、選拔官吏，尤其注重從基層小吏選拔人才作為郡守長官，一掃奸邪之風。漢宣帝的時代，是循吏並出的時代。當時的名臣，如潁川太守黃霸、洛陽太守韓延壽、京兆尹趙廣漢等，起初都是名不見經傳的小吏，靠政績得以升遷，做官做到「所居民富，所去見思」，去職後與百姓關係還很好。

漢宣帝稱：「庶民所以安其田裡而亡嘆息愁恨之心者，政平訟理也。與我共此者，其唯良二千石乎！」官吏若能讓社會安定、吏治清明，讓老百姓都過上好日子，他們就配得上兩千石的高官厚祿。

漢武帝末年民生凋敝，大量農民破產，被迫背井離鄉，數以百萬計的流民漂泊在大漢帝國的土地上。到了宣帝即位，「流民稍還」，但還有無數災民流離失所。

漢宣帝是古代難得注重社會救助的皇帝，他為賑濟災民開常平倉，並安撫流民，借公田、口糧、種子給農民，供他們耕種，願意接受安排的流民可減免賦稅徭役。他還關心鰥寡孤獨老人，在位期間下達十一道詔書，賜予錢、帛。有學者統計，西漢帝王為鰥寡孤獨者賜物的詔書共有二十多道，其中宣帝一人就占了一大半。

甚至就連改名，宣帝都是為了方便老百姓。古代要避諱天子之名，宣帝的名字「病已」，這倆字都是常用字，不能用就影響到日常生活交流，常有人因觸諱而被治罪。宣帝說，那就把我的名字改了，從此改名「劉詢」，之前觸諱的罪人全部赦免。歷史不只是帝王將相的歷史，盛世不只流於表面，而要看當時的民生。這麼看，漢宣帝不失為一位好皇帝。

迷信，是為了鞏固皇權

在霍光掌權時，漢宣帝扮演類似於虛君的角色；霍氏倒臺後，他成功接手延續了盛世。隨著時光流逝，劉詢也越來越像一個皇帝，而且像他的英明神武曾祖父。

甘露三年（西元前五十一年），也是匈奴呼韓邪單于（按：匈奴族對他們部落聯盟首領的專稱）朝見皇帝的那一年，漢宣帝召開了石渠閣會議。

與昭帝時，圍繞王道與霸道兩條政治路線鬥爭的鹽鐵會議一樣，石渠閣會議也不是一次單純的學術會議。石渠閣會議表面上討論的是魯學與齊學的經學之爭，實際上也代表著宣帝向禮制靠攏，有意鞏固統治地位。

漢武帝在位時罷黜百家、獨尊儒術，任用公孫弘、董仲舒等大儒神化皇權。根據現有史料，漢宣帝召開石渠閣會議所討論的喪服、皇位繼承等禮制以及災異之學，無疑也是為了鞏固皇權，宣傳其皇位的合法性。值得一提的是，石渠閣會議是在太子人選確立後召開的，當時漢宣帝早已坐穩帝位，甚至選好了繼承人。在不斷樹立權威的同時，漢宣帝也迷信於兩漢流行的讖緯、災異之學。

史書記載，漢昭帝在位時就已經有「公孫病已立」的讖語，說是上林苑的一棵大柳樹攔腰折斷，後來又起死回生，長出了新的枝葉，有蟲子啃食其葉，葉子上的痕跡顯現出這五個字。這一事件如果不是劉病已的支持者宣傳造勢，顯然就是宣帝即位之後的自我包裝。

與漢朝歷代皇帝相比，漢宣帝的年號和詔書充滿神祕色彩。詔書中甚至出現了鳳凰、神爵等災異學說的名詞，卻不直說發生了什麼事件：

元康元年（西元前六十五年），「三月詔曰：『乃者，鳳皇集泰山、陳留，甘露降未央宮』」。

神爵元年（西元前六十一年），「東濟大河，天氣清靜，神魚舞河。幸萬歲宮，神爵翔集」。

神爵四年春二月，「鳳皇、甘露降集京師」。

五鳳三年（西元前五十五年），「三月辛丑，鸞鳳又集長樂宮東闕中樹上，飛下止地，文章五色，留十餘刻，吏民並觀」。

黃龍元年（西元前四十九年），「二月，黃龍見廣漢郡」。

不管詔書寫的是太廟失火，還是問罪大臣，宣帝都在其中夾雜災異祥瑞，給皇權披上一層神授的外衣。

這些祥瑞大概都不存在，僅僅是大臣為滿足漢宣帝的虛榮而偽造。史書記載，宣帝時，潁川太守黃霸就曾多次上奏當地有鳳凰出現。後來黃霸當了丞相，有一天看見一隻鶡（按：音同合）雀，一時興起，本想像往常一樣奏報有鳳凰降臨。後來得知這隻小鳥是從京兆尹府中飛來的，他才及時撤回，怕被人笑話。

史家在描寫這一荒誕的故事時，也不禁懷疑：「當日所為鳳凰者，毋乃亦鶡雀之類耶？」

漢宣帝的祖父戾太子正是因漢武帝晚年信了巫蠱邪說才慘死的，如今他也步上曾祖父後塵，透過迷信的方式神化皇權。這或許是封建帝王的通病。

活在漢武帝的陰影下，宣帝終成他的影子

漢宣帝的曾祖父漢武帝，執掌皇權長達半個多世紀，建立不世之功業，卻讓國家陷入危機，如史學家所說的「有亡秦之失，而免於亡秦之禍」。與曾祖父相似的另一點是，在漢宣帝統治後期，他一改親政之初鼓勵直言極諫、提拔循吏的作風，逐漸變得刻薄寡恩。

當年輕視劉病已的張安世就差點倒大楣。張賀去世後，宣帝感謝其撫養之恩，要封張安世過繼給張賀的兒子張彭祖為侯。張安世誠惶誠恐，趕緊上書推辭，漢宣帝毫不客氣的說：「吾自為掖庭令，非為將軍也。」我這是看在你哥的面子上，不是為了你。

漢宣帝甚至對張安世起了殺心，這在當時是公開的祕密。名將趙充國之子趙卬（按：音同氧）在與同僚閒談時說：「車騎將軍張安世始嘗不快上，上欲誅之。卬家將軍（指趙充國）以為，安世本持橐（按：音同陀）簪筆（按：古代帝王大臣有侍從之吏，手提書囊，插筆於頭，以備隨時諮詢或記事），事孝武帝數十年，見謂忠謹，宜全度之。安世用是得免。」

張安世是昭宣中興的功臣，一生廉潔奉公、為人恭謹，懂得明哲保身，不像他的父親張湯那樣雷厲風行，又有趙充國等人做擔保，最終才幸運的得以善終。

張安世保住一命，但趙卬嘴不嚴實，洩露皇家機密，有齒馬之嫌，這可是死罪。老將趙充國在抗擊匈奴、羌族戰爭中立下赫赫戰功，卻保不了自己的兒子。趙卬洩密之事被告發後，漢宣帝勃然大怒，遂使趙卬下獄自殺，趙充國晚年喪子。

漢宣帝在位後期，已經無法忍受那些敢觸「龍鱗」的直臣，越依賴至高無上的皇權。

京兆尹趙廣漢執法公正，不懼權貴，霍光還在時，他就敢跟霍氏貴戚抬槓。當時一些年長的人甚至認為，自漢興以來沒有一個京兆尹能比得上他。

可後來有人嫉賢妒能，舉報趙廣漢侮辱大臣、濫殺無辜。此時的漢宣帝也開始厭惡趙廣漢。他下令徹查，發現還真有那麼一些罪證，於是數罪並罰，將敢於犯上的趙廣漢處以腰斬。

趙廣漢受刑時，京城吏民「號泣者數萬人」，還有人上書說：「臣生無益縣官，願代趙京兆死，使得牧養小民。」趙廣漢到底該不該死，群眾的眼睛是雪亮的。

洛陽太守韓延壽也是一個政績出色、深得民心的能臣，卻被政敵告發僭越逾制。宣帝在石渠閣會議中強調的正是禮制，聽到有人僭越當然心生猜疑。結果一查，韓延壽竟被判狡猾不道，處以棄市。

史載，韓延壽被押赴刑場時，沿途吏民數千人相送，扶著囚車走到了渭城。他們爭相獻上酒肉，韓延壽不忍拒絕，喝酒喝了一石餘，分別時向他們拜謝：「遠苦吏民，延壽死無所恨！」隨後赴死，百姓莫不流涕。

司馬遷的外孫、丞相楊敞之子楊惲死得也很冤。

楊惲是個人才，他輕財好義、廉潔無私，喜歡結交儒生，因敢說話得罪了不少權貴。《太史公書》能重見天日，也有楊惲的功勞，正是他將外祖父的這部巨著公開，我們現在才能看到《史記》。另外，楊惲參與過告發霍氏謀反，可說是宣帝的親信。

楊惲和他的外祖父一樣敢於言事，是硬骨頭，寫有與《報任安書》齊名的《報孫會宗書》。這是他寫給友人孫會宗的信，文中充滿對朝廷的諷刺，其中有一首詩：「田彼南山，蕪穢不治。種一頃豆，落而為萁。人生行樂耳，須富貴何時！」人生還是及時行樂吧，要等到享受富貴不知要什麼時候？正是這首詩要了楊惲的命。

後來有人告發楊惲招致日食。宣帝本就最重視災異，再派人一查，發現了這篇《報孫會宗書》，滿篇盡是放蕩不羈的嬉笑怒罵，尤其是這首詩被人理解為譏諷朝政混亂。漢宣帝大怒，以誹謗朝廷的大逆不道之罪將楊惲腰斬，其妻兒流放，他的朋友孫會宗也因此被罷官。

呂思勉認為，楊惲之死是一樁冤案：「此乃莫須有之辭，凡剛直者固易被此誣。」

如果說漢宣帝年幼時活在漢武帝的陰影之下，那在剷除這些忤逆之臣時，他就像是漢武帝的影子。這些人都是皇權的犧牲者，宋代司馬光在評價他們的結局時，用了兩個字——「惜哉」。

太子劉奭（按：音同是），即後來的漢元帝，是漢宣帝與許皇后所生之子，自幼長於深宮，為人仁慈。他看到楊惲等人因言獲罪被殺，就對宣帝說：「陛下持刑太深，宜用儒生。」

漢宣帝聽後不以為然，正色道：「漢家自有制度，本以霸王道雜之，奈何純任德教，用周政乎？且俗儒不達時宜，好是古非今，使人眩於名實，不知所守，何足委任！」他生於災禍，長於民間，卻比很多皇帝都明白該如何掌控權力，更是毫不避諱的道破其中門道，留下了這句千古名言。

在他看來，漢朝制度就是霸道與王道的交融，如一些學者所說的「外儒內法」：一方面要以儒家學說修飾於外，實行德治，推崇禮制，打造一個太平盛世；另一方面又要用刑名之學治國，尊君卑臣，崇上抑下，誰不聽話就打誰。

兩千多年來，霸王道之說影響深遠，也是一個難解的問題。魯迅說過：「在中國的王道，看上去雖然好像是和霸道對立的東西，其實卻是兄弟。這之前和之後，一定要有霸道跑來的。」這個自稱「霸王道雜之」的皇帝，在位二十六年，到了後期其實已逐漸傾向於霸道，昭宣中興也後勁乏力，摻雜了不少水分，有粉飾太平之嫌。

漢宣帝在位的最後一年，他親自下詔，不得不承認「民多貧，盜賊不止」。土地兼併、流民困乏的問題也得不到解決，漢宣帝去世後僅僅一年，就有人上書反映社會現狀。「關東大者獨有齊楚。民眾久困，連年流離，離其城郭，相枕席於道路……至嫁妻賣子，法不能禁，義不能止。」

就連兩漢最持久的外戚、宦官之禍，也在漢宣帝時期不斷醞釀。

漢宣帝重用宦官，讓他們掌握宮中大權。到了元帝時代，宦官氣焰囂張，還逼死了名臣蕭望之。在誅滅霍氏後，宣帝又扶植了許氏、王氏、史氏等新的外戚勢力，這幾個家族的子弟有的官至大司馬、車騎將軍，權盛一時，最終導致嬖倖（按：出身低賤且受寵愛的人）得干相位，外戚得移朝祚。多年後的王莽篡漢，在此時已經埋下禍根。漢宣帝之後，漢朝為何在元、成、哀、平四帝統治時期急速由盛轉衰，這是一個值得深思的問題。

如果漢宣帝能像他的曾祖父一樣再擁有二十多年的時光，他會不會變成第二個漢武帝？歷史無法假設，也不容許假設。

3 唐玄宗的最後六年：權力、愛情和尊嚴都沒了

唐朝名將哥舒翰二十萬大軍戰敗，潼關失守的消息傳來，安史叛軍的鐵蹄離大唐都城長安又近了一步。天寶十五載（西元七五六年）六月九日，這是唐玄宗李隆基生命中黑暗的一天。

宰相楊國忠對唐玄宗說：「這十年來，不斷有人跟陛下報告安祿山要造反，您就是不信他們，走到今天這個地步，可不是我的錯。」他連後路都給玄宗想好了：「咱們還是盡快逃離長安，去蜀地避避風頭吧。」

這要是年輕時的李隆基，可能就親臨前線和安史叛軍搏命去了，可年逾古稀的他，早已沒有了當年的勁頭。人年紀越大，往往越惜命。

唐玄宗聽了楊國忠的話之後，悄悄轉移到長安城北邊的禁苑，並命龍武大將軍陳玄禮備好九百匹戰馬待命。

幾天後，東方泛白，晨霧縹緲，玄宗帶著楊貴妃、太子李亨以及其他妃嬪、皇子、公主，還有宰相楊國忠、宦官高力士等人從禁苑的西門逃出長安城。城裡的達官貴人和老百姓，到了早上才發現皇帝已跑，頓時亂作一團。

曾經締造開元盛世的唐玄宗，就此翻開了人生的最後一頁。

想平息眾怒，就解決製造問題的人

唐玄宗一行人出長安城，奔波一個上午，到達咸陽望賢宮，派人通報當地官員安排食宿。等了半天沒人出來接駕，原來地方官一聽說安史叛軍來勢洶洶，早就跑路了。

眾人連吃飯都成問題，停在原地一籌莫展。楊國忠偷偷給玄宗帶了幾個胡餅，讓他先墊墊肚子，其他人卻還飢腸轆轆。

此時，皇帝的大隊人馬吸引一幫圍觀群眾。玄宗放下架子問：「你們家有飯嗎？不管粗細，只管拿來。」關中的老百姓當然希望唐室早日平叛，自己也能過上太平日子，於是簞食壺漿，獻上食物。皇室成員、王公大臣飢不擇食，看到老百姓送來的粗糧，爭相用手抓著吃。

大家看皇帝一家這麼慘，忍不住哭泣，唐玄宗也掩面而泣。皇帝和百姓這樣抱團一起哭的場面難得一見，更罕見的是，這時來了一個叫郭從謹的老漢，他走到玄宗身邊，直言不諱道：「安祿山包藏禍心，已非一日，以前有人向朝廷告其逆跡，陛下卻不信，致使他陰謀得逞，陛下流離失所。我還記得宋璟為相時，每進直言，天下太平。在那之後，大臣們卻忌諱直言，一味阿諛奉承，故宮外之事，陛下一概不知。我等在野之人，早就知道會有今天，但宮闈森嚴，無法上達天聽。事不至此，我又怎能當面向陛下痛訴！」

這位老人家就靠著這一段肺腑之言被載入史書。若不是安史之亂讓他與唐玄宗在咸陽相遇，玄宗恐怕永遠聽不到這些話，也見不到這些老百姓。他們共同成就了一個盛世，卻像是兩個世界的人。

唐玄宗聽完郭老漢的話，慚愧的說：「這都是我的錯，現在後悔莫及啊！」

唐玄宗與父老鄉親告別，一路向西走，來到陝西省興平市的馬嵬驛。

在這裡，他失去了楊玉環。

這一番折騰，唐玄宗一行人疲憊不堪，禁軍將士更是急眼了，這些禁軍都是長安人，將一家老小留在家中，自己跟著皇帝大老遠跑去蜀地，本來就不樂意。更何況，在他們看來，安祿山不就是楊國忠逼反的嗎？潼關失守不就是因為楊國忠催促哥舒翰盲目出戰造成的嗎？

憤怒的將士們恨不得殺了楊國忠洩憤，場面逐漸失控。

禁軍首領陳玄禮擔任護衛多年，經驗老到，深知若無法安撫將士們的情緒，將引發譁變。然而，誅殺宰相這麼大件事，肯定需要有一個位高權重的大人物支持，這裡除了玄宗，平時最有話語權的就是楊國忠本人了。陳玄禮轉念一想，不對，還有一個人——太子李亨。

安史之亂爆發時，四十六歲的李亨已做了近二十年的太子。

二十年來，李亨常年生活在恐懼之中。當初他之所以被立為太子，是因為前任太子李瑛遭武惠妃誣陷，與另外兩個兄弟被玄宗賜死。李亨這太子之位坐得一點兒都不安穩，宰相李林甫、楊國忠先後對其處處打壓，輔佐他的李適之、韋堅、王忠嗣等文臣武將被一一剪除，還要忍受父親的猜忌，整日提心吊膽。李亨對楊國忠恨之入骨，更恨早已死去的李林甫，他與睜一隻眼閉一隻眼，在各方勢力之間制衡的父親李隆基，關係也十分微妙。

陳玄禮找到了李亨，將殺楊國忠的計畫全盤托出。李亨的態度很謹慎，史書記載，「太子未決」。在這節骨眼上，不反對就等於贊成。

陳玄禮召集將士，給楊國忠安上「謀反」的罪名，帶兵將他處死。據唐人姚汝能所著《安祿山事蹟》記載，為首的是騎士張小敬，他「先射國忠落馬」，眾將士才一擁而上。楊國忠的兒子以及楊貴妃的姐姐韓國夫人都死於亂兵之中，虢國夫人出逃到半路被追殺，自刎而死。情緒失控的將士們甚至把楊國忠大卸八塊，用槍挑起他的首級，懸掛在驛站門外示眾。

唐玄宗一聽事態緊急，趕緊拄著拐杖走出驛門，慰勞將士，勸他們各自歸隊。將士們一動不動，殺氣騰騰。

玄宗慌了，讓高力士去問將士們還有何要求。將士們齊聲說：「罪人還在。」陳玄禮替他們向玄宗解釋說：「楊國忠謀反，貴妃不宜再侍奉陛下，希望您能以大局為重。」楊國忠因貴妃得寵而受到重用，將士們一定要將她斬草除根。

玄宗愣住了，緩緩說：「我自會處理。」

大臣韋諤見唐玄宗猶豫不決，上前連著磕了幾個頭，血流滿面，勸諫道：「現在眾怒難犯，危在旦夕，希望陛下早做決斷！」

唐玄宗還是不忍心，說：「貴妃常年在深宮，她怎麼知道楊國忠要謀反呢？」

此時，侍奉玄宗多年的高力士也說話了：「貴妃可能真的無罪，但現在楊國忠被殺，貴妃常伴您身旁，我們怎麼能安心呢？希望陛下能考慮周詳，現在只有安撫好底下的將士，陛下才能真的安心啊！」高力士這番話切中要害。如果不殺貴妃，將士們恐怕連玄宗都不會放過。

唐玄宗愛楊貴妃，但他更愛自己的生命和皇位。這一刻，他連心愛的女人都保護不了。

在與楊貴妃訣別後，玄宗痛心的下令將她處死，命人用白綾將愛妃縊死在佛堂前。正如白居易《長恨歌》中所寫：「六軍不發無奈何，宛轉蛾眉馬前死。花鈿委地無人收，翠翹金雀玉搔頭。君王掩面救不得，回看血淚相和流。」

貪權的玄宗放下皇位，也是放下最後尊嚴

在短暫的躑躅後，唐玄宗還是選擇入蜀避難。

當地老百姓將皇帝的車駕攔下來，說：「皇宮是陛下的家，陵寢是陛下死後的歸所。如今陛下將兩者都捨棄了，是想做什麼呢？」唐玄宗聽著父老鄉親的話，沉默許久，可還是拉起轡頭，往蜀道的方向漸漸遠去。年輕時一代英主的影子，再也抓不住了。

玄宗走後，太子李亨也被老百姓圍住，他們喊道：「我們願率子弟跟隨殿下東破賊，取長安。如果殿下也要入蜀，中原百姓還能奉誰為主？」

面對百姓的挽留，李亨起初也婉拒了，說父皇即將踏上漫漫征途，做兒子的應該朝夕在他身邊服侍，以盡孝道。說罷，一邊流淚，一邊要策馬追趕玄宗。

這時，李亨的兒子廣平王李俶（後改名李豫，即唐代宗）和心腹宦官李輔國將太子的車馬一把拉住，勸說道：「如今國家已經分崩離析，若不順應民心，組織平叛，哪裡還有復興的希望？等我們入蜀，賊軍要是把棧道燒了，朝廷就只能困守蜀地，到時中原的大好江山就要拱手讓人了。您還不如到西北調兵，和眾將齊心合力，討伐逆賊，克復兩京，削平四海。」

李亨一聽，不再推辭，既然如此，自己就順應天意民心留下來。

當了近二十年太子，李亨終於擺脫父親的陰影，就此與他分道揚鑣。從馬嵬驛的沉默，老百姓的

挽留，再到身邊人的勸說，這些偶然事件拼湊到一起，史書說是巧合，我們便相信吧。

唐玄宗在不遠處左等右等，等到探馬來報，太子被眾人留下，不走了。玄宗無奈，只好繼續上路。經過一個月的長途跋涉，玄宗終於到達劍閣，不用再擔心追兵了。在此，他發布了一道制書，昭告天下，部署平叛戰略。

這道制書十分關鍵，在此前一個月，朝野上下不知玄宗下落，唐朝在叛亂之中陷入權力真空，岌岌可危。

唐玄宗先是自責：「伊朕薄德，不能守厥位。貽禍海內，負茲蒼生，是用罪己責躬。」這就相當於「罪己詔」，說今日之禍，都是自己的責任。之後，這道制書又宣布：「以太子亨充天下兵馬元帥，領朔方、河東、河北、平盧節度使，南取長安、洛陽。」永王李璘、盛王李琦、豐王李珙等諸皇子也各領地方節度使，「應須士馬、甲仗、糧賜等，並於當路自供」。如此部署，實際上就是自己居中節制，避免大權旁落，也防止地方將領竊取皇室權力。

可是，為時已晚。就在玄宗下詔的三天前，太子李亨已得到朔方軍擁護，在靈武（在今寧夏）即位稱帝，是為唐肅宗。他還遙尊玄宗為上皇天帝，即太上皇。

這就尷尬了，當父親的要讓兒子當天下兵馬元帥，兒子卻要讓父親當太上皇，唐朝同時出現了兩個皇帝，這如何是好？

可以想見，李亨的自作主張對唐玄宗無疑是沉重的打擊。

從此前的制書可以看出，玄宗不願放棄皇位。他從年輕時就對權力充滿欲望，在遭到姑姑太平公主的掣肘後，搶先發動先天政變，奪回皇權，當了四十多年太平天子，一向驕傲自負，唯我獨尊。對他而言，放下尊貴無比的皇權，就是放下最後一絲尊嚴。

可在得知李亨靈武登基的那一刻，玄宗釋然了。在成都，唐玄宗頒布《命皇太子即皇帝位詔》，承認李亨為皇帝，一切軍國大事聽他調度，宣告自己的統治生涯結束。

這是一個明智的決定，唐朝之所以能在此後平定叛亂，維持國祚，其中一個重要原因正是權力集中在皇帝手裡，避免了統治集團內部的爭鬥。

玄宗入蜀，肅宗無後顧之憂，可以放手一搏，這是唐玄宗在位做出的最後一大貢獻。

在蜀地，唐玄宗陷入深深的懺悔和思念。他回想起入蜀路過斜谷棧道時，細雨霏微，連綿不斷，馬鈴聲在山谷間回音繚繞，淒切哀婉，遂作《雨霖鈴》一曲，命樂師張野狐吹奏，以寄託對楊貴妃的哀思。後來他回到長安，看到楊貴妃曾經演奏的玉磬，更是睹物思人，只好命人將其藏起來。

他回想起當年輔佐他開創盛世的宰相姚崇，說：「若姚崇還在，我也不至於落到如此下場！」

他回想起擔任宰相近二十年的李林甫，懊悔不已，評價他：「李林甫這個人，妒賢嫉能很嚴重。」可當別人反問他「陛下既然知道，為什麼還要用他如此之久」時，玄宗又默然不語。

他回想起開元最後一任賢相張九齡。當年安祿山違犯軍令，唐玄宗不願將他處死。張九齡斷定安祿山必為後患，上奏「不宜免死」，玄宗不聽。在流落蜀地的第二年，他專門遣使至曲江祭奠早已去世的張九齡。

在長達兩年的自我反省後，至德二載（西元七五七年），唐玄宗終於接到振奮人心的好消息——唐軍收復長安！

此時，一個問題擺在玄宗面前：是否要回長安與兒子團聚？

在信中，唐肅宗上表請父親還京，語氣也算誠懇，請他回長安當皇帝，自己回東宮當太子，以盡臣子之道。

唐玄宗給李亨寫了封回信讓他把四川割給自己，他不回家了，就在這兒養老。

之前，唐肅宗上表請太上皇復位，他的心腹重臣李泌就斷定玄宗不可能東歸，還要求肅宗追回此表，但使者跑太快，沒追上。

唐肅宗得到玄宗回信後，只好問李泌有何補救方法。李泌說要寫封賀表，並且要以群臣的名義寫，表明「自馬嵬請留，靈武勸進，及今成功，聖上思戀晨昏，請速還京以就孝養」之意。

這短短幾句話，就包含三層意思：首先，李亨稱帝是百姓挽留，群臣勸進，不得已而為之，以緩和父子間的矛盾；其次，肅宗派兵奪回長安，「及今成功」，大臣們覺得他有資格當這個皇帝；最後兩句是說，肅宗日夜想念玄宗，希望父親回京頤養天年，這就是打親情牌。

唐玄宗接到第二道賀表，心情果然大不相同，下決心離開成都，東歸長安。肅宗知道後，對一旁的李泌說：「這都是卿的功勞啊。」

肅宗的猜疑與禍害輔國，玄宗難平安終老

玄宗和他的小朝廷剛到扶風（今陝西寶雞），肅宗就給了他們一個下馬威，派出三千精兵迎駕。此時玄宗身邊有多少人？不過才六百禁軍。

肅宗的三千精兵一到，將玄宗的六百人全部繳械，命他們就地解散。

到了咸陽的望賢宮，這裡是玄宗當年逃離長安後途經的第一站，肅宗早已在此等候。

肅宗為父親安排了盛大的歡迎儀式。他讓人請玄宗登上望賢宮南樓，自己脫下黃袍，換上臣子的紫袍，一路小跑到樓下，對著樓上的玄宗一陣手舞足蹈，這是朝拜禮節，叫拜舞。

玄宗一看兒子來了，趕緊下樓，父子倆抱在一起大哭一場。接著，肅宗跪下來，捧著玄宗的腳，痛哭流涕，這是舊習俗，表示對父親的尊敬。

這時，玄宗要親自為兒子披上黃袍，肅宗跪地不起，反覆推辭。玄宗說：「天數、人心皆歸於汝，使朕得保養餘齒，汝之孝也。」唐肅宗穿上黃袍，左右山呼萬歲，響徹雲霄。

時隔兩年，父子終於重逢。

回長安的路上，肅宗為玄宗牽馬，然後作前導引路。

唐玄宗看著此番場景，說了一句耐人尋味的話：「吾為天子五十年，未為貴；今為天子父，乃貴耳！」當昔日不可一世的雄主說出這種違心的話，足見其晚年落魄。

回到長安後，唐玄宗住進興慶宮，唐肅宗住在大明宮，父子倆經常互相探望，有時還會在夾城相遇。玄宗生活優裕，地位崇高，看似享盡天倫之樂，實則危機重重，免不了遭到肅宗的猜疑。

興慶宮由玄宗原來當藩王的舊宅改建，位於坊市之中，最南面的長慶樓就緊挨著大道。唐玄宗閒來無事登上長慶樓，全城街景歷歷在目，樓下過往的士民常在樓下高呼萬歲。玄宗一聽心裡高興，也會揮手致意，甚至擺下酒席，請老百姓到宮中一聚。

平時到興慶宮走動的人，除了公主、內侍、宮女和梨園子弟，就是玄宗的親信陳玄禮與高力士。玄宗還曾設宴招待將軍郭英乂、王銑（按：音同顯）等人，並予豐厚的賞賜。劍南道的官員過去兩年曾與玄宗共度患難，每次進京奏事，也會到興慶宮看望玄宗。

唐玄宗整日與外人來往，實際上已對肅宗形成威脅。

宦官李輔國就對肅宗進言，太上皇結交外人，陳玄禮、高力士更是日夜圖謀不軌，對陛下不利，不可不防啊。言外之意，就是要提防唐玄宗復辟。

李輔國與唐玄宗早就有過節，他替皇家養過馬，相貌奇醜無比，本是高力士的手下，不得重用，被打發到太子宮中。後來，他扶持李亨上位有功，又是新君心腹，就此青雲直上，早想對輕視自己的玄宗一黨展開清算。

李輔國是唐朝的一大禍害，宦官掌握兵權，左右朝政正是自他開始。

李輔國向肅宗建議，興慶宮建在市井之中，宮牆低矮，不適合太上皇居住，不如請他老人家到太極宮居住，那裡深宮大院，戒備森嚴，又可杜絕小人蠱惑，豈不兩全其美。

太極宮與興慶宮的情況可謂天壤之別。太極宮位於大內之中，北面是禁苑，南面是朝廷的辦公場所，東面是太子的東宮，西面是宮女住的掖庭宮，幾乎與世隔絕，玄宗到那兒表面上備受優待，實際上如同軟禁。

唐肅宗什麼反應呢？史書說，「上不聽」，也就是猶豫不決。

李輔國在宮中多年，知道不明說，不代表不同意。他先出手試探肅宗的真實意圖，假託敕令，命人從興慶宮拉走兩百九十匹馬。

馬是戰略物資，打仗必備，當然不能放心交給玄宗。興慶宮本來有三百匹馬，一下子就剩下十匹，唐玄宗看著空蕩蕩的馬廄，無可奈何的對高力士說：「我兒子被李輔國蠱惑，看來不能讓我平安終老了。」

唐肅宗對李輔國越權的舉措，沒有任何表示，基本上已是默許。李輔國見狀，更加膽大妄為。

上元元年（西元七六〇年），李輔國派人到興慶宮傳話，說肅宗請玄宗到太極宮遊玩。玄宗不敢拒絕，隨李輔國走到睿武門，突然出現五百名持刀的騎手，攔住去路。

玄宗大驚失色，李輔國這才傲慢的說：「皇帝認為興慶宮地勢低窪狹窄，請太上皇遷居太極宮。」經過馬嵬之變，玄宗對兵變有心理陰影，聽到後嚇得差點從馬上摔下來。

太上皇竟被如此欺凌，危急關頭，一旁的高力士趕緊上前扶住玄宗，痛斥道：「五十年太平天子在上，李輔國何得無禮！」之後又以太上皇的名義發布誥命，對眼前五百名騎兵表示宣慰：「諸將士都還好吧！」

眾將士見太上皇餘威尚在，不敢輕易得罪，紛紛收刀叩拜。高力士知道事情無法挽回，眼下只能先保玄宗安全，於是飭令李輔國與他一起為太上皇牽馬。李輔國雖不情願，但也不敢太過放肆，只好拉起韁繩，護送玄宗進入太極宮。

等到李輔國帶兵退出後，玄宗對高力士感激的說：「若不是將軍，我就要成刀下鬼了。」

從此，唐玄宗被軟禁到太極宮，徹底與外面的世界失去聯繫，多年來陪伴在身邊的舊臣，也被肅宗盡數清退。曾經的禁軍首領陳玄禮被勒令退休，多年隨侍在側的高力士被貶巫州（今湖南懷化、洪江一帶）。太極宮中，只有肅宗安排的百餘名宮女負責灑掃，幾十名老弱殘兵負責護衛。

晚年孤獨的玄宗，沒有權力、愛情、尊嚴，甚至沒有自由，只剩下虛弱不堪的身體，如風前殘燭，桑榆暮景。

端午節到了，唐肅宗與子孫相聚，大明宮中其樂融融，唯獨缺了年老的玄宗。此時的肅宗身體欠佳，已許久未去太極宮看望父親了。

肅宗懷抱年幼的小公主，怕人笑他只喜歡與兒女嬉鬧，對奉詔進宮的名士說：「朕深愛此女，卿不要見怪。」

那人接過肅宗的話，說：「太上皇想見陛下，就像陛下憐愛公主一樣啊。」

肅宗聽了，若有所思，半晌說不出一句話來。

寶應元年（西元七六二年），在被軟禁在太極宮一年十個月後，七十八歲的唐玄宗去世。在臨終前的一段時間裡，他沉迷於道教的辟穀，不食五穀，堅持絕食。

這位盛唐天子，自從六年前離開長安後便一蹶不振，更是在失去權力後彷彿失去了生命的色彩，在孤寂中走向人生的終局。

就在唐玄宗去世十三天後，唐肅宗也一病不起，不久便撒手人寰。

唐玄宗的孫子唐代宗遵照祖父的遺願，將他安葬於泰陵。當年與唐玄宗一同開創盛世的文臣武將早已隨風消逝，最終陪葬泰陵的只有一人，那就是高力士。

玄宗去世那年，被流放巫州的高力士正好遇赦而歸。他走到半路，聽聞玄宗已死，面朝北方，號啕大哭，嘔血而死。

第二年，安史之亂平定，那鼎盛的大唐，卻已恍如隔世，一去不復返。

4 重出身不重能力，唐宣宗時代無賢臣

在明清兩代，官方會選擇性的祭祀前代皇帝。其中，對於唐代皇帝，明朝祭祀四位，分別是唐高祖、唐太宗、唐憲宗和唐宣宗；清朝僅祭祀三位，分別是唐高祖、唐太宗和唐宣宗。

在這兩個名單中，唐宣宗李忱算是一匹黑馬。

唐高祖李淵是大唐開國皇帝，唐太宗李世民是一代雄主、貞觀之治的開創者，所以受到後世皇家的追崇。但唐宣宗李忱死之時，離大唐覆滅不到半個世紀，為什麼會受到明清兩代的共同認可呢？

司馬光在《資治通鑑》中對唐宣宗堪稱推崇備至。書裡記載：「宣宗性明察沉斷，用法無私，從諫如流，重惜官賞，恭謹節儉，惠愛民物。故大中之政，訖於唐亡，人思詠之，謂之小太宗。」

唐宣宗由此被認為是複製版的唐太宗。

然而，真實的唐宣宗，到底是一個怎樣的皇帝？

裝傻，是宮廷爭鬥中最好的保護

李忱是唐憲宗李純的第十三個兒子，元和十五年（西元八二〇年），唐憲宗暴斃時，李忱才十一

歲。皇位先是由其同父異母的三哥、唐穆宗李恒繼承。四年後，李恒駕崩，接下來的二十多年，李恒的三個兒子相繼稱帝，分別為唐敬宗、唐文宗、唐武宗。

李忱成為「三朝皇叔」。

雖然是叔父輩，但李忱與三個皇帝侄子的年齡相仿。三個侄子對這個同齡的皇叔，態度都不好。據史書記載，李忱自幼沉默寡言，性格木訥，每次參加皇族家宴，侄子們就以取笑他為樂，調侃叫他「光叔」。

唐武宗李炎對李忱尤其不尊重，繼位後，更是處處提防這個皇叔，欲置他於死地。原因可能是，李忱曾對其生母說過，他夢到乘龍升天。不管真假，這是非常犯忌諱的一個夢。

野史中記載了唐武宗迫害皇叔李忱的故事：唐武宗曾密令人將李忱囚禁起來，並抛入糞池中。幸得宦官憐憫，才用糞土車偷偷將李忱運出宮外，祕密保護起來。還有野史說，李忱經過幾次這樣的死裡逃生，遂出家為僧，雲遊到江南避禍。這類故事的真實性存疑，但李忱在幾個侄子當皇帝期間的危險處境，應該是真實的。

會昌六年（西元八四六年），唐武宗病重，口不能言，左軍中尉馬元贄等宦官密謀，擁立李忱為帝，是為唐宣宗。

唐朝中晚期，宦官的權勢極大，大到可以廢立皇帝。傳統史書認為，李忱之所以被馬元贄等宦官選中，是因為宦官們覺得這個「傻乎乎」的皇叔，為人愚鈍，智商不高，擁立為皇帝後易於控制。誰知道，李忱繼位後，「裁決庶務，咸當於理，人始知有隱德焉」。

原來，李忱是演技派，他的傻和憨都是裝出來的，是在激烈的宮廷鬥爭中的自我保護罷了。

這可不是一個傀儡皇帝。

為了確立自己的正統性，無條件反對武宗朝政策

唐宣宗即位當天，看到武宗朝權相、李黨魁首李德裕，遂對左右說：「剛才在我旁邊的人是太尉李德裕吧？他每次看我，都使我不寒而慄。」

李德裕曾在文宗朝和武宗朝兩朝為相，共七年有餘。尤其是在武宗會昌年間，李德裕裁抑宦官，討平藩鎮，擊破回鶻（按：中國的少數民族之一。鶻，音同胡），使會昌政局為之一振，「王室幾中興」。史家因此讚譽李德裕為「唐中世第一等人物」，是可與姚崇、宋璟並肩而立的賢相。

這樣的能臣，在新皇帝唐宣宗的眼裡，卻是使他不寒而慄的人物。

即位不到一個月，唐武宗還未下葬，唐宣宗就將李德裕外放為荊南節度使，李德裕所提拔的官員也紛紛落馬。唐武宗下葬後，李德裕又被貶為東都留守。宋人孫甫在《唐史論斷》中說：「宣宗久不得位，又不為武宗所禮，舊怒已深，德裕是用事大臣，自不容矣。」

以拿李德裕開刀為開端，**唐宣宗對武宗朝的一切政策，不管好壞，都進行反對**，而且雷厲風行。舉兩個例子。

武宗朝實行裁汰冗官政策，削減一些州縣官員。這本身是一個好政策，但唐宣宗不能容忍，他繼位一年後，武宗朝裁減冗官的州縣又增加了三百八十多名官員。

滅佛是武宗朝**非常重要的國策**，從客觀結果看，這一運動**有利於釋放社會勞動力**，減輕百姓負

擔，增加國庫收入。但唐宣宗上位後，完全反其道而行，原先被摧毀的寺廟紛紛復建起來，被用於鑄造錢幣的鐘磬、佛像，又重新回鑄成鐘磬、佛像。晚唐的佛教政策，表面是宗教問題，實質是社會問題、經濟問題，牽涉國家大量的人口、田地規避賦稅（按：因自唐朝立國以來，歷代君王都篤信佛法，以極高禮遇和大力提倡佛教，甚至給予免賦稅、免傜役的福利。當時有很多男性為了逃避賦役而出家為僧，導致僧人越來越多，造成社會與國安問題。而寺廟的土地不用納稅，僧人仰賴百姓供養，逐漸侵蝕到唐朝中央政府統治的稅收），唐宣宗對武宗滅佛的矯枉過正，加劇了國家的財政困境。

唐宣宗李忱為什麼會為反對而反對？

傳統的解釋是，他與唐武宗有宿怨，所以要反對唐武宗所用之人，所定之策。事實上，這不是主要原因。

唐宣宗盡反武宗之政，主要是為了把自己塑造成一個「撥亂反正」的李唐江山合法繼承人形象。前面說了，唐憲宗死後，穆、敬、文、武兩代四朝統治天下二十多年，基本確立了穆宗一房為李唐皇室正脈的地位。唐宣宗是穆宗的異母弟，敬、文、武三朝皇叔，雖然是憲宗之子，但到武宗之後，顯然已屬於皇室庶支，何況他的生母身分較為低微，這給他繼位的正統性蒙上了一層陰影。

唐宣宗繼位後的所作所為，首先都是為了樹立自己統治的正統性。

一方面，他極力渲染自己與唐憲宗的父子之情，甚至將唐憲宗神化，連選取宰相，都要在憲宗的牌位前禱告。透過此番操作，向朝野宣示自己的皇帝身分是直接繼統於唐憲宗，具有十足的正統性。

另一方面，他極力想把自唐穆宗以下四朝定性為「偽朝」，從而給自己一個「撥亂反正」的定位。儘管二十多年前唐憲宗的死並無定論，但唐宣宗「咬定」，郭太后和唐穆宗母子參與謀逆和弒殺君父的行動。唐宣宗上位後，對此案株連甚眾，大中二年（西元八四八年）五月，郭太后在興慶宮不明不白的死去，史書說「太后暴崩，上（指唐宣宗）志也」。意思是，郭太后的死，是有人按照唐宣宗的意思做的。

在唐宣宗看來，唐穆宗既然是弒殺君父上位的，那麼他和他的三個兒子的統治自然就不具備合法性。唐宣宗因此指使手下人，將穆、敬、文、武四朝定性為偽朝，一度要把這四個皇帝趕出太廟。但因為這個認定波及面太大了，對朝臣、對社會的衝擊極大，所以，唐宣宗對於穆宗是逆黨、四帝是偽朝的定性，最終未能獲得群臣的支持，只能不了了之。

在此情況下，唐宣宗透過盡反唐武宗之政的做法，向朝野宣告，要把穆宗以來的偽政統統恢復過來。這樣，他就可以將自己擺到對李唐王朝具有「撥亂反正」之功的位置上。

但是，問題出現了。

如果唐宣宗反的是穆宗、敬宗或文宗朝的人事和政策，那或許是好事，因為這幾朝均無大作為，反著幹，興許可以幹出一番大事業。偏偏唐宣宗接任的**武宗朝，在權相李德裕的支持下，政治上多有改制和作為，取得了不俗的政績**，現在，他為了反對而反對，出於樹立正統性而反對，結果，在政治和經濟上開起倒車。

以司馬光為首的傳統史家，對唐宣宗統治的大中時期多有溢美之詞，**美其名曰「大中之治」**，但**實際上**，從他繼位後急於證明自身正統性的行為開始，已經**註定其統治時期在政治、經濟諸方面都是一次大倒退**。

重出身不重能力，宣宗時代無賢臣

晚唐的三大政治問題——藩鎮割據、宦官專權與朋黨之爭，唐宣宗一個也未能解決。即位伊始，唐宣宗罷免李黨黨魁李德裕後，牛僧孺、李宗閔、楊嗣復等牛黨要人，同日被調回朝廷。李黨陡然失勢，牛黨全面復辟。

一般來說，李黨屬於改革派，力主強化中央集權，頗有進取之心；而牛黨屬於保守派，因循苟安，碌碌無為。唐朝晚期，江河日下，任何一個企圖勵精圖治的皇帝，都不可能對李黨人物盡數貶斥。但是，「小太宗」**唐宣宗**，卻**不分皂白的將李黨人物悉數放逐**，連李德裕也被一貶再貶，最後死在了海南。

唐宣宗用人，除了喜用牛黨人物，還喜用憲宗朝名臣子弟。

一次，他找宰相白敏中談話，說當年自己的父親唐憲宗出殯，道遇大雨，百官都去避雨了，只有一個山陵使還護著靈駕不肯離去，這個山陵使是誰？白敏中答，令狐楚。唐宣宗問，他有兒子嗎？白敏中答，長子令狐緒現為隨州刺史。唐宣宗問，可以當宰相嗎？白敏中答，令狐緒從小有風痺病，不過令狐楚的次子令狐綯做過湖州刺史，有才器。唐宣宗聽完，立即給令狐綯升官。三年後，令狐綯被任命為宰相，一做就是十年，成為宣宗朝任期最長的宰相。

僅僅憑藉其父在唐憲宗葬禮上的表現，就被定為未來的宰相人選，真是不可思議。但對唐宣宗來說，這很正常，終宣宗一朝，**名臣子孫是他最喜歡用的一類人**。除了令狐楚之子令狐綯，白居易堂弟白敏中、裴度之子裴諗、杜黃裳之子杜勝、牛僧孺之子牛叢都得到重用。

史書說：「上（唐宣宗）追感元和（唐憲宗年號）舊事，但聞是憲宗朝卿相子孫，必加擢用。」

唐宣宗以為透過這種用人方式，可以締造名相名臣，但這些名相名臣後人，大部分庸碌無為，導致宣宗朝出現文無賢相、武無良將的局面。

史學家岑仲勉在《隋唐史》中說，唐宣宗貶謫李德裕是「徒快私憤，自坯（壞）長城，即此一端，已覘（按：音同詹）器小。所用宰相如白敏中、令狐綯輩，皆闒茸（按：音同踏榮，指資質駑鈍愚劣）無能。雖察察為明，遇事節儉，只合作盛世守成之主，迥非挽回危局之材」。

由於用人重出身不重能力，藩鎮、宦官這兩大拖垮大唐的痼疾，在唐宣宗朝也根本無法解決。

唐宣宗曾與翰林學士韋澳討論如何對付宦官，韋澳提不出什麼好的建議，只好建議用「以宦官制宦官」的老辦法。唐宣宗很無奈，說這是下策，恐怕難以奏效。後來，他又和宰相令狐綯議論如何誅殺宦官，但令狐綯沒什麼魄力，又怕惹火上身，於是主張慢慢來——「但有罪勿舍，有闕勿補，自然漸耗，至於盡矣」。不幸的是，令狐綯的密奏被宦官看到，導致宦官和朝臣的關係勢同水火。

唐宣宗死後，宦官發動政變，改詔重立繼承人的歷史，再次發生。

不到位的模仿，憑一點運氣，所以獲得小太宗美名

晚唐的主要矛盾懸而未決，它們的集體爆發就只是時間問題。在這個大背景下，唐宣宗的歷史名聲多少顯得名不副實。

說起來，**唐宣宗在官方正史中口碑不錯，主要依靠他「製造」的那些善於納諫、體察民情、訓斥**

公主等佳話。

唐宣宗喜歡微服出行，採訪民情。他曾在打獵途中遇到幾個樵夫，樵夫們說是涇陽縣百姓。宣宗就問，你們縣令是誰？答，李行言。宣宗又問，這個縣令為政如何？樵夫答，這個人有性格，曾抓獲幾個強盜，宦官主管的神策軍前來要人，他堅決不給，還全部杖殺了。回宮後，宣宗把李行言的名字寫在帖子上，黏在殿柱上。

兩年後，李行言被提拔為海州刺史。

宣宗問：「你曾做過涇陽縣令吧？」

李行言答：「在涇陽兩年。」

宣宗說：「賜金紫衣。」

李行言不知為何能受此特恩，宣宗命人從殿柱上取下名帖給他看，並說明緣由。

這樣的故事，在正史中多有記載，說明宣宗確實對體察基層官聲「很有一套」。然而，對於朝廷中樞官員的選拔，他卻透過禱告憲宗或抓鬮的形式來決定。相形之下，對基層官員如此注重細枝末節，就給人一種小事謹慎、大事亂來的感覺。難怪北宋史家范祖禹評價唐宣宗，說他只是有「縣令之才」罷了。言下之意，**唐宣宗不具備治國能力**。

但唐宣宗本人肯定不會承認這一點。他在位期間，處處模仿唐太宗李世民，想把自己治下的國家打造成另一個貞觀之治。正是這些模仿之舉，使他贏得「小太宗」的美名。

唐宣宗曾讓宰相令狐綯讀李世民親撰的《金鏡》。讀到「至亂未嘗不任不肖，至治未嘗不任忠賢」時，他示意令狐綯停一下，說：「凡求致太平，當以此言為首。」坦白說，這樣的認識很到位，可是他並沒有照著去做。其實唐宣宗在任免重要官員時相當草率。

唐宣宗任用魏徵五世孫魏謨，也是模仿貞觀之治。他認為，有了名相子孫的點綴，自己就能取得先輩那樣顯赫的功績。就像魏謨對他說的：「我看陛下如同唐太宗，希望陛下看我如同褚遂良。」只是，王朝末期，君臣對於朝局治理毫無大建樹，沒有唐太宗朝的歷史功績打底，僅有邯鄲學步式的歷史佳話作為比附，終究不過是一處空中樓閣罷了。

當然，**唐宣宗最終能獲得「小太宗」之名**，除了簡單機械的模仿和製造佳話之外，**主要得益於運氣好**。如河湟地區的回歸，常被當作唐宣宗治下的一大武功。

安史之亂後，朝廷抽調西北兵平叛，遂使邊州無備，吐蕃趁機侵占河西、隴右地區。從乾元元年（西元七五八年）起，廓州、涼州、蘭州、瓜州、沙州等地相繼陷落，唐朝失去對這些區域的控制。一直以來，唐朝都想收回這些地方，但苦於自身無力，內顧不暇，而吐蕃勢力又比較強盛，只能任憑這些地方淪陷百年。

唐武宗會昌四年（西元八四四年）春，朝廷得知回鶻衰微，吐蕃內亂，於是召集群臣，商議如何收復河、湟四鎮十八州，但沒有具體實施。唐宣宗繼位後，抓準時機，推行武力收復河、湟政策。與此同時，沙州大族張議潮在大中二年（西元八四八年）發動起義，誓與吐蕃決一死戰，先後收復沙、瓜、伊、肅、鄯、甘、河、西、蘭、岷、廓等十一州。大中五年（西元八五一年），張議潮派其兄入長安告捷，並獻上沙、瓜等十一州圖籍，宣布效忠唐朝。當年冬天，唐朝在沙州設立歸義軍，統領沙、瓜十一州，授張議潮為歸義軍節度使。時隔將近百年，河湟地區終於重歸唐朝版圖。

從這個過程不難看出，唐宣宗時期實現河湟復歸，主要靠的是兩個外部條件：一是吐蕃內亂，無力控制河、湟；二是以張議潮為首的當地義民起義，並主動歸附唐朝。

權力欲太強，埋下唐亡的種子

唐宣宗上位後，為了駕馭各個統治集團，他在宰相、宦官、翰林學士各集團內部及之間實行平衡術、監察術，使得各集團互相牽制，最後集皇權於一身。王夫之說，唐宣宗善用申、韓之術。

終宣宗一朝十三年，沒有出現武宗朝李德裕那樣的權相。做了十年宰相的令狐綯，堪稱宣宗朝第一號人物，但在宣宗面前也不得半點秉權用事。令狐綯晚年常對人說，自己雖然十年持政柄，但每次奏對，即便是嚴冬臘月，仍然汗流浹背。

宰相無實權，根源則在於唐宣宗的權力欲太強。

不管對誰，唐宣宗至死不肯放權。大中十年（西元八五六年）正月，宰相裴休請宣宗早立皇儲，宣宗大怒說：「若建太子，則朕遂為閒人。」周墀升任宰相後，曾向韋澳討教，如何把宰相做好。韋澳對他說：「願相公無權。」

宣宗一朝，藩鎮軍亂此起彼伏，幽州、徐州、河東、容州、嶺南、湖南、江西等地，先後發生軍變；農民暴動也時有發生，蓬州、衡州、浙東等地都有起義發生。這些軍亂和暴動，雖然都被平定下去，但也說明全國的局勢相當糟糕。在大中之治的掩蓋下，整個國家實際上千瘡百孔。

《新唐書》對唐宣宗的統治給予了隱晦而深刻的批判：「**唐亡，諸盜皆生於大中之朝**，太宗之遺德餘澤去民也久矣，而**賢臣斥死，庸懦在位，厚賦深刑，天下愁苦**。」

王夫之也說，宣宗朝被美化為大中之治，宣宗被吹捧為小太宗，其實，「自知治者觀之，則皆亡國之符也。」、「一寇初起，剪滅之，一寇踵起，又剪滅之，至再至三而不可勝滅，亂人轉徙於四方，消歸無地，雖微懿宗之淫昏，天下波搖而必不能定……至是而唐立國之元氣已盡，人垂死而六脈齊張，此其候矣。」意思是，傳統認為唐朝亡於宣宗的繼承人唐懿宗，實際上，唐亡的病症在唐宣宗時已經埋下了，只是在等待病發而已。

唐宣宗一朝，恰是大唐的迴光返照。

大中十三年（西元八五九年）八月，唐宣宗因服長生藥中毒駕崩。臨死前，他頒布最後一道聖旨，將夔（按：音同葵）王李滋託付給樞密使王歸長、馬公儒和宣徽南院使王居方，讓這三個宦官擁立其為皇帝。但很快，擔任左神策護軍中尉的宦官王宗實，依靠手中掌握的宮廷禁軍，率軍迎接鄆王李溫，擁立其為皇帝，是為唐懿宗。之後王宗實又以偽造聖旨的罪名，將王歸長、馬公儒、王居方三人處死。

一次宦官政變，把昏淫無道的唐懿宗推上前臺。大唐，時日無多矣。

而追究這場政變，根源還是在於唐宣宗的權力欲，因為權力欲太強，遲遲不肯立太子，導致駕崩後宦官握權，翻手就是一場宮廷政變。

5 藝術家皇帝朱瞻基，給明朝埋了一顆雷

大明皇帝朱高熾病重，快不行了。一個太監奉命離開北京，全速奔赴南京，把皇太子朱瞻基召回來。這一天是洪熙元年（西元一四二五年）五月二十八日。

僅僅一天，離京的太監還要七、八天才能到南京，但朱高熾已經駕崩了。事態緊急，朝中大臣夏原吉等人決定祕不發喪。

數日後，得到回北京詔令的朱瞻基，已能明顯感覺到南京城中流言四起。他的屬下勸他，帶護送兵馬回北京，以防萬一。二十七歲的朱瞻基卻說不必。他說：「我剛到南京，就要立即返回北京，誰能料得到？君父在上，天下歸心，誰敢有二心？父皇召我回北京，我又怎能拖延？」

然而，能料到和有二心的人，當時還活在世界上——他是朱瞻基的叔父、漢王朱高煦。

所幸朱瞻基行動迅速，朱高煦在山東派人伏擊皇太子的計畫才宣告落空，史書說，「高煦謀伏兵邀於道，倉卒不果」。六月，朱瞻基順利抵達北京附近的良鄉。夏原吉等人這才公開宣布了洪熙皇帝朱高熾的死訊，此時距離朱高熾駕崩的日子，已經過去了二十天。

同一天，朱瞻基進入北京城。

六月二十七日，在朱高熾死了一個月後，朱瞻基正式登極繼位，是為宣德皇帝。

一場皇位繼承危機，總算暫時得到了緩解。

但朝廷內外，熟悉漢王朱高煦為人的人，都知道他絕不會就此罷手。

朱高煦是明成祖朱棣的次子，性凶悍，善騎射。早年跟著朱棣起兵靖難，屢立戰功，幾次幫助朱棣轉危為安。朱棣也認為，朱高煦「類己」，曾經流露出將他立為皇位繼承人的意向。仗著軍功和父皇的寵愛，朱高煦頗為驕恣，常常把自己比作唐太宗：「我英武，豈不類秦王世民乎？」

相比之下，朱棣的長子朱高熾痴肥，為人仁厚，並不太受朱棣待見。朱棣傳達出來的曖昧態度，助長了朱高煦奪嫡的念頭，使他加快了奪嫡的步伐。朝臣們由此分成兩派，朱棣也十分矛盾。

有一次，朱棣就接班人問題徵求大才子解縉等人的意見。解縉說：「皇長子仁孝，天下歸心。」朱棣不說話，解縉又補充了一句說：「好皇孫。」這句話終於打動了朱棣，因為朱棣一直很喜歡朱高熾的長子朱瞻基。

史書記載，朱瞻基出生時，皮膚燥裂，像條烤魚一樣。儘管長相不討喜，但祖父朱棣卻很喜歡他。據說，建文元年（西元一三九九年），朱瞻基出生前夕，朱棣恰好做了一個夢，夢到朱元璋把象徵皇權的大圭（按：古代皇帝所執的玉質手板）送給朱棣，並對朱棣說：「傳之子孫，永世其昌。」夢醒後，就傳來了朱瞻基降生的消息，朱棣若有所悟。可能是這個祥瑞之夢，進一步刺激了朱棣奪取侄子朱允炆的江山的欲望。

朱瞻基滿月時，朱棣第一次見到這個長孫，說這個孫子「英氣溢面」，跟自己的夢境完全相符。自此，朱瞻基就離開父母，由祖父母撫養，著意栽培。

在明成祖朱棣的調教下，朱瞻基能文能武，頗具人君氣象。朱瞻基十五歲時，朱棣命他對對子，上聯曰：「萬方玉帛風雲會。」朱瞻基不假思索，跪下叩頭，說：「一統山河日月明。」朱棣大喜。這種格局，確實是大明未來帝王的最佳人選。

永樂年間，朱棣多次北征，每次出征，要麼令朱瞻基隨行，讓他歷練成長；要麼命他留守，培養處理政務的能力。朱棣在立朱高熾為太子的情況下，立朱瞻基為皇太孫，一方面表達他對朱瞻基的喜愛，另一方面是透過皇太孫對在南京監國的太子形成牽制。

不過，朱瞻基自小深知父親朱高熾處在極度危險的政治環境中，因而一直極力維護父親的形象，並不想成為打壓自己父親的一顆棋子。

對於那個野心勃勃想取代太子之位的叔父朱高煦，朱瞻基很早就跟他「槓」上了。從某種意義上說，正是因為朱瞻基的存在，才使得朱高煦離皇位繼承人的身分越來越遠。一次，朱棣命三個兒子朱高熾、朱高煦、朱高燧與長孫朱瞻基一同拜謁孝陵。朱高熾因體胖，又是瘸子而失足跌倒，朱高煦隨即在他身後挖苦道：「前人失跌，後人知警。」朱瞻基聽到後，立即回擊：「更有後人知警也。」朱高煦回頭，看著這個侄子，語塞不敢接話。

朱棣在位後期，為了防止兒子間流血權鬥，對一向驕橫的朱高煦進行制裁，從永樂十五年（西元一四一七年）起將他封到山東樂安，並削弱了他的護衛力量。這樣，在永樂二十二年（西元一四二四年）朱棣駕崩後，朱高熾才能在朝中重臣的輔佐下順利繼位。

然而，明仁宗朱高熾繼位不到十個月就病重去世，此時大明帝國的局面在虎視眈眈的朱高煦眼裡，多麼像當年朱棣面對侄子建文帝朱允炆的情況。朱高煦想讓靖難之役的歷史重演，而他的侄子朱瞻基，也想證明自己不是朱允炆。

在派兵埋伏擊殺朱瞻基未果，而朱瞻基順利登上帝位後，朱高煦加緊謀劃發動屬於他的「靖難之役」。由於手中兵力有限，他甚至砸開州縣監獄大門，放出死囚，給這些人優待，訓練他們習武打仗。同時，他還招募無賴子弟和社會流氓編入軍隊。可以說，為了發動奪位戰爭，他無所不用其極。

而朱瞻基則表現得像他死去的父親一樣柔弱，對朱高煦有求必應。朱高煦為了試探新天子的分量，不斷提出一些過分要求，沒想到朱瞻基均一一予以滿足。這讓朱高煦更加肆意妄為，以為這個侄子並沒有那麼聰明和可怕。事實上，朱瞻基按兵不動，是想讓朱高煦自我暴露，自我作死，從而爭取道義和輿論的支持。

宣德元年（西元一四二六年）八月，按捺不住的朱高煦終於起兵反叛了。

明宣宗本想令武將率兵征討，但三楊（按：三楊輔政，是明成祖至明英宗時期的三位楊姓重臣楊士奇、楊榮、楊溥之合稱）之一的楊榮提醒他，朱高煦已料到他剛繼位，不可能御駕親征，「今出不意，以天威臨之，事無不濟」。另一名重臣夏原吉，也以靖難之役中南軍主帥李景隆最終叛投朱棣的往事，勸告朱瞻基一定要親征，否則，一旦朱高煦搞定征討軍主帥，就真的要重演靖難故事了。

朱瞻基因此下定決心，御駕親征，聲勢一下子壓倒叛軍。之前跟朱高煦一起約定起兵的幾路兵馬，都不敢輕舉妄動。朱瞻基的軍隊將樂安圍得水泄不通，部將請求攻城，朱瞻基不許，只是在城外放炮，震懾叛軍。很快，叛軍士氣瓦解，朱高煦在強大的壓力下出城投降。

朱瞻基兵不血刃，平定朱高煦之亂，消除一場潛在的「靖難之役」，鞏固作為新天子的權威。

朱瞻基不想落得個殺叔父的罵名，最終只是褫奪了朱高煦的爵位。一些野史記載，三年後，宣德四年（西元一四二九年），朱瞻基查看這個跋扈慣了的叔叔現狀。沒想到，朱高煦突然伸出一腳，將朱瞻基鉤倒在地，然後仰天大笑。朱瞻基怒不可遏，當場命護衛用一口重三百斤的大銅缸將朱高煦罩住。但朱高煦力氣很大，頂缸而起。朱瞻基遂下令在銅缸周圍堆起木柴點火，朱高煦被活活烤死。

朱瞻基以仁政統治，但也背負道德壓力

在平定朱高煦之亂後，明朝的藩王紛紛向明宣宗朱瞻基交出兵權。鞏固權力的朱瞻基，才能以其他形象被歷史銘記。

朱瞻基和他父親明仁宗統治下的明朝，在史書中被稱為「仁宣之治」。史書對朱瞻基的評價都很高，可謂好評如潮。比如《明史》：「（朱瞻基）即位以後，吏稱其職，政得其平，綱紀修明，倉庾充羨，閭閻樂業，歲不能災。蓋明興至是歷年六十，民氣漸舒，蒸然有治平之象矣。若乃強藩猝起，旋即削平，掃蕩邊塵，狡寇震懾，帝之英姿睿略，庶幾克繩祖武者歟。」

由於**明仁宗朱高熾在位時間很短**，還不到十個月，所以通常認為「仁宣之治」是明宣宗朱瞻基的功勞。但實際上，朱高熾在幾個月之內，**已經改變了永樂朝的許多政策導向**。要知道，朱棣前半生為了得到皇位而戰，後半生則為了皇位的正統性和合法性而戰，所以發起了許多大工程，比如遷都北京、出兵安南、五次親征漠北、派鄭和下西洋等等。這些政策都具有擴張性帝國的特徵，但又極其消耗民力和帝國力量。朱高熾繼位後，幾乎盡反朱棣的擴張政策，轉而從恤民、收縮、守成的角度，去重新調整帝國的統治政策。

對於朱瞻基而言，一方面他的教養和統治能力全部來自祖父朱棣，另一方面他又在父親朱高熾的

短暫統治後繼位，當他登上帝位的那一天，他已經意識到自己面臨著兩條道路的選擇：到底是繼承祖父的擴張路線，還是父親的收縮路線？

這個選擇，對於明朝的走向至關重要。

任何朝代，擴張或收縮政策都應該有一個限度。不顧國力，一味擴張，窮兵黷武，或者用大工程壓垮民力，結局可能會像秦、隋兩朝一樣短命。明朝仁、宣兩個皇帝，能延續父祖的江山，很大程度上是他們掌握了國力承受的這個度。

不可否認，朱棣在位期間的擴張國策，具有積極意義，但國力也是空前的消耗。尤其是幾大工程並舉，使永樂朝後期的明朝處於嚴重的國力超負荷狀態。不僅如此，朱棣為政酷虐，曾大肆誅殺建文朝遺臣，後來又藉故大肆屠殺太子的官屬，使朝中籠罩著一種血腥的恐怖氛圍。

朱高熾、朱瞻基父子在位期間，結束恐怖政治，代之以仁政統治，穩定並收復了民心，使明朝迎來發展的黃金時期。史家把這一時期比作西漢的文景之治。

但是，開拓難，守成也難。朱瞻基最終選擇了繼承父親的政治道路，實際上也背負著巨大的道德和輿論壓力。

永樂四年（西元一四〇六年）十月，因為安南內亂，朱棣命令出兵，花了八個月占領了安南，隨後設立交趾郡，把安南完全納入明朝版圖。但安南並未因此安寧，各種抗明復國的武裝起義此起彼伏，使明朝在當地投入了巨大的人力和財力。朱高熾繼位後，開始透過一些柔性的安撫措施，企圖緩和安南人的反明情緒，穩定地區秩序。安南起義頭領黎利，在與明軍的對抗與周旋中逐步坐大。朱瞻基繼位後，得知前線明軍多次潰敗，立即簽署了對安南採取強硬措施的詔令。

但，就在簽署命令的第二天，朱瞻基祕密召集內閣大學士楊士奇、楊榮共商安南局勢。在正式談話前，朱瞻基特別叮囑他們：「今天的談話，朕只與你二人說，你們千萬不能洩露出去。」朱瞻基想繼承父親的遺志，讓安南成為附屬國，三年一貢如洪武朝之制，這樣，中國亦省兵戎之勞。但真這樣做了，論者不免謂自己「委棄祖宗之業」。說完了，朱瞻基再次叮囑二人勿洩密。

後來，朱瞻基在任命王通為總兵官率軍大征安南的同時，將「通氣會」（按：看輿論反應的議事形式）的成員，進一步擴大為吏部尚書蹇義、夏原吉、楊士奇、楊榮四人。

朱瞻基再次表達意願：「使（安南）自為一國，歲奉常貢，以全一方民命」。原先「通過氣」的楊士奇、楊榮，此時支持朱瞻基，稱他的決定「不失為聖君」，說漢唐以來每次征服安南，都得不償失，明朝不應再陷入這個泥淖裡了。但原先沒透過氣的蹇義、夏原吉則表示反對，他們說現在安南只是小丑作孽而已，一旦放棄了，不僅有損明朝威望，更重要的是成祖以來二十年的付出就都白費了。

這次談話，朱瞻基沒有收到預期的結果。

這正是朱瞻基所擔心的，皇帝的任何重大決策，若不能得到朝中重臣的一致支援，強制推行，肯定要背負千古罵名。**明朝的皇帝看似權力很大，但除了朱元璋和朱棣兩代雄主，其他皇帝其實都活在制度的牢籠裡**。他們可按自己的意志行事，卻不得不隨時斟酌和衡量任性帶來的後果。哪怕是廢皇后，朱瞻基都要五、六次與內閣重臣溝通，以尋求支持，在得到他們一致同意後，他才敢以胡皇后多病無子為由，改立孫氏為皇后，更何況，現在討論的是領土問題。朱瞻基內心承受的壓力肯定很大。

事態的發展，最終卻以一種出乎意料的形式解決。朱瞻基想以一種體面的形式放棄安南，因此不斷派兵進入安南，想靠碾壓性的勝利來撐起國家的顏面。但他先後派出王通、柳升、沐晟三個兵團，都被安南軍隊各個擊破。最後，是在明軍戰敗的情況下，與安南議和，被動承認安南的獨立地位。

但不管怎麼說，明朝的敵人（蒙古）是在北方，不是南方。朱瞻基沒有繼續在安南戰場投入人力和財力，適時放棄安南是正確的選擇。他的統治政策基本都是其父朱高熾制度的延續，但有一條，他是反對的——他放棄了父親將都城遷回南京的計畫，而是繼續祖父的決定，把都城定在北京。他清楚的知道國家的敵人在哪個方向。

有一種說法是，朱瞻基選擇繼續以北京為都城，是為了滿足個人對於邊事的著迷。受祖父影響，他喜歡巡邊，邊境上偶爾的捷報，都能使他陶醉。這是明朝皇帝重視但又輕視北方敵人的開始。朱瞻基的這個特性，很不幸的遺傳給他兒子明英宗朱祁鎮，清初史學家談遷說，西元一四四九年的土木堡之變，原因正在於此。

從繁重政務中解脫，代價是宦官崛起干政

那場差點讓明朝國祚定格在八十一年的土木堡之變，背後其實潛藏著一個制度性肇因。而這項制度，正是朱瞻基在位時期確定下來的。

明朝皇帝中，朱瞻基算是比較懂得自省。國家某地豐收了，臣僚吹捧皇帝聖心感動上天，「聖心所欲，天必縱之」。朱瞻基受不了這種吹捧，他會反問說：「如果上天真的任我所為，國家其他地方怎麼會有水旱之災？還是我們的善政做得不夠啊，我等君臣應該更加努力才是。」

朱瞻基也並非完美帝王，他有他的毛病。在官方史書之外，他是一個世人皆知的「蛐蛐皇帝」，

喜歡鬥蟋蟀，並且讓這種愛好變成政治任務，引發了不少人間慘劇。

他有藝術天賦。寫詩、作畫、器物，樣樣精通。他是明朝宮廷培養出來的第一代藝術家皇帝，反過來，他也塑造了明朝宮廷的文化，一種傾向奢靡和華麗的宮廷風。

到後來，朱瞻基同樣會毫無顧忌的沉溺在各種藝術和玩好之中。

要知道，明朝在太祖朱元璋時期已經廢除了丞相，名義上由皇帝和負責具體政務的六部進行權力溝通。但是，連一門心思鑽研做皇帝的朱元璋和朱棣，都難以勝任繁重的日常管理事務，更不要說要時常分身出來做「藝術家」放縱一把的朱瞻基了。

權力真空最終由內閣填補。但內閣中人並非只願做皇帝的傳達機器，他們既要遵奉皇帝的旨意，也要服從儒家的規訓，以儒家理念和祖宗之法來檢驗皇權的行使是否得當，如有不當，內閣也會與皇帝產生矛盾。這就是皇帝不敢也不能肆意妄為的制度性因素。

朱瞻基是聰明人。為了更大程度的體現皇權，避免內閣的過度制約，他在皇權—內閣的體制中，引入了司禮監聯合輔政的制度——擬票：官員提出對各種奏章的處理意見，要先送內閣，由內閣大學士代擬旨意，寫成紙條貼在題本封面供皇帝參考，再由皇帝決策批行（即批紅），同時授權司禮監秉筆太監代表皇帝，來簽批內閣的擬票。

在這種體制下，「內閣之擬票，不得不決於內監之批紅」，內閣受到了代表皇權的司禮監的控制，進一步擴大和加強了皇帝及其家奴（宦官）的權力。那些懶於朝政、耽於遊樂的皇帝，可以放心的任用家奴來控制內閣，進而控制政局。

為了讓太監家奴更好的為皇權服務，朱瞻基開始調任高級文官，教太監們讀書識字。

但是，任何制度都不可能十全十美。朱瞻基雖從繁重的政務中解脫，可以做一個瀟灑風流而又大權在握的皇帝，但與此同時，宦官的禍害也開始彰顯了。

從中央到地方，從軍事到民政，朱瞻基在位時期，宦官介入政務的程度大大加深，給社會造成了很大的危害。宣德時期，幾乎所有的邊鎮都設有鎮守太監，這些太監往往自恃是天子身邊的人，凌駕於總兵官之上，干擾軍政，為所欲為。朱瞻基還將最精銳的火器銃炮部隊，交由宦官控制，掌握軍政的宦官，已有能力同各地將領相抗衡。可見，在這一時期，宦官已經取得了一部分軍權。

在中國歷史上，**明朝與東漢、唐朝是宦官之禍最嚴重的三個朝代**。清初，一些人反思明亡的原因，指出「**明不亡於流寇，而亡於廠衛（宦官）**」。朱瞻基正是讓宦官勢力強勢崛起的關鍵人物。

宣德十年（西元一四三五年），三十六歲的朱瞻基逝世。朱瞻基的母親張太后暫時成為朝中的核心人物，但宦官王振憑藉他在宣德朝的寵遇、制度上的優勢，以及與小皇帝明英宗朱祁鎮的特殊關係，很快就擊敗內閣三楊和老太后，開始壟斷朝政，最終引導年輕的皇帝冒險與北虜交戰，釀成了西元一四四九年的土木堡之變——連皇帝都被蒙古人擄走了。

史學家認為，是王振的專權和明英宗的無能導致了土木堡之變，但在當時的情況下，朱瞻基時期那些能幹的老臣和經過調整完善的制度，卻無力阻止這一慘敗的發生。從這個意義上講，**土木堡之變是宣德時期政治隱患的總爆發，是內閣—司禮監牽制制度的悲劇，也是朱瞻基個人遺留下來的悲劇**。

儘管朱瞻基沒有親眼看到這悲劇性的一幕，但是，如此有才華的皇帝，在開創仁宣之治後，是否有想過大明王朝會迅速迎來中衰的局面呢？

而盛世的不可持續，也會讓盛世本身大打折扣。

6 和尚皇帝福臨，心比天高，奈何難敵命運

順治皇帝愛新覺羅．福臨在摯愛的董鄂妃去世後，決定剃髮為僧前，向禪僧問道：「上古以來，只有如來佛祖捨棄王位而成正果，達摩祖師也是捨棄王子的寶位而成禪宗始祖，朕想效仿他們，你覺得怎麼樣？」

臨死前四個月，順治又向禪師玉林通琇說：「朕常於佛前發願：早生淨土，回入娑婆，正因出家，早明心地，為（佛教）臨濟正宗，始滿朕願。」對此，玉林通琇回答：「皇上不妨以帝王之身，行菩薩修行之事。又何必拘束於一瓢一衲、窮岩枯壑、出家為僧的修行呢？」順治很悵然，只能回答：「和尚所言極當，恐朕未能如此！」

再後來，越接近生命的終點，順治對於皈依表現得越是虔誠：「朕實不幸，墮帝王家，今期速脫，願似師兄，振興臨濟（宗）祖道，足夠了！」

後來，禪師玉林通琇的弟子茚溪行森私下為順治皇帝剃髮，並奉順治帝遺詔，為順治舉行火化儀式。在回憶這些皇家往事時，康熙十六年（西元一六七七年），行森在臨死前留下的佛偈中說：「今朝收拾去了，妙妙。人人道你大清國裡度天子，金鑾殿上說禪道。呵呵，總是一場好笑。」

生亦何哀，死亦何苦。即使貴為君王，生命也不過只是一場人生往事。

福臨，開啟幼童繼承皇位的先例

福臨六歲那年，迎來了生命的轉捩點。

這是明朝滅亡的前一年，明崇禎十六年（西元一六四三年）。八月初九，白天還在處理政務的五十二歲的皇太極，夜裡猝死了。由於生前沒有留下任何遺言，也沒有交代由誰繼位，因此隨即在清廷內部引發了一系列混亂。

當時，皇太極的長子、時年三十五歲的豪格，與皇太極的弟弟、時年三十二歲的多爾袞，為了繼承皇位而展開激烈爭奪，最終雙方在劍拔弩張中各自妥協，改而推舉皇太極的第九子、當時年僅六歲的福臨繼承皇位，以方便各方均衡皇權。而在權力爭奪中，鄭親王濟爾哈朗和睿親王多爾袞則成為攝政王。

懵懵懂懂中，六歲的福臨果真福臨，在權力旋渦中意外登上皇位，隨後清廷定第二年年號為順治，福臨是為順治皇帝。

然而，此後回憶身世，順治帝卻說：「朕實在不幸，出生在帝王家。」億萬人豔羨的九五至尊，卻痛苦於自己出身帝王家，順治不是第一個，也不是最後一個。

福臨繼承皇位，在清代史上開啟了幼童繼承皇位的先例。此後，八歲的康熙、六歲的同治、五歲的光緒和三歲的宣統，也先後繼承皇位，在**清廷入關後的十位皇帝中幼童繼位的就占了一半**。

由於幼童繼位，使得皇權的實際控制者「攝政王」得以名正言順存在，而從入關後的首位攝政王多爾袞算起，到清朝末代皇帝溥儀的生父、攝政王載灃為止，**清朝**最終也「**以攝政始，以攝政終**」。

順治帝登基的第二年，中原大地風雲突變。明崇禎十七年，即清順治元年（西元一六四四年）三月十九日，李自成農民軍攻破北京，崇禎皇帝上吊自盡，建立二百七十六年的明朝滅亡。四月初九日，攝政王多爾袞統率清兵進軍關內，並擊敗李自成，在五月初二進駐北京，短短兩個多月，中華大地風雲變幻。

多爾袞在統兵入關後，逐步排擠了共同攝政的鄭親王濟爾哈朗，開始獨掌大權，隨後又誣陷逼死最大的政治對手、皇太極的長子豪格，並在豪格死後強行霸占豪格的妻子為王妃。經過幾年謀劃，多爾袞最終獨攬皇權，成為清廷裡名副其實的攝政王。

名為攝政王的「皇帝」

對於多爾袞，童年早熟的順治帝懂得「隱忍」二字的力量。

在父親努爾哈赤和皇兄皇太極去世後，多爾袞無疑是清廷問鼎中原的最大功臣。揮兵進入北京後，多爾袞又繼續追擊李自成等農民軍和南明的抵抗勢力，儼然成為大清國裡真正的君主。**為了自己辦公方便，多爾袞甚至將順治皇帝的印璽全部搬到自己的王府裡發號施令**。

對於多爾袞，王公大臣們甚至要「列班跪送」。多爾袞自己「所用儀仗、音樂及衛從之人，俱僭擬至尊」，以皇帝的排場儀仗顯赫出入，並將自己的命令直接稱為「下旨」。

多爾袞自封為「皇叔父攝政王」，後來又自封為「皇父攝政王」。當時住在紫禁城的西方傳教士回憶說：「上上下下都怕他，據說就是達官顯貴往往也不能直接同他說話，要趁他外出守候在路旁，借便謁見。」、「滿洲諸臣皆跪。」、「大權在握，關內關外咸知有攝政王一人。」

對於多爾袞，清廷「臣工或尊之為『上』，與皇帝無別；若攝政王有言，則稱『王上曰』；凡有賞賜則曰『欽賜出自聖恩』」。

不僅如此，在清宮詭祕的往事中，一直有「太后下嫁」多爾袞的祕聞。儘管沒有證據坐實這一傳聞，但孝莊皇太后在明亡清興的鼎革之際，與多爾袞曖昧不清的關係，也成為順治帝一生揮之不去的心頭之痛。

他無法理解母親對他苦心孤詣的保護，更需要暗中隱忍驕橫跋扈的攝政王多爾袞。對於一位驟登帝位的孩童來說，心中的這份痛苦無法溢於言表。於是，他只有將痛苦發洩在別人身上。

後來，年幼卻善於隱忍的順治回憶說：「睿王（多爾袞）攝政，朕只有拱手讓政做下祭祀而已，當時天下國家之事，朕事先往往不知道，事後也沒有人向朕詳細稟告。」

一個六歲登基的孩子，從此永遠告別正常人的生活，被困鎖於皇宮內院之中，終生執守著帝王的繁文縟節。這讓原本活潑好動的順治帝逐漸變得暴躁不安。儘管與母親孝莊皇太后住得僅有幾牆之隔，但在從六歲多即位到十四歲親政，順治每隔幾個月才被允許與母親見上一面，這對於處在童年的順治帝來說，是一種心靈的巨大傷害。

由於缺少父愛和母愛，順治從小就和自己的乳母李氏生活在一起，也因此，順治將「竭盡心力、多方保護誘掖（誘導扶助）」的乳母視為親生母親，感情十分深厚，與自己的親生母親反而有著感情隔閡。

年少的順治無法理解，母親「下嫁」的苦衷，而對於驕橫跋扈的多爾袞，順治又不敢在他面前表現怨氣，於是經常將怒火發洩到身邊的侍衛身上。禪僧木陳道忞（按：音同民）在順治十六年（西元一六五九年）入宮時，還經常見到順治帝「不時鞭撲左右」，可見由於童年的壓抑造成的性格暴躁，是順治多年難改的毛病。

在這種童年早熟的漫長隱忍中，順治性格逐漸孤僻古怪、火烈急暴。對此，因幫順治的母親治好病，而被順治尊稱為「瑪法」（滿語，意思是爺爺）的德意志傳教士湯若望回憶：「他心內會忽然起一種狂妄的計畫，而以一種青年人們的固執心腸，堅決施行。如果沒有一位警告的人乘時剛強的加以諫止時，一件小小的事情也會激起他的暴怒，竟致使他的舉動如同一位發瘋發狂的人一般……一個有這樣的權威、這樣性格的青年，自然會做出極令人可怕的禍害，因為誰敢來向這位火烈急暴的青年人加以諫正，他略一暗示，就足以把進諫者的性命毀滅了。」

順治親政，清廷吏風好轉

足以毀滅別人的力量，也足以毀滅自己。

順治七年（西元一六五〇年）十一月，多爾袞在狩獵時騎馬墜傷。一個月後，年僅三十九歲的多爾袞死於北京古北口外喀喇城。

當時，年僅十三歲的順治帝表現得極為隱忍，他先是身著縞服，率領王公大臣一直到北京東直門外五里地迎接多爾袞的靈柩，還下詔追尊多爾袞為「懋德修遠廣業定功安民立政誠敬義皇帝」，廟號成宗，並按照帝王的禮儀為多爾袞發喪，以此穩住多爾袞的心腹和朝中局勢。

多爾袞死後一個月，順治八年（西元一六五一年）正月十二日，逐步控制朝中局勢的順治宣布正式親政。隨後，被多爾袞壓制多年的政敵紛紛出來翻案，揭發多爾袞的大逆之罪，順治則借此機會徹底清算多爾袞及其餘黨。

一直到順治的曾孫乾隆時期，乾隆皇帝才為多爾袞平反道：「定鼎之初，王（多爾袞）實統眾入關，肅清京輦，橅定中原，前勞未可盡泯。」但乾隆又特別指出多爾袞生前「攝政有年，威福自專」。儘管如此，乾隆仍然下令為多爾袞平反，復還多爾袞睿親王的封號，並將其配享太廟，按照親王的規格修復陵墓。

生命榮衰更替、繁華即逝，但順治帝來不及感慨。

多爾袞生前，雖然指揮清兵平定中原大部，但由於嚴令剃髮，推行「留頭不留髮，留髮不留頭」等高壓政策，因此南明和張獻忠大西軍餘部、李自成大順軍餘部，以及鄭成功的部隊仍然在堅持作戰。順治帝親政後，明朝剩餘的抵抗力量先是在桂林擊敗清軍，迫使定南王孔有德自殺，隨後又在衡州斬殺清軍敬謹親王尼堪，史稱「兩蹶名王，天下震動」。

面對反清義軍的不屈反抗，十四歲開始親政的順治也表現出自己的不凡才幹。他先是命令明朝降將洪承疇經略五省（按：經略湖廣、廣東、廣西、雲南、貴州五省，總督軍務兼理糧餉。僅有洪承疇獲得此職位），隨後攻陷湖廣，招降了南明永曆政權的秦王孫可望部，又進軍雲南、攻陷昆明，大抵平定了南明永曆帝的抵抗軍。

此外，順治又下令取消多爾袞此前向直隸（按：中國明清兩朝的行政區劃名詞，原意指直屬中央之地）、山西、湖廣等十幾個省加徵的土地和人丁銀，免除各省加派銀二百五十萬兩，並決定永遠不向江南徵收橘子，赦免山東臨清燒制城磚長途運輸的勞役之苦。對於明末由於加派「三餉」（按：明末的遼餉、剿餉、練餉三項賦稅之合稱）導致天下騷亂的事，順治帝也經常以此為訓進行克制。

為了真正平定天下，順治帝還下令取消從多爾袞攝政時期開始興起的滿人「跑馬圈地」運動，並訓告滿人說：「農民全賴土地為生，圈占田地，就斷了他們的生路。」

鑑於明朝宦官亂政的歷史教訓，順治帝還禁止宦官干政，規定宦官品級最高不能超過四品，並且禁止宦官結交滿、漢官員，為此，他專門下令在紫禁城中豎立鐵牌禁止宦官干政，上面寫著「特立鐵牌，世世遵守」。

清廷進入中原後，日益貪汙腐化。對此，**順治帝在親政的十年間**（西元一六五一年至一六六一年）**嚴懲貪官汙吏**，並先後懲處以漕運總督吳惟華為首的「一總督、八巡撫」，清廷吏風因此好轉。

經過近十年的治理，這位少年天子以一系列高明手腕清算政敵、鞏固權力，對外又大抵平定南方，並且聯合蒙古，治理西藏，最終繼多爾袞後，成功在中原站穩腳跟，為後續的康雍乾之治奠定了基礎。而與之對比，南明內部權力紛爭，昏聵不堪的福王、唐王、魯王、桂王政權，以及大西軍、大順軍餘部則各自爭鬥不休，以致最終被清軍一一擊破。

痴情順治，為愛情尋死覓活

在**多爾袞執政時期**，為了防止順治帝學習之後變聰明，多爾袞以強調滿人「國語騎射」（按：國語指滿語，騎射指能在騎馬射箭）為名，多次**禁止順治帝學習漢文**。

多爾袞死後，十四歲的順治帝開始以頑強的毅力攻讀漢文典籍，他在每天處理政務之餘，持續苦讀九年，甚至一度因為讀書過度以致吐血。順治帝回憶說：「發奮讀書，每晨牌至午，理軍國大事外，即讀至晚。然頑心尚在，多不能記。逮五更起讀，天宇空明，始能背誦。計前後諸書，讀了九年，曾經嘔血。」

在長年累月的學習下，起先對漢文茫然無知的順治帝不僅逐漸通曉漢文，而且書法、繪畫也日益精進，給後世留下了不少精妙的書畫作品。

但在治理江山之外，婚姻始終是順治帝生命中的大問題。

起初，多爾袞出於滿人與蒙古部落世代聯姻、抗擊漢人的需要，特地為順治帝訂婚，聘娶了出身於蒙古科爾沁部落的博爾濟吉特氏。這位博爾濟吉特氏，同時也是順治帝的母親孝莊皇太后的親侄女，說得更直接一點，就是順治帝的親表妹。多爾袞死後兩年，出於對多爾袞指配婚姻的憎惡，順治帝宣布廢除博爾濟吉特氏的皇后名銜，將她降格為靜妃。

為了繼續維持與蒙古部落的聯盟關係，同時也鞏固自己皇太后的位置，孝莊皇太后無奈之下，又為順治帝續娶了蒙古科爾沁部落的貝勒綽爾濟的兩個女兒。而綽爾濟，正是孝莊皇太后的侄兒。

但順治帝不僅反感多爾袞，也反感母親干涉自己的婚姻。再加上從小與母親關係疏遠、感情不和，對於母親為自己指定皇后和貴妃，順治帝選擇刻意疏遠，以致孝莊皇太后的兩位侄孫女終生都無法親近順治，沒有生下一兒半女，守了一輩子活寡。

對另一位女子，順治帝卻愛得死去活來。

當時，清宮中有一制度，命婦輪流進宮侍奉后妃，順治的同父異母弟弟博穆博果爾的妻子董鄂氏，也一度奉命進宮。儘管已經擁有十幾位妃嬪，順治帝卻深深被這位弟媳吸引。野史傳說，「婚外情」的消息傳開後，順治的弟弟博穆博果爾大怒，憤怒的訓斥自己的妻子董鄂氏。為了替自己的情人出頭，順治帝則狠狠的扇了弟弟博穆博果爾一個耳光。

順治十三年（西元一六五六年）七月初三，襄親王博穆博果爾在憂憤中去世。博穆博果爾死後僅一個多月，順治就迫不及待的宣布將董鄂氏迎娶進宮，並冊封為賢妃，不久又晉封為皇貴妃。進宮後第二年的十月，董鄂妃為順治生了一個皇子，但剛出生三個月就夭折了。

儘管如此，順治帝仍將董鄂妃視為紅粉知己，並拋下自己另外的皇后、妃嬪，專寵董鄂妃一人。可僅僅三年後，年僅二十二歲的董鄂妃不幸病逝。痴情的順治帝痛不欲生，當時在皇宮中的湯若望回憶：「（順治）尋死覓活，不顧一切，人們不得不晝夜看守著他，使他不得自殺。」

順治不幸，墮帝王家

董鄂妃去世，順治帝生命也開始倒數計時。董鄂妃在順治十七年（西元一六六〇年）八月十九日去世，而順治帝則在順治十八年（西元一六六一年）正月初七去世，僅隔四個多月。

佳人的逝世，讓順治帝萬念俱灰。

此前，順治十四年（西元一六五七年），二十歲的順治帝第一次在北京城內的海會寺會見禪僧憨璞聰，此後，他在北京召見了名僧玉林通琇、木陳道忞、茆溪行森等人，並請玉林通琇給他起法名，還特別囑咐「要用醜些字樣」。

玉林通琇進獻字樣後，順治選了「痴」字，並給自己取法名「行痴」，法號「痴道人」。在和尚面前，順治帝甚至自稱弟子，或稱呼其他僧人為師兄弟。對此，玉林通琇則頌揚順治是「佛心天子」。

董鄂妃去世後，順治帝有了剃度出家的想法。有一次，他對僧人木陳道忞說：「朕想前身一定是僧人，所以一到佛寺，見僧家窗明几淨，就不願再回宮裡。要不是怕皇太后掛念，我就要出家了！」**對於這位六歲就在懵懂中被擁立為帝，長期偏處深宮的青年皇帝來說，似乎只有佛法才能慰藉他內心的孤獨。**

董鄂妃去世後的短短兩個月裡，順治先後到高僧禪舍三十八次，相訪論禪，徹夜交談，沉迷佛的世界。他還命令玉林通琇的弟子茆溪行森為自己淨髮，要放棄皇位，孑身修行。

與多次捨身入佛的梁武帝和在年輕時被迫當過和尚的明太祖朱元璋相比，順治帝執著於佛法，其心也最為柔弱動人。

茆溪行森在勸阻無奈之下，只好為順治帝剃髮。孝莊皇太后見勢不對，隨即召來茆溪行森的師父玉林通琇。當聽到弟子茆溪行森竟然為當今皇帝剃髮後，為了警戒弟子同時也勸誡順治帝，玉林通琇立即命人架起柴堆，準備燒死茆溪行森。為了保護茆溪行森，萬般無奈的順治帝只好表示放棄出家，回到皇宮裡。回到皇宮後不久，從小陪伴順治長大、被順治視為母親一般的乳母李氏去世，這也徹底擊垮了順治的最後一根精神支柱。

不久之後，順治帝感染了天花。在感知到自己即將不起後，因為思念董鄂妃而骨瘦如柴的順治帝，決定立下遺詔，隨後他召來翰林院掌院學士王熙口述遺詔。而臨死前，他也給自己下了一道「罪己詔」。

在經歷愛子夭折、寵妃死亡、出家不成、乳母病故後，加上天花的侵襲，順治帝的身體徹底垮了。在「罪己詔」中，他剖析自己的十四大罪過，並指出自己未能孝敬母后，「永違膝下」，又奢靡浪費，「是朕之罪」。

臨死前，他最終指定曾經出過天花的皇三子玄燁繼承帝位，並且讓為自己剃髮的茆溪行森來主持自己的火化儀式。

對於自己遺囑火化，順治說：「祖制火浴，朕今留心禪理，須得秉炬法語。」

在為順治帝主持火化儀式後，茆溪行森回憶，他當時在紫禁城後面的景山壽皇殿負責點火儀式，點火前，茆溪行森高聲大喊道：「釋迦涅槃，人天齊悟。先帝火化，更進一步。壽皇殿前，官馬大路。」然後，茆溪行森上前，「遂進炬」。

順治帝火化後，有關順治帝假死出家「逃禪」的傳說越傳越廣，甚至演化出後來康熙皇帝上五臺山尋找父親的故事，而史料則為我們留下了真實的細節。

順治皇帝死後，清廷中書舍人（按：原為貴族左右親信或門客，後來成為官職，前冠以頭銜，名稱及職權不同）張宸在《平圃雜記》中，記錄孝莊皇太后在兒子順治出殯時，白髮人送黑髮人的悲傷欲絕：「仰見皇太后黑素袍，御（紫禁城）乾清門台基上，南面，扶石欄立，哭極哀。」

似乎很少有人會想到，這位三十一歲喪夫、四十九歲喪子的女人，日後將以怎樣的堅強，支撐起一個王朝來。在此之後，孝莊將以太皇太后的身分，輔佐當時年僅八歲的孫子康熙鞏固帝位，成就康熙王朝。

只是沒有人會再記得，順治在臨終前幾個月所說：「朕實不幸，墮帝王家。」

7 守成之君嘉慶帝，從英明偉大到一事無成

雍正之死，最大的可能是過量服食丹藥所致。但民間相信，雍正是被刺殺而死的。傳說中，有一位美女叫呂四娘，因為祖父呂留良受文字獄之禍，全家被滅口，只剩她一個。呂四娘下定決心向皇帝復仇，便透過選秀入宮為妃，在侍寢之時殺掉雍正。

但稍有歷史常識的人都知道，呂四娘刺雍正，絕對是子虛烏有的。不過，清朝的確出了一位被刺殺過（雖然沒有成功）的皇帝。他是雍正的孫子，嘉慶皇帝顒琰（按：讀音為ㄩㄥˊ眼）。

乾隆守誓言而退位，但依舊掌權

嘉慶帝的親爹，是大名鼎鼎的乾隆皇帝弘曆。與一般影視劇中天天到處玩耍的形象不同，弘曆實際上是政治手段高超、辦事雷厲風行的當政者。這樣性子的人，註定不太喜歡性格隨和、不夠強硬的兒子永琰（嘉慶此時還叫永琰）。

乾隆雖是雍正的兒子，但與他感情最深厚的男性長輩，卻是祖父康熙。乾隆在年輕時，繼位不久

就曾發誓自己在位時間，不能超過當了六十年皇帝的祖父康熙。當然，這話說得有點大了，在那個人生七十古來稀的年代，就算是皇帝，也不能保證一定能活那麼久呀！

可能是上天註定了弘曆的不平凡，他還真活得夠長。也因為他活得實在太久了，他生下十七個兒子，但也「熬」死了很多兒子，甚至有的孫子都比他先死，到了晚年，只剩下四個兒子可以選擇。雖然不太滿意，但永琰好歹比其他幾個兒子看著正常。乾隆三十八年（西元一七七三年），他正式以「祕密立儲」的方式，立了皇十五子永琰為儲。

何為祕密立儲？這是清朝獨有的一項立儲制度。中國傳統的立儲方式，有嫡立嫡，無嫡立長。一般是選定一個皇子做太子，按皇帝的模式培養，其餘的皇子就封為藩王。

清朝在康熙之後則不然。早期不公布太子人選，一視同仁的教育培養所有皇子。皇帝則把太子的名字寫在紙條上，放到正大光明匾後面，等到需要時再拿出來公布。從某種程度上來說，**清朝皇子的平均受教育水準也是歷代最高的**。

聽著好像挺公平的，擇有才者當之。實際上，乾隆還是深受儒家的影響，寄望立嫡妻富察氏皇后所出的兩個嫡子為繼承人。不幸的是，兩個嫡子都早夭了。

永琰的生母是魏佳氏，漢軍旗人，生下永琰時只是乾隆後宮中的一個普通令嬪。母憑子貴，兒子當太子後，她被追封為皇后。雖說漢軍旗人也是旗人，但從血統上來說，魏氏應是漢人，所以**嘉慶也算是一個有漢人血統的清朝皇帝了**。

時間過得飛快，一轉眼就到了乾隆六十年（西元一七九五年）。乾隆在勤政殿召集皇子皇孫、王公大臣，宣布他在乾隆三十八年做的選擇，立永琰為皇太子。乾隆決定在下年舉行禪讓大典。

同時，乾隆讓兒子改名顒琰，方便天下人避諱。皇帝起名是個麻煩的事，所以皇家喜歡用生僻字。雍正曾命令他的兄弟、堂兄弟全部改名來避自己的諱。乾隆就好多了，讓大家不用改名，寫的時候少寫一點就好。嘉慶原來叫永琰，大家總不能不寫永字吧？最好的辦法就是新皇帝改名。

乾隆決定禪位的公告，激起朝廷裡的浪花。顒琰誠懇的請父親不要退位，自己繼續當皇儲就好。王公大臣也集體請求皇帝不要退位。

但乾隆堅定的遵守當年執政不超過六十年的誓言。

這場清朝史無前例的禪位大典，在太和殿舉行。禪位當天，乾隆凌晨就起來，到宮中的各處佛堂參拜。吃過早餐後，他帶著皇太子顒琰到奉先殿、堂子祭祖。八點鐘，乾隆走進太和殿，坐在金鑾寶座上。穿戴著皇太子冠服的顒琰來到父親的御座前跪下，接過玉璽，算是**正式成為皇帝了**。

然而，禪位大典結束後，太上皇依然住在養心殿（按：皇帝工作和休息的地方），**而新皇帝還是待在他的毓慶宮**。

宮裡的一切，似乎沒有發生什麼實質性的改變。

乾隆大加改造寧壽宮。寧壽宮占地近五萬平方公尺，模仿乾清宮和坤寧宮建成，帶有獨立的花園和規模最大的戲臺。裡面最奢華的樂壽堂，用了珍貴的金絲楠木修築。今天北京故宮裡面獨立售票的珍寶館，就位於這座宮殿中。

此時宮外已經改元嘉慶了，宮中還是沿用乾隆的名號。

顒琰在六歲時入學，起初由奉寬先生教他讀書識字。學習成果還不錯，十三歲已能背誦五經。之後就換了翰林院侍講學士朱珪教他詩文。

乾隆帝對兒子們的讀書功課抓得特別嚴。乾隆三十五年（西元一七七〇年），乾隆派人到宗學去叫皇四子永珹，怎知皇四子居然不在。底下的人說：「皇子因為參加祭禮而不在學校。」乾隆生氣了：「祭禮不是在黎明舉行嗎？」於是處罰皇子身邊的人。聽著像嚴父訓斥頑童，然而當時的永珹已經三十多歲，娃都生了好幾個了。

顒琰跟他哥一樣，也是「讀書」讀到三十好幾。而且他和乾隆的關係並不親近。

朱珪是神童。乾隆十二年（西元一七四七年），十七歲的朱珪中了進士，還進了翰林院當庶吉士（按：明清時，翰林院的短期職位，由科舉進士中選有能力的人擔任）。乾隆四十一年（西元一七七六年），命在上書房行走，教皇子顒琰讀書。外放當布政使之前，朱珪給顒琰留下十字箴言：「養心，敬身，勤業，虛己，至誠。」顒琰非常喜歡這幾個字，還寫成座右銘天天看著。

登基以後，嘉慶帝顒琰非常孤單。此時太上皇召朱珪回京做大學士，顒琰很是開心，寫詩給老師表示祝賀。和珅看朱珪越來越受太上皇的喜愛，心裡有點吃醋，就拿著嘉慶帝的詩稿到乾隆那裡告狀，說顒琰收買人心，乾隆一下子被激怒了。軍機大臣董誥說了一句「聖主無過言」，乾隆才作罷。

朱珪死於嘉慶十一年（西元一八〇六年），諡號「文正」。從諡號就能看出顒琰對老師的尊崇之心了。畢竟能諡「文正」的，都算是一代名臣了，例如後來的曾國藩曾文正公。

官逼民反導致白蓮教起義，所以不能殺，要用仁

兒子顒琰當上皇帝沒幾天，就爆發了白蓮教起義。

如果說**平定三藩之亂，預示康乾盛世的開端**，那麼，**白蓮教起義，則標誌盛世的終結**。

康熙、雍正、乾隆三帝一百多年的時間，境內相對較為安穩。乾隆晚年，大清人口已達到三億，是一件非常了不起的事。在沒有現代科技加持的年代，能養活這麼多人，證明農業上的傳統生產力已發展至極致，勞動越來越密集化了。

可是，人口雖然多了，但田地沒有增多，所以田少人多的矛盾越來越尖銳。

湖北、四川、陝西的交界，大批民眾不斷向山區遷移，務求吃上飽飯。這些人脫離了官府的統治，漸漸變為遊民，開墾山間荒地。數百萬的人遊蕩在山間，山中的土地又很貧瘠，他們難以靠耕作自給自足。

這些貧困顛沛的群眾，一下子就被白蓮教感染了。

白蓮教從南宋興起，嘉慶元年（西元一七九六年）正月初七，朝廷調兵鎮壓白蓮教。這一打，就是三年。結果卻毫無作用，甚至適得其反，白蓮教的人數越打越多。

嘉慶四年（西元一七九九年），始終獨攬大權的太上皇弘曆駕崩，顒琰終於親政了。

嘉慶甫一親政，就命令手下不能延誤軍情、欺瞞皇帝，否則立即軍法處理。將之前壓制軍報的事，一股腦兒全推到和珅頭上，讓大臣把白蓮教起義的情況如實報告上來。

在弘曆的晚年，鎮壓白蓮教的督撫將領冒功領餉、剋扣軍餉的事，實在太多。乾隆不是不想管，而是沒精力管了。而軍官不想剿匪，因為白蓮教教徒越多，鬧得越凶，他們就越能發財。畢竟要鎮壓，才有軍餉發下來，沒有軍餉他們怎麼克扣呢？**官員都把平定白蓮教當成肥差，不是想立軍功，而是想趁機貪汙軍餉**。

嘉慶也明白，白蓮教起義之所以日益壯大，乃是官逼民反導致。因此，他改變了之前乾隆一味屠殺的作風，轉為「害民之官必宜去，愛民之官必宜用」的政策，懲罰貪官汙吏，提拔清官，再安撫老百姓。前後花了九年，動用十六省的軍隊，白蓮教才算被鎮壓下去。這一過程耗費軍費兩億兩，相當於四年的財政收入。

大清的盛世，自此結束。

嘉慶不荒淫不浪費，還體貼百姓，卻老有人要刺殺

嘉慶皇帝常被傳統史學家批評，說是他帶領清朝「由盛轉衰」。

這話對，也不對。嘉慶的廟號為仁宗，很貼近他的行事作風。嘉慶對百姓算是難得的體貼，這似乎也與他的性格有關。像乾隆帝那樣的統治者，心氣過高，而嘉慶能對庶民帶一點同理心。

嘉慶的個人作風也很務實。歷來的皇帝或多或少都喜歡祥瑞，吹牛拍馬還是有效的。清宮檔案顯示，嘉慶朝也有很多官員報告祥瑞，比如那裡長出了「嘉禾瑞穀」，這裡長出了「瑞芝」、「瑞麟」……但嘉慶嚴厲的申斥這些刻意奉承的人。

作為一國之君，嘉慶並不是一個「老好人」。對於胡作非為的官員，該罰的一個都跑不掉。嘉慶五年（西元一八〇〇年）一月，雲南威遠一帶水災嚴重，雲南巡撫江蘭卻按下不報，待皇帝派人查實後，還嘴硬不認，結果被嘉慶革職回老家了。類似的事還有嘉慶九年（西元一八〇四年），直隸總督顏檢，在還沒收割時就謊稱麥子收成很好；明明鬧了蝗災，卻說已經撲捕乾淨了，結果蝗蟲都跑到宮

裡去，嘉慶氣得不行，嚴懲這個平日頗有好感的顏檢。

說到由盛轉衰，嘉慶也是最後一個舉行木蘭秋獮（按：自清朝康熙二十年至嘉慶二十五年，康熙、乾隆、嘉慶三代清帝參加的秋季狩獵活動）的清朝皇帝。

滿洲人是馬上得天下的民族。按明末的情況來看，善戰的滿洲士兵幾乎一個能頂明軍十個。即使稱帝中原，在多方面漢化以後，他們吸取了前人的教訓，騎射依然是清代皇子教育中重要的一環。當年顒琰跟隨父親乾隆南巡時，眼見杭州旗人的騎射非常差，他很痛心，認為八旗雄風不再。騎射似乎在滿洲人中，越發失去吸引力了。

持續百年的木蘭秋獮之所以重要，是因為它不單是大清皇帝與漠北蒙古貴族聯誼的手段，同時也是一次極好的軍事演練，對個人的射箭、騎馬水準要求極高。既要平時長期訓練，也要團隊通力合作，才能捕得獵物。

嘉慶朝一共舉行過十一次木蘭秋獮，不過每一次的打獵時間都比乾隆短。嘉慶朝以後的道光、咸豐、同治等朝，皇帝花在騎射的功夫越來越少，用在圓明園（按：建於清朝的大型皇家園林，供清帝盛夏避暑、聽政，處理軍政事務）等園林的精力越來越多。道光乾脆取消木蘭秋獮。

嘉慶的寬厚，很大程度體現在理解臣子之上。乾隆晚年喜歡享樂，需要有大筆的金錢供其揮霍。但皇帝需要的錢，除了走合法管道，還能從哪裡來呢？就是讓官員送禮。官員的禮是搜刮老百姓得來的。**嘉慶親政後就下旨，讓官員不要再送禮了**，由此頗得朝臣好評。

對於參加白蓮教起義的百姓，嘉慶認為是州、縣官層層剝削，官逼民反的結果。而官員之所以下重手去盤剝百姓，一切都起因於和珅勒索下邊的人。

嘉慶四年正月，和珅最大的靠山太上皇乾隆駕崩後，大臣們終於敢彈劾和珅的不法作為了。十三日，嘉慶皇帝宣布和珅二十條大罪，下旨抄家。十八日，廷議凌遲處死。看在和珅是乾隆生前的寵臣、兒子豐紳殷德又娶了公主的分上，最後改成自盡。

作為一個小心謹慎，既不荒淫（妃子不多），又不浪費（為了省錢，把南巡、北巡各種亂七八糟的巡幸都停了），還比較體貼百姓的皇帝，嘉慶卻碰到清朝其他皇帝沒有遇到過的「奇葩事」——他被刺殺了。

嘉慶八年（西元一八〇三年）閏二月二十日，嘉慶坐著轎子入宮，忽一個手持短刀的男人然從神武門竄出，要捅死他。事出突然，身邊的一百多個御前侍衛都驚呆了（畢竟很難想像有人敢這樣做），嚇得一動不動。

關鍵時刻，還是他的姐夫、蒙古人固倫額駙（按：清代對駙馬的稱呼）拉旺多爾濟和侄子定親王綿恩帶頭救了他。在護衛與刺客搏鬥之際，嘉慶趕緊搭轎子溜入順貞門內。審訊之後，得知這個人叫陳德，在內務府當差，經常給皇帝的妃跑腿，所以熟悉紫禁城的門路。

嘉慶六年（西元一八〇一年），陳德的老婆死了，自己又被逼回家，日子過得鬱悶。行刺當年的春天，他卜了一卦，卦象說他有「朝廷福分」，他就想幹一票大的。陳德還大聲叫囂，把皇帝幹掉以後，自己就能當皇帝了。

最後，陳德被凌遲處死，兩個年幼的兒子被絞死。

這種事遇到一次也就罷了，偏偏嘉慶皇帝遇到兩次。

嘉慶十七年（西元一八一二年），白蓮教的一個支派——天理教的頭頭在河南滑縣道口鎮聚頭，商量在次年搞事。

次年，嘉慶啟程赴承德。九月十五日中午，幾十個賊人打進紫禁城。守衛森嚴的紫禁城，頭一回被一群「草臺班子」闖入。因為直隸的天理教教首早就給一些低級太監做了思想工作，所以才能如此順利的入宮。

此時嘉慶不在宮中，皇二子綿寧（後來的道光皇帝，即位後改名旻寧）先回來，看到賊人進了皇宮，連忙用火槍斃了兩個賊人。天理教徒懾於火器的威力，這才被驅散逃跑。

九月十九日，嘉慶回宮在瀛台親審，發現這些賊人是天理教，帶頭的叫林清、陳爽，他們宣稱要一舉滅清。

在這兩件事的刺激下，嘉慶下了一道「罪己詔」，說這是「漢唐宋明未有之事」，能被自己碰上，肯定是自己的品德太差導致的。可是，真正的原因，恐怕連他自己也說不清吧。

嘉慶二十五年（西元一八二〇年），六十一歲的顒琰突然病逝。清代衰頹再無可挽。

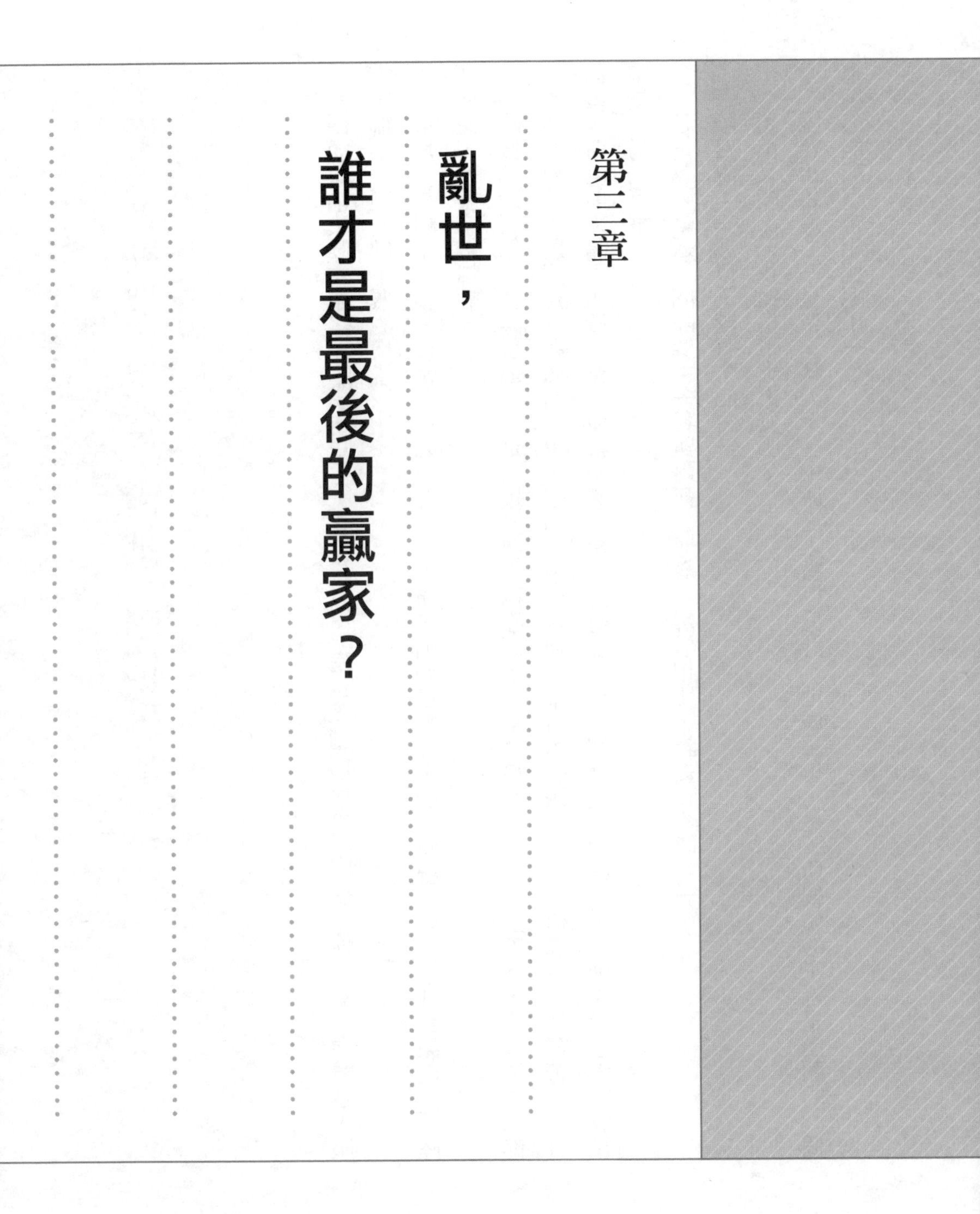

第三章

亂世，誰才是最後的贏家？

1 秦漢帝國換了皇帝，南越王趙佗還在主政

西漢政治家陸賈第一次來到番禺（今廣州）時，南越王趙佗在王宮中接見他，身上穿著越人服飾，擺出一副倨傲不恭的樣子。

這是漢高祖十一年（西元前一九六年），大漢王朝如日方升，劉邦將統一大業推進到嶺南，派陸賈出使，說服南越歸順。

陸賈見到趙佗，從容說道：「足下這是要大禍臨頭了。當今皇帝承天意，定天下，連霸王項羽都不是他的對手。聽聞足下在嶺南稱王，不助天下誅暴逆，皇帝本想派兵攻打，但憐惜百姓勞苦，暫且休戰，命臣前來賜予印綬（按：印信和繫在印信上的絲帶）。您應該北面稱臣，否則大漢派大軍收復南越，易如反掌。」

趙佗為人豪邁，問陸賈：「我與蕭何、曹參、韓信相比，誰更有才能？」

陸賈說：「您似乎較有才能。」

趙佗又問：「我與皇帝誰更賢明？」

陸賈正色道：「皇帝一統天下，中原之人數以億計，地廣萬里，足下所統領的不過是漢朝的一個郡，怎能與皇帝相比呢！」

趙佗大笑說：「假如我當時也在中原，哪見得就比不上漢皇呢？」

經過一番爭論，趙佗接受了陸賈的建議，登臺受封歸漢，還盛情挽留陸賈宴飲數月，送他二千金的財物作為餞行之禮，二人可謂「不打不相識」。

一位是割據一方的豪傑，一位是名揚天下的辯士，他們就此結下不解之緣，而南越國的百年滄桑，將為秦漢的統一大業留下不可磨滅的貢獻。

從打擊越人到與越人交流通婚

趙佗不是越人，他本是河北真定人，陸賈到來時，他已入越二十餘年。

這一切，始於秦始皇時期。秦統一之路並未隨著滅六國而停下腳步。秦始皇嬴政東巡泰山刻石曰：「六合之內，皇帝之土。西涉流沙，南盡北戶，東有東海，北過大夏，人跡所至，無不臣者。」

秦始皇一心想要建立超越三皇五帝的功業，他不僅要做中原人的天子，更要蕩平「四夷」，做天下人的天子，將權力延伸到更廣闊、遙遠的區域，其中就包括南方的百越。

百越，戰國時主要分布在今江浙、福建、兩廣到越南北部一帶，實行的還是落後的奴隸制，部落之間常結為聯盟，或為了爭奪地盤和生產資料（按：勞動者進行生產時所需要使用的資源或工具，包括勞動資料，如土地、廠房、機器、工具等，和勞動對象，如原料）而互相攻擊。其中居於今廣東一帶的越族被稱為南越，廣西一帶的稱為西甌（又稱西越），福建一帶的稱為閩越。中原列國看這些族名，就統稱其為百越。

在平定六國後，為進一步統一中國，秦始皇派屠睢率五十萬大軍「南征百越之君」。史書記載，此戰十分慘烈。大秦的虎狼之師分五路伐越，三年不敢解甲弛弩，再加上五嶺阻隔，水土不服，在越人的頑強抵抗下，損失慘重。

屠睢起初以為，與越人作戰不過是小意思。他進軍嶺南，盲目深入越地，還對征服的部落採取高壓政策。在打敗西甌後，屠睢處死了其首領譯吁宋，用秦朝的嚴刑峻法鉗制越人。越人怒了，於是紛紛躲進山嶺叢林之間，就算與禽獸雜處，也不願做秦軍的俘虜。

一夜，強悍的越人乘秦軍疲敝，出奇兵攻之，大破秦軍，殺死屠睢。秦軍「伏屍流血數十萬，乃發讁戍以備之」。主帥屠睢被殺，大量將士傷亡，南征秦軍遭受重創，不得不補充兵力，調整戰略。

西元前二一七年，接任屠睢指揮秦軍的將領任囂，有了靈渠（按：又名湘桂運河、興安運河，俗稱為陡河，位於廣西桂林市興安縣境內，是世界上最古老的運河之一）提供的後勤保障，再次率軍入越，三年內擊潰百越的反抗力量，終於在西元前二一四年，將嶺南正式納入秦王朝的版圖，實現了始皇帝「皇帝之土，南盡北戶」的理想。

秦朝在嶺南設南海、桂林和象郡三郡，置「東南一尉，西北一侯」，其中任囂為南海尉，專斷一方，總領嶺南全域，以加強對越人的統治。

南海郡，治所番禺，轄境相當於今廣東大部，東到今福建南部與廣東潮汕地區。今香港、澳門地區等都隸屬南海郡，其中香港地區秦朝屬番禺縣管轄，漢朝隸屬南海郡博羅縣。桂林郡，轄境大致相當於今廣西都陽山以東，越城嶺以南，包括今廣西桂林、柳州、梧州和廣東肇慶、茂名一帶。

象郡的轄境一說包括今廣西百色、南寧、憑祥一帶和廣東湛江市，南到今越南中北部。

任囂吸取屠睢的教訓，對越人採取寬鬆政策，「撫綏有道，不敢以秦虎狼之威，復加荒裔」，不再濫殺無辜，而是接受南越習俗，與越人和睦相處。他任職數載，越人皆誠心歸附。

任囂為統一大業立下汗馬功勞，史書將他與當時在北方防禦匈奴的蒙恬並稱：「秦北有蒙恬，威讋（按：音同哲）漠庭，南有任囂，恩洽揚越（按：先秦百越部族的一個分支，活動區域在長江中下游，因居住在古代揚州而得名），而始皇乃得以自安。」

除了在此地戍守、落戶定居的五十萬秦軍，秦朝還奉行一貫的移民實邊政策，先後四次有組織的向嶺南大規模移民：

秦始皇三十三年（西元前二一四年），「發諸嘗逋亡人、贅婿、賈人略取陸梁地（嶺南）」。

秦始皇三十四年（西元前二一三年），「適治獄吏不直者，築長城及南越地」。

秦始皇三十五年（西元前二一二年），「益發謫徙邊」。

最後一次，趙佗上書「求女無夫家者三萬人，以為士卒衣補，秦皇帝可其萬五千人」。秦軍士卒得以與這些女子組建家庭，其餘留在嶺南的男子很多也與越女通婚。來自中原的戍卒（舊時守邊的軍士）、農民、手工業者、商人與謫吏，為嶺南蠻荒的煙瘴之地帶去了先進的文化和生產技術。

嶺南的和平，多虧任囂和趙佗

好景不長，到了秦朝末年，中原大亂，群雄逐鹿。此時，嶺南尚有幾十萬秦軍，不知何去何從。

任囂審時度勢，知道秦朝暴政不得人心，不日必將滅亡，而自己苦心經營的嶺南可憑藉天時地利，獨霸一方，以避戰亂，無奈自己重病纏身，將不久於人世，無法再領導三郡百姓。

秦二世二年（西元前二〇八年），病危的任囂想到了多年的好搭檔趙佗，做出人生中最後一個決定，急召趙佗代行南海尉之職，將嶺南三郡託付給他。任囂臨終前對趙佗說：

「聞陳勝等作亂，秦為無道，天下苦之，項羽、劉季、陳勝、吳廣等州郡各共興軍聚眾，虎爭天下，中國擾亂，未知所安，豪傑畔秦相立。南海僻遠，吾恐盜兵侵地至此，吾欲興兵絕新道，自備，待諸侯變，會病甚。且番禺負山險，阻南海，東西數千里，頗有中國人相輔，此亦一州之主也，可以立國。郡中長吏無足與言者，故召公告之。」

趙佗果然不負任囂所托，迅速派兵在三個重要關口設置軍事防線，即橫浦關（今江西大余至廣東南雄大庾嶺上的梅關）、陽山關（今廣東陽山東北的鑼寨嶺）和湟溪關（今廣東連州西北），並發出命令：「亂軍（反秦義軍）快要打過來了，立即切斷通道，嚴守關口！」後來，劉邦和項羽爭奪天下時，他就在南方圍觀。

隨後，深諳官場規則的趙佗又以違反秦律的罪名，誅殺大批不服從自己的秦朝官吏，改派自己的親信接任。如此，嶺南就在趙佗一人掌控之下，斷絕了與中原王朝的聯繫。

秦亡之後，趙佗割據嶺南三郡自立為王，史稱南越武王。

趙佗與他的前輩任囂一樣，為推動民族融合，主動與越人打成一片。他鼓勵漢越通婚，消除隔閡。後來的南越國權相呂嘉是當地豪門，其家族「男盡尚王女，女盡嫁王子兄弟宗室」，和趙氏家族盤根錯節，世代聯姻。

秦朝嚴刑峻法，趙佗就反其道而行之，政簡刑清。史載，南越無賦稅，只需交實物租。

近年在南越國御苑遺跡中出土的一批木簡，為南越國的租稅法增添了新史料，其中有「野雄雞七，其六雌一雄，以四月辛丑屬，中官租縱」之類的記載。中國考古學家麥英豪等人認為，野雄當屬地名，出產良種雞，類似現在的海南文昌雞、廣東清遠雞。假如每戶年納六、七隻雞，也比秦時的「田賦、口賦二十倍於古」輕鬆不少。

趙佗推行的種種利國利民、消弭衝突的舉措，緩和了漢越矛盾，有利於日後的統一。

後來，劉邦派陸賈出使，正式下詔封趙佗為南越王，也不忘給他點讚：「南海尉佗居南方長治之，甚有文理，中縣之人以故不耗減，粵人相攻擊之俗益止，俱賴其力。」

呂后強硬，更聽信讒言，漢越關係一度緊張

陸賈出使南越後，趙佗接受劉邦的冊封，歲修職貢，恢復貿易，實際上相當於漢朝的一個藩屬國。漢朝向南越提供嶺南最缺乏的牛馬、鐵器等資源，南越向漢朝進貢璧玉、珠璣、犀角、鸚鵡、孔雀等物產，**直到漢高祖去世，漢越相安無事**。

呂后時期，南越國「不聽話」了。

呂后的邊境政策比劉邦強硬。有一次匈奴單于寫信挑釁，稱自己和呂后都不幸喪偶，無以自娛，不如以己所有，換己所無。呂后讀後大怒，差點發兵征伐匈奴，幸虧被大臣攔下來。

對南越，呂后一改劉邦的懷柔政策，下令實行經濟封鎖：「毋予蠻夷外粵金鐵田器，馬牛羊即予，予牡，毋與牝。」意思是，禁止向南越國出售中原鐵器和牲畜，尤其**不可輸送雌性的馬、牛、**

羊。如此一來，南越國失去生產工具和牲畜來源，經濟遭受重大打擊。

趙佗憤憤不平的說：「高皇帝任命我為南越王，開通貿易，如今呂后聽信讒言，將我們視為蠻夷，隔絕貿易往來，這一定是長沙王的主意。」當初，漢朝還未降服南越時，就曾以吳芮為長沙王，領長沙、豫章、象郡、桂林、南海五郡之地，其中三郡是南越國的地盤，明擺著是藉由長沙王牽制南越王。

趙佗強按怒火，派三個使臣前往長安請罪，請求漢朝解除禁運。呂后非但扣留了三個南越使臣，還派人誅殺了趙佗留在中原的兄弟宗族，並下令搗毀趙佗父母在老家的墳墓。

趙佗生氣了。他決定憑藉百萬之眾、東西萬里之地與漢朝抗衡，於是自稱為帝，發兵攻打長沙國邊邑。呂后派兵討伐南越，雙方在五嶺南北對峙，一時形成分庭抗禮之勢。

直到漢文帝劉恒即位，局勢才迎來轉機，漢越得以再度和談。漢文帝對南越採取懷柔政策，先是撫恤趙佗在真定的兄弟親族，又派人修繕趙佗先人的墳墓，然後派使者攜書信出使南越，勸說趙佗去帝號歸順朝廷，並賜予其錦繡衣袍。

漢文帝致信趙佗：「王之號為帝，兩帝並立，亡一乘之使以通其道，是爭也；爭而不讓，仁者不為也。願與王分棄前患，終今以來，通使如故。故使賈馳諭告王朕意，王亦受之，毋為寇災矣。」漢文帝派出的使者，是陸賈。年邁的陸賈不辭辛苦，第二次前往嶺南，化干戈為玉帛。他與趙佗再次相見，二人都已是年逾古稀的老人了。

史書記載，「陸賈至南越，王甚恐」。趙佗深知，嶺南雖已開拓四十餘年，但與中原王朝相比仍是勢單力薄，與朝廷對抗不過是螳臂當車，就算老朋友陸賈不來，他也想放棄稱帝，向大漢稱臣了。

陸賈傳達漢文帝的懷柔政策後，趙佗表示「願奉明詔，長為藩臣，奉貢職」，只是把責任推到呂后身上，說都是因為她歧視、隔絕蠻夷之地以及長沙王從中挑撥，自己才出兵騷擾邊境。恰好漢朝不久前剛剷除呂后一黨，「禍首」沒了，皆大歡喜。

趙佗給漢文帝回了封信，開頭自稱「蠻夷大長老夫臣佗」，態度恭敬。他在信中說：「老臣在南越四十九年，如今已有孫兒。然而夙興夜寐，寢不安席，食不甘味。目不視靡靡之色，耳不聽鐘鼓之音，只是因為不能侍奉漢室。而今陛下哀憐我，恢復南越王的封號，又准許貿易往來，老夫即使死去，屍骨也不朽滅。我已除去帝號，不敢與漢室為敵。」

漢文帝一封信，化解一場戰爭，確保此後南部邊境長達四十年的安穩，實際上有利於漢朝實行休養生息，開創文景之治。趙佗放棄抵抗，也為開發嶺南爭取了幾十年的和平安定。

史書記載，**趙佗**活了一百多歲，在他**統治南越期間，秦漢帝國換了八個皇帝**。他去世時，漢武帝已經在位四年。不過，也有學者對趙佗的年壽提出質疑，認為趙佗很可能享年不足百歲，只是南越國對漢朝隱瞞了他的死訊。

送出的人質，滅自國的種子

南越國的第二任國君，是趙佗的孫子趙眜（按：《史記》稱為趙胡。眜，音同默）。趙眜依舊向漢朝稱臣，為了感謝漢朝曾經出兵救援南越，他特意派太子趙嬰齊前往長安充當宿衛，實際上就是當人質。

趙嬰齊在長安生活了十來年，為日後南越國覆滅埋下了伏筆。

去長安之前，趙嬰齊已經在南越國娶了越女橙氏為妻，生下長子趙建德。一到長安，趙嬰齊被大漢國都的繁華深深吸引，流連忘返，更在這裡邂逅美女邯鄲樛氏，將她納為妾，生下兒子趙興。

趙眜死後，趙嬰齊帶著樛氏與兒子趙興回南越國即位。

趙嬰齊一回家，看橙氏人老珠黃，樛氏年輕貌美，後者更是在長安陪伴自己多年，於是向漢朝上書，請求立樛氏為王后，立趙興為太子。

趙嬰齊這一著，犯了兩個致命錯誤，一是廢長立幼，二是得罪越人。

前文提到的南越丞相呂嘉，是越人首領，且與南越王室世代聯姻，堅決反對中原女子樛氏成為王后。不久之後，趙嬰齊病死，年幼的趙興即位，樛氏成了王太后，一場動亂一觸即發。

此時，大漢天子是漢武帝劉徹。

經過漢初的休養生息，天下殷富，國力強盛，漢武帝決定對南越國採取「削平」政策，先削後平，從內部瓦解南越，再以武力徹底消滅南越割據政權，完成統一大業。

元鼎四年（西元前一一三年），西漢大臣安國少季奉命出使南越，還帶上年輕的辯士諫大夫終軍，勸說南越王趙興到長安朝見天子。

漢朝使團帶去的，是漢武帝和平統一的宣告。臨行前，終軍向漢武帝請纓，表示：「願受長纓，必羈南越王而致之闕下！」

樛太后一見舊相識安國少季就心生動搖，再加上終軍三寸不爛之舌的作用，她同意與兒子趙興入朝晉見皇帝，並「比內諸侯，三歲（年）一朝，除邊關」，也就是取消南越國割據一方的地位。

趙興上書，漢武帝龍顏大悅，按漢朝之例，賜南越丞相呂嘉銀印，並為南越的內史、中尉、太傅等官員頒發印章，下詔廢除南越法律，推行漢律，改其舊俗。這意味著中央朝廷可直接任命南越國的官員，南越國失去自主權，但漢武帝並沒有剝奪越人官員的權力。

可是南越國的實際權力掌握在越人出身的權相呂嘉手中，他極力反對南越國歸漢。

為了除掉呂嘉，樛太后精心策劃了一場「鴻門宴」，請呂嘉和漢朝使團赴宴。

在宴會上，樛太后借酒質問呂嘉：「南越歸順漢朝，是利國利民的事，丞相為何要反對？」樛太后本想激怒呂嘉，借漢使之手殺死他奪權，但呂嘉沒有上當，漢使也有所顧忌，不敢動手。這之後，再無良機。

樛太后見狀，親自抓起長矛欲刺向呂嘉，趙興不想把事情鬧大，察覺後竟上前阻止自己的母親。呂嘉的弟弟掌握兵權，聽到消息，立即帶兵護送呂嘉離開。從此，呂嘉稱病不朝，樛太后一直找不到機會剷除他。

樛太后的鴻門宴就這樣失敗，趙興一時的仁慈最終讓自己丟了性命。

正當樛太后母子整理行裝，準備朝見漢武帝時，呂嘉壓在心中的滿腔怒火終於爆發。他利用越人對樛太后母子的不滿，散布謠言：「南越王年幼，樛太后是漢人，與漢使私通，她想把先王留下的珠寶獻給皇帝邀功請賞，如果歸順了，越人就會被賣為奴僕。」越人本就不信任漢女出身的樛太后，所以聽到這個謠言後，更加支持呂嘉，南越歸漢遲遲未有進展。

與此同時，漢武帝察覺到南越國頑固勢力從中作梗，派韓千秋與樛太后的弟弟樛樂率軍前往南越，討伐呂嘉。漢軍還未到，呂嘉就反了，他帶兵入宮，殺死樛太后、南越王趙興和漢朝使者，另立趙嬰齊與越女所生的長子趙建德為王，即末代南越王。

漢武帝震怒，於元鼎五年（西元前一一二年）派出十萬人馬，分兵五路討伐南越。原本的和平統一演變成武力統一。

在此一個世紀以前，千古一帝秦始皇五路征越，豪情萬丈，將嶺南納入大秦版圖。

一個世紀過去了，另一位雄才大略的帝王漢武帝，再次五路進軍，浩浩蕩蕩向南越國撲來。

呂嘉憑藉嶺南的天險與漢軍僵持。漢武帝知道與南越早晚必有一戰，早已有所準備，此前就在長安西南開鑿昆明池，建造樓船，訓練水軍。漢軍在樓船將軍楊僕的率領下，翻山越嶺從韶關沿北江而下，攻破番禺城北三十里的石門，與援軍合兵一處後，直搗番禺。

南越百年國都番禺被漢軍重重包圍，南越軍軍心渙散。窮途末路之際，呂嘉劫持末代南越王趙建德率殘部逃亡海上，不久就被擒獲，傳首長安。嶺南各地豪強望風而降，歸順漢朝。平叛後，漢武帝在嶺南地區設「南海、蒼梧、鬱林、合浦、交趾、九真、日南、珠崖、儋耳」九郡。

從秦始皇到漢武帝，從落後的荒蠻之地到與中原一脈相承，存世九十三年的南越國就此終結，完成了它的歷史使命。

天下一統，金甌無缺，功在當代，利在千秋。

2 慕容家族，站上顛峰即毀滅

參合陂，一個消失在歷史煙雲中的小地名，歷史學者至今還在辯論它位於內蒙古還是山西，但這不影響它在歷史上的重要地位。

東晉太元二十年（西元三九五年），那裡發生一場大戰。同為鮮卑族建立的政權，後燕（慕容部）和北魏（拓跋部）的決戰，以出人意料的結局收場——作為宗主國的後燕，此戰大敗，被俘四、五萬人，這些降兵隨後全部被北魏坑殺。

第二年，七十一歲的後燕皇帝慕容垂御駕親征，實施復仇。魏王拓跋珪聞訊，一度要逃亡。當慕容垂行軍至參合陂時，看到了一年前的戰場積骸如山，於是安排祭奠死難將士。死者父兄一時號哭，軍中悲慟。慕容垂憂憤吐血，一路病情加重，只好回師。途中病逝。

一代戰神悲情謝幕。他的一生，都在復仇中度過。他曾帶著慕容家族重返顛峰，可終究逃不過部族內訌和人才凋零的宿命。

燕魏爭霸，隨之落幕。北魏在北方基本已無敵手，統一中國半壁江山只是時間問題而已。

而參合陂，見證了一個榮耀家族的衰落，決定了中國歷史的走向。硝煙散去，了無痕跡。

慕容鮮卑崛起的歷程

慕容家族的崛起，是一個很好的故事：在對的時間，出了對的人，做了對的事。

鮮卑是一個古老的民族，先世是東胡人。西漢初期，匈奴出了天才——冒頓單于，他建起龐大的匈奴帝國，擊潰東胡人。東胡由此分為烏桓和鮮卑二部，他們最後的聚居地位於現在的東北地區。

到了東漢時期，西元二世紀中後期，鮮卑族終於出一個梟雄檀石槐，他之於鮮卑，就像冒頓之於匈奴，檀石槐統一鮮卑各部，建立起北方草原強大的鮮卑大聯盟。東漢無力控制，提出封賞與和親政策，都被檀石槐拒絕。直至東漢光和四年（西元一八一年），檀石槐死去，鮮卑軍事聯盟瓦解，東漢的邊疆危機才隨之解除。失去英雄的鮮卑人，在爭權內鬥中自我消耗。待東部鮮卑中的慕容部崛起時，他們已經是一副臣服中原王朝的姿態。

魏景初二年（西元二三八年），曹魏王朝為了統一北方，派老將司馬懿征討遼東的公孫氏政權。史載，鮮卑部落酋長莫護跋率人馬參加此次軍事行動，立功後被曹魏封為率義王。

四年後，曹魏派毌丘儉（按：毌丘是複姓，毌，音同貫）征討高句麗，隨同出征的慕容部首領是莫護跋之子木延。木延因此被曹魏賜為大都督、左賢王。

後木延之子涉歸，因功被封為鮮卑單于。

涉歸之子慕容廆（按：音同歸）當政五十年。適逢西晉八王之亂、永嘉之亂，他以修明政事、敬重賢人的姿態，招攬大批漢族士大夫與中原流民，奠定慕容家族立國的基礎。

正是從慕容廆開始，這個部族正式冠「慕容」之姓。為何叫慕容？慕容家的子孫後來解釋「慕二儀之德，繼三光之容」，二儀，指天、地；三光，指日、月、星。但這種解釋顯然是他們漢化後的附會，究其本意，是想告訴世人，慕容鮮卑是流落邊遠之地的華夏子孫——重返中原的日子不遠了。

慕容廆的兒子慕容皝（按：音同晃），在東晉咸康三年（西元三三七年）自稱燕王，幾年後遷都龍城（今遼寧朝陽）。慕容皝的對手，主要是東北的高句麗和同屬鮮卑人的宇文部落。在他統一東北後，他面對的敵人，則是中原地區由羯人建立的後趙政權。但慕容皝沒有等到入主中原的那一天。

直到他的兒子慕容儁才實現這一願望。慕容儁繼位不久，後趙的暴君石虎死了，幾個兒子爭權奪位，釀成內亂。後趙政權最終落入漢人冉閔手中，冉閔推出的針對少數民族的舉措，將所有少數民族推到自己的對立面。

東晉永和八年（西元三五二年），慕容儁派弟弟慕容恪擔任先鋒，以騎兵方陣大敗冉閔的精銳步兵，消滅了冉魏政權。原後趙的大部分地區，悉數歸於慕容儁名下。

同年，慕容儁稱帝，遷都鄴城，大燕政權正式誕生。史學家後來習慣稱為「前燕」。前燕一建立就抵達巔峰狀態，在當時的中國版圖內，與前秦、東晉形成三足鼎立之勢。

從莫護跋算起，慕容家族經過六代人、近百年的奮鬥，終於建立起強大的國家政權，成為十六國時期舉足輕重的族群和政治勢力。

幾代人都是人才，開放包容，接受先進文明，主動漢化，這是慕容鮮卑成功的基本因素。史學家指出，慕容鮮卑的建國道路，在異族統治色彩濃厚的十六國早期獨樹一幟，前燕的官僚系統基本都是漢人，制度建構、機構設立也均以漢魏舊制為主體。正是這種開放的民族認同，使得慕容家族站上了歷史的高峰。

把用人建議當須提防的危機，前燕覆滅

前燕的覆滅，是另一個故事。其核心充斥著猜忌、權鬥、內訌等根深蒂固的權力陰暗面。

東晉升平四年（西元三六〇年），慕容儁在鄴城閱兵，準備進犯東晉，恰在此時病重而死。臨終前，他表示要把皇位傳給弟弟慕容恪。這或許是慕容儁對這個文武雙全的弟弟的試探，因為慕容儁的兒子慕容暐當時僅有十一歲，傳位於子，恐難控制大局。

慕容恪一生征戰，沒有敗績，前燕的立國仰賴他的軍功。但他同時是接受漢化的一個典型例子，道德感極強。當慕容儁說要傳位給他時，他脫口而出：「您如果相信我有安定天下的能力，就不要懷疑我同樣有輔佐少主的能力。」

在慕容恪的輔政下，慕容暐時代的最初幾年，前燕保持了高歌猛進的狀態。但隨著慕容恪在東晉太和二年（西元三六七年）病逝，一切戛然而止。慕容恪臨終前，一再推薦五弟慕容垂繼承自己的職位。慕容垂原名慕容霸，早年是慕容皝看好的接班人，由此遭到哥哥慕容儁的忌恨，即位後將他的名字改為「垂」。

而慕容恪超越權力爭鬥，從慕容家族榮光延續的高度，向慕容暐力薦慕容垂。可惜，這番舉薦，在心胸狹隘的慕容暐和當時掌權的慕容評（慕容皝的弟弟、慕容垂的叔叔）看來，變成了一種潛在威脅。他們非但沒有聽從慕容恪的建議，反而處處提防慕容垂。

慕容恪死後兩年，東晉太和四年（西元三六九年），東晉猛將桓溫率軍北伐，打得前燕節節敗退。當桓溫一路打到枋頭（今河南浚縣）時，慕容暐和慕容評已經在謀劃著逃回東北故都龍城。

緊急關頭，被「雪藏」的閒人慕容垂請戰，說打輸了再撤回老家也不遲。

慕容垂一方面派人聯絡前秦苻堅，另一方面調度人馬，截斷晉軍的糧道，逼得桓溫只好撤退。在桓溫退兵的過程中，慕容垂率八千騎兵尾隨，發動突襲，殺數萬晉軍。

枋頭之戰的勝利，解除了前燕危機，但立了首功的慕容垂，卻換來更多的猜忌。

慕容評與皇太后可足渾氏密謀除掉慕容垂。慕容恪之子慕容楷等人獲悉消息，勸說慕容垂「先發制人」。慕容垂有實力發起奪權，但他不願看到同族兄弟、叔侄流血相殘，而自己成為挑起慕容家族內亂的第一人，因此決定退守東北龍城以自保。

慕容垂的兒子卻站出來告發父親謀反。

走投無路的慕容垂只好投奔前秦的苻堅，開始了長達十五年的寄居生涯。

慕容垂出走的第二年，東晉太和五年（西元三七〇年），前燕被前秦滅了國。

這是慕容家族遭遇的第一次致命打擊，追根溯源，是慕容恪之死使得前燕失去了強大而正確的輔政力量，從而陷入他人執政模式。由此引發的慕容垂出走事件，使慕容家族幾乎喪失了所有的精銳人才，亡國在所難免。

淝水之戰，復燕的時機

接下來的故事，引為經典。一段關於慕容家族復國的歷史，讓世人看見他們的倔強與生命力。

慕容垂投奔前秦，苻堅大喜過望，親自到長安郊外迎接。在**慕容家族人物中，慕容儁、慕容恪、**

慕容垂這一代兄弟數人最為傑出。整個家族的顛峰，也是在這一代人的腳下抵達的。

跟哥哥慕容恪一樣，**慕容垂**也是戰神級別的人物，被時人譽為「**今之韓**（**信**）、**白**（**起**）」。

在苻堅統一北方的進程中，受到信任與重用的慕容垂發揮了重要作用。慕容垂輔佐苻堅前後達十五年，在這十五年間，說他一直懷抱復興前燕政權的願望，可以理解，但說他從一開始就隱忍做一個間諜，則難以解釋得通。

準確的說，在苻堅完成北方統一之後，野心膨脹，慕容垂才將他的復國之夢付諸實踐。

東晉太元八年（西元三八三年），苻堅以舉國之兵進攻東晉。很多人對他的冒進做法表示質疑，只有慕容垂等少數人表態支持。

在淝水之戰中，苻堅的前秦軍慘敗於東晉名將謝玄帶領的北府兵。這是影響中國歷史的一場關鍵戰役，前秦的統一大業就此葬送，北方又陷入分裂混戰的局面。那些被苻堅消滅的北方政權，紛紛打起了「復國」的旗幟。

慕容垂的三萬兵力，在淝水之戰中全身而退。苻堅大潰敗後，前去投奔慕容垂。慕容垂沒有殺掉苻堅，而是率兵護送苻堅返回關中。途中，慕容垂以鎮撫河北為名，離開苻堅。

在河北，慕容垂開始復國歷程。當時，鎮守前燕故都鄴城的是苻堅的長子苻丕，苻丕擋不住慕容垂的圍城，遂投降東晉，讓東晉派人來接收鄴城——實際上是以東晉來抗衡慕容垂。

作為東晉北府兵的後起之秀，劉牢之竟然一度打得慕容垂率軍北逃。劉牢之乘勝追擊，苻丕也率軍跟著追擊，追到五橋澤（今河北廣宗），突然遭到慕容垂的反攻。劉牢之措手不及，遭遇人生第一場大敗。薑還是老的辣，慕容垂絕非浪得虛名。

東晉太元九年（西元三八四年），慕容垂定都中山（今河北定縣），正式復國，國號為燕。史學家為了區分，稱之為「後燕」。

此後十年，慕容垂展現了他的實力，從東晉手中奪取淮北青、兗（按：音同眼）、徐諸州，擊敗高句麗奪回遼東，占據除晉北河套一帶北魏政權以外的關東地區，恢復前燕最鼎盛時期的勢力範圍。

在慕容垂實施復國之時，以慕容暐為首的前燕舊王公們也在積極復國。當年，苻堅滅了前燕，並未對慕容家族實施殺戮，而是將慕容暐等人遷往長安，隨行的有鮮卑四萬餘戶。在苻堅寬鬆的族群政策下，這些亡國鮮卑貴族形成了一股強大的政治勢力。但由於之前的矛盾，慕容暐與慕容垂兩大集團並未達成合作，反而越走越遠，在淝水之戰後出現了一個家族各自復國的詭異局面。

東晉太元九年，當慕容垂建立後燕之時，慕容暐的兄弟慕容泓、慕容沖等在關中建立政權，國號也是燕，史稱「西燕」。西燕部下的鮮卑人在復國後，渴望東歸。在東歸之路中，發生了一系列的內訌和殘殺，最終由慕容永掌權。由於東邊已經出現了慕容垂的後燕政權，西燕的東歸之路受阻，只得定都在長子（今山西長子縣）。

慕容永是慕容運（慕容廆的弟弟）之孫，並不是「正牌」的前燕王室後裔。在他即位為西燕皇帝後，為了保住自己的地位，他大肆誅殺慕容皝一系的子孫。這導致了後燕與西燕之間的戰爭，從東晉太元十八年（西元三九三年）起，慕容垂兩次出兵討伐西燕，並於東晉太元十九年（西元三九四年）擒殺慕容永，全面接管了西燕的領土。而西燕自慕容泓討伐苻堅算起，僅僅存在十年。

在後燕恢復前燕往日榮光時，一個新的強敵出現了。

當慕容部建國之時，同為鮮卑族的拓跋部也建立過自己的政權，國號為代。前燕為前秦所滅之時，代國也被滅。淝水之戰後，慕容部和拓跋部同樣開啟各自的復國運動。這是一對同病相憐的兄弟族群，他們不僅是同族，其首領之間還世代通婚。後來開創北魏王朝的拓跋珪開始復國時，實力較弱，曾依附於後燕，以後燕為宗主國。

後燕與北魏兵戎相見，只是遲早的事。從後世的視角來看，這一次是慕容部與拓跋部爭奪前秦之後，再次統一中國北方的主導權之戰。

慕容垂當仁不讓，在西征滅西燕之後，他針對北魏發動北伐。

但慕容垂年紀大了。他的皇太子慕容寶柔弱，他想讓慕容寶透過一場勝仗樹立權威。打北魏，是必勝之戰。他派皇太子去了。

歷史卻跟他開了一個殘酷的玩笑。一場穩贏的戰爭，輸得一場糊塗，最終賠上了大燕的國運。因為慕容垂年邁，給了北魏造謠慕容垂已死、國中祕不發喪的藉口。在拓跋珪截斷慕容寶軍隊與後燕都城的資訊通道之後，謠言發酵，後燕軍隊亂了陣腳。在參合陂，後燕軍被坑殺數萬人。

歷史無法重來，否則慕容垂拖著年邁的身軀，也要自己上場。

慕容垂的一生都在復仇，五十多歲向前秦復仇，七十來歲向北魏復仇。**他一個人做了別人整整三代人的事業**，這是一個註定悲劇的靈魂人物。

參合陂慘敗後，當他真的出兵向北魏復仇時，他面對的拓跋珪，在年齡上是他的孫子輩。**慕容垂沒有輸給任何人**，**只是輸給了時間**。

憑弔完參合陂被坑殺的後燕將士，慕容垂口吐鮮血，病重回師，途中病逝，終年七十一歲。

沒了慕容恪和慕容垂，燕終究無法統一北方

慕容垂死後，一切顛沛流離的政權重建，只是慕容家族慘澹的餘暉而已。

前燕失去慕容恪，後燕失去慕容垂，前後相隔不到三十年，卻都成為慕容家族最致命的打擊。

慕容垂死時，整個舞臺的中央，站著拓跋珪和他的家族，他們將要書寫接下來三十多年的歷史。而時代已經把慕容家族一點一點趕到了邊緣。

慕容寶在慕容垂死後繼位，拓跋珪趁機發動四十萬大軍大舉攻燕，用一年多奪取冀州、并（按：音同冰）州和幽州大部，取代後燕成為關東最強大的政權。

而慕容寶逃往東北故都龍城。

東晉隆安元年（西元三九七年），北魏大軍攻克中山，後燕的國土被北魏從中間分為兩截。北邊，僅保有東北一隅之地的後燕，很快掀起了一場內亂。慕容寶和他的繼承人慕容盛先後被殺。慕容寶的弟弟慕容熙上位後，以荒淫出名。東晉義熙三年（西元四〇七年），馮跋發動政變，擁立慕容熙的養子慕容雲為燕王，兩年後，馮跋自立為天王，國號仍為燕，史稱「北燕」。北魏太延二年（西元四三六年），北燕為北魏所滅。

南部的慕容鮮卑部眾，則由慕容皝兒子慕容德率領，於東晉隆安四年（西元四〇〇年）在山東青州廣固城立國，史稱「南燕」。慕容德是慕容恪、慕容垂的弟弟，能力不如哥哥們，但放在那一代人，也是個傑出人物。東晉義熙元年（西元四〇五年），慕容德死後，南燕僅餘苟延殘喘。東晉義熙六年（西元四一〇年），東晉實權人物劉裕滅了南燕。

嚴格來說，北燕已不是慕容家族的政權。慕容家族的國史，在南燕滅亡的東晉義熙六年就落幕了。在風起雲湧的南北朝時期，慕容家族的狂飆與退場，前後也不過半個多世紀。

而這個頗有故事的家族，或許最大的遺憾是未能實現統一北方的大業。相反，**後起的鮮卑拓跋部**走得更遠。拓跋珪的長孫拓跋燾繼位後，經過十餘年的征戰，北魏終於實現了中國北方的再次統一，**成為對中國歷史發展具有深遠影響的民族大融合的多民族王朝**。

後燕滅亡後，慕容鮮卑人大部分進入北魏，命運悲慘。尤其是在北魏前期，由於燕魏的宿怨，慕容鮮卑人遭到殘酷鎮壓，叛亂此起彼伏。很多人為了逃避政治迫害，紛紛改姓，由「慕容」改為「慕輿」或「豆盧」，後又改為輿、盧兩姓。隨著時間推移，大約一百年，慕容部與拓跋部的國仇家恨才算徹底消弭。一些慕容鮮卑人恢復了本姓，另一些人卻因時間久遠再未改回慕容。

由於慕容氏在北魏遭受打壓，使得他們難以進入中央，很多人還被貶到邊鎮。結果，在北魏末年的大亂中，慕容氏終於以武人的面貌，趁著六鎮起義後的反漢化潮流重新崛起，出現了慕容紹宗（慕容恪後人）等家族，歷經東西魏直到隋唐成為高門大族。然而，這也僅是這個高光族群墜落之後，勉為其難的支撐而已。也許，在某個夕陽西下的時刻，慕容氏會集體懷念不算遙遠的參合陂之戰。

他們曾經站得那麼高，摔得那麼慘。

他們曾經是歷史的主角，匆匆，成了過客。

3 苻堅，生不逢時的亂世君主

東晉太元八年，在出征東晉之前，前秦天王苻堅將龍驤將軍的稱號授予羌族將領姚萇。龍驤將軍這一官職，對苻堅有特別的意義。他的祖父苻洪最早被後趙第三位皇帝石虎授予龍驤將軍，而苻堅十七歲時，他的伯父苻健也任命他為龍驤將軍。

龍驤將軍可以說是苻氏家族發家的起點，也是苻堅個人建立功業的起點，所以苻堅很珍惜這個稱號。他對姚萇說：「我從未授人『龍驤之號』，現在將它授予你，希望你擔起重任。」

苻堅的手下趕緊跟苻堅說：「王者無戲言，將龍驤之號讓出去，這是不祥之兆呀。」苻堅不聽。他最煩這些神神鬼鬼的讖緯之學。

兩年後，姚萇的軍隊圍攻苻堅於五將山。苻堅被抓，在一座佛寺中自縊而死。而姚萇瓦解苻堅的前秦政權，並成為歷史上後秦政權的開創者。

而這次戰爭的失敗，不僅宣告了前秦帝國的崩潰，也宣告中國錯過了一次大一統的機會。整整兩個世紀後，才由隋朝完成了中國的重新統一。

因家族的權鬥，苻堅得以上位

苻堅生活的年代，在歷史上被稱為十六國時期。

苻堅八歲時，就顯得與眾不同。他竟然主動要求拜師讀書，這對於崇尚征戰的氐族人來說，是破天荒的事。他的祖父苻洪知道後，高興的說：「我們這些部族，世世代代只知道喝酒，你小小年紀卻要求讀書，真好。」氐族是世代生活在青藏高原邊緣的一個部族，從西漢以來，就成為中國的子民。但他們還保留著自己的部落和部落貴族。

在十六國亂世中，苻堅的祖父苻洪也躍躍欲試，想建立氐族政權。不過一開始實力不夠，選擇投靠後趙石虎。後來被石虎授予龍驤將軍，鎮守枋頭，苻洪遂帶著族人和部隊離開故土，到了中原。多年後，後趙盛傳「苻氏有王氣」的說法，石虎開始謀劃除掉苻洪。

苻洪當時已擁兵十萬，乾脆自稱大將軍、大單于、三秦王，並率軍西進，想在長安建立自己的政權。途中，苻洪被人毒殺。

苻洪的繼承人是他的兒子苻健，也是苻堅的伯父。苻健遵從苻洪的遺訓，率領人馬西渡黃河進入關中，渡河後，把浮橋燒了，以示斷絕退路。當時的關中，都是流亡豪強為避亂自建的塢堡，相當於一個個獨立的軍事單位。苻健大軍所到之處，這些堡壘紛紛歸降，遂直入長安。

東晉永和七年（西元三五一年），苻健自稱天王，建立前秦。

苻健曾大敗北伐的東晉將領桓溫，也曾擋住前涼的進攻，在關中站穩腳跟。可惜他不到四十歲就病逝，他的太子苻萇此前也戰死了，他的第三子苻生，也就是苻堅的堂兄被立為太子，後繼任皇帝。

按照正史的記載，苻生在位僅兩年，卻幹盡昏庸暴虐的事。他嗜酒無度，以殺人為樂。他天生獨眼，忌諱臣下說到「不足、少、無、缺」等字眼，誰不小心提到了，殺無赦。別人恭維他，他說，取媚我，殺；別人批評他，他說，誹謗我，也殺。史書說他一年內就誅殺后妃公卿以下五百多人。

正史載，東晉升平元年（西元三五七年），年僅二十歲的苻堅不忍前秦毀在苻生的手裡，於是祕密聯合同父異母兄苻法、御史中丞梁平老等人，包圍皇宮，發動政變。苻生帝位被廢，不久被處死。

苻法和苻堅發動政變並殺了苻生以後，誰來繼承帝位？按照正史的說法，兄弟二人你推我讓，十分客氣，最後苻堅的生母苟氏拍板，讓自己的親生兒子上臺。

再後來，苟氏「以（苻）法長而賢，又得眾心，懼終為變，至此，遣殺之」。苟氏為了讓苻堅坐穩帝位，竟然派人把苻法解決了。而苻堅在這個過程中，表現得像傀儡，全然聽憑母后的安排，只是在苻法被處死前跟他訣別，「慟哭嘔血」。

苻堅的上位，跟後來的隋煬帝、唐太宗等人一樣，都屬於同一類型。說白了，這是家族內部的權鬥。隋煬帝如此，唐太宗如此，苻堅也是如此。

苻堅與王猛，恰似劉備與諸葛亮

在十六國政權中，存在一個普遍問題：皇帝個人權力的擴張，與軍功貴族集團之間的矛盾。

這些政權的建立，都是依靠部族內部軍功貴族的武力實現。起初是軍事封建制，由宗室成員集體分享權力，當皇帝希望打破這種集團權力體系實現獨裁時，矛盾就產生了。

為了壓制宗室軍功貴族，皇帝一般都會構建自己的官僚系統，另組權力決策層。苻堅整頓前秦朝局，走的也是這條路。

王猛正是苻堅理想中的那個人。兩人初次見面，就一見如故，苻堅說自己像是劉備遇到了諸葛亮。而王猛此後輔佐苻堅長達十八年，君臣關係非常融洽，在歷史上，也確實只有劉備與諸葛亮可與他倆媲美。

東晉寧康三年（西元三七五年），王猛病逝後，苻堅痛哭流涕，下詔：「王猛當丞相時，我經常說做皇帝很輕鬆，現在王猛走了，我似乎一夜之間就鬚髮皆白，難啊！」

以王猛為代表的漢人官僚，成為苻堅打擊和壓制氐族宗室、軍功貴族，強化中央集權的一件利器。這是政體轉型的必然，苻堅與王猛這種君臣關係，推進了種族國家向普遍意義上的帝國發展。

氐族豪強在被迫退出權力核心的過程中，並非束手就擒。他們用既有的地位和軍權抵抗。然而，他們並未將矛頭直指皇帝，而是指向漢人官僚。所以苻堅越重用王猛，氐族豪強就越忌恨王猛。

前秦特進（官職名，地位類似於三公）樊世為前秦建國立過大功，他曾當著眾人對王猛說：「我們都是跟著先帝打江山過來的，憑什麼我種地而你來收穫？」

王猛當場掙（按：中國北方用語，讀音為ㄉㄨㄟˇ，反駁）了一句：「何止讓你種地，我還要讓你當屠夫，宰殺牛羊，然後我來吃肉呢。」

樊世氣得要命，放下狠話：「我一定要把你的人頭掛到長安城門上，不然我就不是人。」

王猛立刻將此話轉告苻堅，苻堅盛怒。不久，在一次會議上，王猛與樊世又發生口角。樊世欲打王猛，被人勸阻後大罵不止。

苻堅直接命人把樊世殺了。自此，「公卿以下，無不憚（王）猛焉」。在苻堅的支持下，王猛一連誅殺了二十多個貴戚豪強，統治秩序大為改觀。連苻堅都感嘆：「吾今始知天下之有法也，天子之為尊也。」言外之意，就是我到今天才知道做皇帝的尊貴，終於不再受軍功貴族的制衡了。這跟西漢初叔孫通幫劉邦構建了帝王儀式之後，劉邦感慨當皇帝真好，道理是相通的。加強君權，權力的滋味就來了。

苻堅是一個有理想的帝王。仿照漢族政權加強君權，他的目的是按照心中的藍圖做更大的事業。苻堅勸課農桑，抵制奢侈，憐惜人民，厚待士兵，遇到天災就削減宮廷用度。他想建立一個理想的道德王國，故而廣修學宮，振興儒學，曾經一個月視察太學三次。他締造了十六國時期最安定、最強大的政權，也讓亂世中的人民看到了統一的曙光。

在他統治下的國家，甚至讓一些歷史學家聯想到漢唐統一帝國的極盛時期。

善待戰俘，奠定前秦霸業，也瓦解前秦

在把國家治理強盛的同時，苻堅開啟了統一中國的歷史進程。

東晉太和五年，苻堅任命王猛為主帥，攻打前燕。

前燕曾是北方最強大的政權，是統一北方的大熱門，但由於慕容家族內部的猜忌與權鬥，導致戰神級人物慕容垂出逃，投靠前秦。苻堅熱情迎接慕容垂，第二年就發動了滅燕之戰。

當王猛率軍圍攻前燕都城鄴城時，苻堅突然從長安趕到前線。王猛隨即離開軍營去迎接苻堅。

苻堅說：「你怎麼能在戰爭的緊要關頭離開軍營呢？」

王猛卻反問說：「攻燕如摧枯拉朽，不足為慮，倒是您怎麼能輕易離開長安？萬一發生意外，如何對得起宗廟社稷？」

君臣兩人對自己都胸有成竹。

他們很快攻破鄴城，俘虜了前燕君臣。攻滅前燕是苻堅統一北方進程中最大的勝利，得到一百五十七個郡，九百九十八萬人口。

接下來的一系列南征北伐，對苻堅而言，難度係數幾乎為零。

東晉太和六年（西元三七一年），攻滅氐族楊氏建立的仇池國；

東晉寧康元年（西元三七三年），攻占成都，拿下四川；

東晉太元元年（西元三七六年），攻滅前涼和拓跋氏建立的代國，基本統一長江以北地區；

東晉太元七年（西元三八二年），前秦大將呂光遠征西域……。

至此，前秦的疆域達到極盛，「東極滄海，西並龜茲，南包襄陽，北盡沙漠」。十分天下而居其七，僅有東南一隅的東晉還在苟延殘喘，不過，在苻堅看來，也快要拿下了。

在苻堅的藍圖裡，整合天下為一家，實現大一統的日子就快到了。離理想的最終實現越來越近，他竟變得有些寢食難安，迫不及待。

如果說在一次次擴大前秦疆域的勝利中，有什麼事最讓苻堅傷心，那一定是王猛的病逝。王猛臨終前勸苻堅不要急著進攻東晉，而要先剷除前秦的真正敵人鮮卑和羌人。

王猛向來主張對鮮卑貴族採取強硬態度。他早就看出投奔前秦的慕容垂絕非等閒之輩，屢次勸說苻堅殺之，苻堅不聽。他又算計，要置慕容垂於死地，結果苻堅又寬恕了慕容垂。

也許是從小受到儒家的深刻影響，**苻堅對於征服的地區，不管是統治者還是人民，他都採取了優待政策，從未發生過一起屠城事件**。在他的心中，也沒有族群的界限，儘管那是一個民族碰撞、猜疑和壁壘最為嚴重的時代。

攻滅一個政權後，苻堅的慣常處理方式，是將投降的君臣、宗室和貴族一同遷往關中，再根據他們的地位和能力進行優待，要麼授予榮譽爵位，要麼授予重要官職。

慕容垂出奔前秦後，曾被授予重要職位京兆尹，還曾多次領兵作戰，成為前秦開疆拓土的大功臣。而前燕國主慕容暐被授予新興侯，慕容沖則被任命為平陽太守，前燕的貴族、官僚幾乎在前秦都獲得相應的官職。

後來逼死苻堅的羌人姚萇，早年也是在與前秦的戰鬥中被俘，歸降苻堅而得到重用的。

苻堅自信有能力駕馭慕容垂、姚萇等梟雄，所以他敢任用這些降將，也不怕把軍政大權交給這些曾經的宿敵。

淝水之戰大敗後，前秦的各族降將紛紛打起復國旗幟，從內部瓦解了龐大的前秦，這一歷史事實導致很多史學家認定，苻堅的民族寬容政策是一種錯誤。

但司馬光恰如其分的指出，這不是前秦失敗的原因。「論者皆以為秦王（苻）堅之亡，由不殺慕容垂、姚萇故也，臣獨以為不然。許劭謂魏武帝（曹操）治世之能臣，亂世之奸雄。使（苻）堅治國無失其道，則垂、萇皆秦之能臣也，烏能為亂哉！」

事實也是如此，慕容垂、姚萇等異族將領為苻堅服務十幾二十年，沒有這些人才的加盟，前秦不可能所向披靡，發展為強大的政權。這些梟雄，在苻堅手下一個個化身為能臣，奠定了前秦霸業。

更為重要的是，優待被滅國的軍功貴族可以利用他們在本民族的影響力，安撫和號召各族人民，為前秦效力。苻堅的百萬雄兵，單靠氐族人遠遠不夠，鮮卑、羌、漢等每個族群都是他的重要兵源。

這或許才是苻堅善待戰俘和異族的真實原因。從理想主義的角度看，他想要構建一個類似於後來唐朝的多民族融合國家；而從實用主義的角度看，**苻堅他的寬容和仁慈最終從人才、兵源、財力等多方面奠定了他的霸業基礎**。

苻堅絕不像一些人所說的僅有婦人之仁，實際上，他比同時代的任何人都看得遠。

當時前秦帝國的境內，關隴一帶布滿羌人，山西西北部和陝西北部是匈奴人，山西東北部和內蒙古一帶是鮮卑拓跋氏，河北、遼東以及河南北部則是鮮卑慕容氏的族人，而漢族是當時北中國的主要人口……苻堅每消滅一個政權，種族關係的複雜程度就增加一分。將被征服政權的權貴遷移到關中，充實長安的人口，既方便控制，又促進了民族融合。

在關隴地區，氐族的人口還算稍微有點優勢，但其他地區，幾乎沒有他們的蹤影。統一北中國後，苻堅為了鞏固氐族的政權，將十五萬戶氐族人以軍事移民的方式，遷移到北中國的各個重要方鎮。一千多年後，滿族入主中原，也採取了同樣的形式，在各地設置八旗駐防。

這是一項民族大融合的偉大計畫，在統一體制下完成經濟文化的整合，經過兩代人或三代人的更替，逐漸消弭族群的芥蒂和界限，實現多族群的融合共處……一切只需要交給時間。

可是，苻堅已經等不及了，他要去實現他的終極夢想了。

他不知道自己將踏入一條失敗的歷史的河流。

一場必勝的戰爭，卻被打得頭破血流

東晉太元八年，苻堅針對東晉發起總進攻。

根據苻堅的部署，他的弟弟苻融督張蚝、慕容垂等率領步騎二十五萬為前鋒。兗州刺史姚萇獲得苻堅從不授人的龍驤將軍稱號，負責益、梁二州諸軍事。苻堅自己也帶兵從長安出發，全國總計戎卒六十餘萬、騎兵二十七萬。

這場大規模的出征，呈現出連綿一千多里的浩大場面。當苻堅到達項城時，涼州之兵才到達咸陽，與此同時，巴蜀之軍由長江順流而下，幽州、冀州之眾剛到達彭城。如此，水陸兩軍在東西兩面形成了綿延一萬餘里的氣勢，確實令人震撼。

一戰而攻滅東晉，完成大一統，苻堅志在必得。客觀而言，兩方的實力，無論從人口、領土還是兵力，都太過懸殊了，前秦占有絕對性的優勢。對苻堅來說，這就像此前攻滅前燕或前涼的任何一場戰爭一樣，結局已經提前寫好了。

或許只是因為這場戰爭被賦予了大一統的特殊意義，所以苻堅才不顧反對，一定要御駕親征，不然他完全可以像以前一樣，坐鎮長安，等待好消息就足夠了。想想看，確實也是如此，古往今來，從關中起家，一點一點拼接帝國版圖，直至完成大一統，也就只有秦始皇一人而已。苻堅給自己的歷史定位，也是如此。

但是，在出征前的歷次軍事會議上，前秦朝臣幾乎沒有人贊成攻伐東晉。反對的理由也很奇怪，所有人都拿天象、天命來當理由，搞得苻堅很不耐煩，說你們別整這些玄虛的東西，「以吾之眾旅，投鞭於江，足斷其流」。

史書記載，關於是否討伐東晉的多次討論，每次都以「（苻）堅不聽」而告終。

史書說，苻堅寢食難安，迫切要攻打東晉。

在他的心中，一定有一張政治地圖，在那裡，等他攻下了東晉一隅，流寓江南的士族就可以回歸北方故里，重建中華文明和大一統帝國的事業，就能經由他這個君主得以實現。這是何等的功業！

一開始，戰爭按照苻堅設想的方向發展，前秦軍二十五萬先鋒部隊勢如破竹，面對東晉軍僅有的八萬兵力和五千水軍，就像大象踩著螞蟻。

當時，東晉水軍負責人胡彬遭到苻融的多次攻擊，無力支撐，便派人送信給東晉的征討大都督謝石。結果，送信人被前秦士兵捕獲，苻融由此知道東晉兵少糧絕，快撐不住了，於是立即派人向苻堅報告了信的內容。

苻堅大悅。勝券在握，他閃過的第一個念頭是，不要讓謝石、謝玄這些東晉將領跑了。在出征前，他把東晉皇帝和丞相謝安的安置職位和住所都安排好了，就等著打完仗把他們接到長安去。

所以，當他的八十萬大軍停守在項城後，苻堅自己率領八千輕騎急忙趕到苻融駐守的前線壽陽（今安徽壽縣）。他要親自擒拿東晉的將領。

到達壽陽後，苻堅派朱序勸降敵將謝石。朱序原來是東晉襄陽太守，五年前被前秦俘虜，苻堅因為他的氣節和能力，授予他度支尚書一職。從苻堅的想法來看，他之所以派朱序去勸降，是因為考慮到了朱序曾在東晉生活和做官的背景，以及現在前秦對他的優待，這些都會觸動謝石。

萬萬沒想到，朱序一入東晉軍營就背叛了苻堅。他在謝石面前洩露重大機密——前秦主力軍還在項城，尚未集結到前線——並建議：「現在趁主力軍還未集結，應該馬上出兵攻打，如果能打敗他們的前鋒軍，則我軍士氣大振，勝利在望。」

謝石很振奮，下令抓緊反擊，果然打了一場小勝仗。

雙方隔著淝水重新建立陣地。

東晉軍前鋒都督謝玄向苻融提議：「你們把陣地往後撤一點兒，等我們東晉士兵渡過淝水後，我們再在北岸決一死戰，如何？」

前秦諸將對這個提議都表示反對。不過，苻堅和苻融卻打算等東晉士兵渡到江中時，趁其不備，一舉殲滅，所以接受了謝玄的提議。

在前秦軍按約定後退的過程中，詭異的事情又發生了。

由於資訊傳達不準確，前秦軍士兵以為後退是全軍敗退了。這時，朱序在後面故意大喊「秦兵敗矣」。原本是謀略性的後退，這下子變成了真正的敗退。連苻融都在撤退過程中落馬而被殺死。而苻堅則身中箭傷，狼狽而逃。史書記載了前秦軍隊被打敗後的慘境：「（苻）堅眾奔潰，自相蹈藉投水死者不可勝計，淝水為之不流，餘眾棄甲宵遁，聞風聲鶴唳，皆以為王師（東晉軍隊）已至，草行露宿，重以飢凍，死者十七八。」

一場穩贏的戰爭，重重偶然因素疊加，加上兩次重大失誤，轉眼間變成了慘敗。苻堅的大一統之夢破碎了。在敗逃途中，他對著自己最寵倖的張夫人，潸然淚下。

東晉太元八年，這是自西晉分裂七、八十年來，中國最有機會重現大一統的年分。最終因為苻堅在淝水之戰中的意外慘敗，而錯失了。

中國歷史學家王仲犖認為，淝水之戰是種族大移動中，最大、也是決定南北能否統一的一次戰爭。戰爭的結果，按理說不是前秦消滅東晉實現大一統，就是東晉收復北中國實現大一統，但最後卻出現了南北對峙、北方重回混戰年代的局面。這個結果純粹是東晉的狹隘、內鬥和無力造成的。

一代仁君之死，讓敵將也忍不住落淚

接下來的故事，對苻堅、對前秦、對當時的中國，都是淝水之戰後一曲悲傷而漫長的餘音。戰敗後的苻堅僅率千餘騎，突出重圍。他治理國家二十多年留下的德政和名聲，在關鍵時刻給他一些稍可安慰的正向回饋。一路上，老百姓很感念這名落魄的仁君，主動給他送吃的、穿的。

苻堅先去投奔了慕容垂。慕容垂的部下都勸他殺掉苻堅，但慕容垂感念苻堅在他困難時收容並重用他，不肯下手。他把自己的三萬大軍還給苻堅，並跟隨苻堅一路西行，準備返回長安。苻堅沿途收集殘兵，等回到洛陽時，已有士兵十餘萬。

到達澠池（今屬河南三門峽）時，慕容垂藉口說要北巡燕岱，祭拜祖先陵墓。苻堅同意了。慕容垂重返關東，一去不回，很快重建了燕國。

留在關中的前燕國主慕容暐的弟弟慕容泓，聽到慕容垂起兵復國的消息，也在華陰舉兵。慕容暐的另一個弟弟慕容沖則在平陽起兵。

但即便如此，苻堅依然維持了他的風度。當慕容沖逼近長安時，苻堅甚至還考慮出席慕容暐兩個兒子的婚禮。然而所謂的婚禮，實際上是慕容暐準備策動長安城內的鮮卑人刺殺苻堅的一個計謀。

直至**慕容暐的計謀被揭發後**，苻堅才殺了慕容暐父子以及千餘名鮮卑人。這應該是**苻堅一生殺人最多的一次。他一生征戰，滅國無數，但之前從未發動過一起屠殺事件**。

當長安受到慕容沖的進攻而陷入孤立時，關中的三千多個堡壘以馮翊、趙敖為盟主，送糧食支援長安。馮翊的將士們發誓要跟著苻堅奮戰。而苻堅則勸大家，這是要掉腦袋的行動，不要輕易犧牲。苻堅曾寄予厚望的龍驤將軍姚萇，在最緊要的關頭也背叛他，建立後秦，成為苻堅的致命之敵。東晉太元十年（西元三八五年），苻堅在五將山（今陝西岐山東北）被姚萇捕獲。姚萇提出要苻堅禪位於他，苻堅破口大罵。在忍痛殺了自己兩個女兒後，苻堅自縊於一座佛寺中（一說被姚萇命人絞殺），他最愛的張夫人亦跟著自殺。

苻堅死後，聞者哀痛，就連姚萇的手下將士，也為苻堅痛哭流涕。

不過，前秦的歷史還沒完。苻堅的族孫苻登，在苻堅死後堅持抗戰長達九年。他供奉苻堅的神主牌，每逢出戰，都要在牌位前稟告苻堅。將士們深受感動，在鎧甲上刻上「死休」二字，拚死搏殺，渴望恢復苻堅的霸業。一直到東晉太元十九年，苻登被姚萇的兒子姚興斬殺。同年，苻登的繼承人苻崇被西秦的涼州刺史乞伏軻彈斬殺。前秦宣告滅亡，享國祚四十三年。

沒有了苻堅的北中國，進入了更加混亂的時期。據統計，淝水之戰後，北方出現了後秦（羌族）、西秦（鮮卑）、後燕（鮮卑）、北燕（漢族）、南燕（鮮卑）、夏（匈奴）、西涼（漢族）、南涼（鮮卑）、北涼（盧水胡）、後涼（氐族）十國，分裂混戰長達半個多世紀。直到北魏太延五年（西元四三九年），才由北魏太武帝拓跋燾完成了中國北方的重新統一，開啟南北朝對峙的格局。

4 南齊，南朝四代中最短命的王朝

劉子業是南朝宋孝武帝之子，字法師，他年少即位，為人狂悖無道，沒做幾件好事，荒唐事卻幹了不少，還有明顯的暴力傾向，平時看哪個王公大臣不順眼，就命人對他們拳腳相加，肆意毆打，鬧得朝廷人心惶惶。

殘暴的劉子業還殺害並肢解背叛自己的大臣，剖開腸胃，挖出眼珠，將其投入蜜中浸泡，稱之為「鬼目粽」。

他看上了已嫁為人婦的姑姑新蔡公主，就把她接到宮中，封為謝貴嬪，還派人回去跟姑丈說，公主已死。之後殺了一個宮女以公主之禮埋葬，藉此掩人耳目。

為了鞏固帝位，劉子業把年長的叔父們軟禁在宮中。湘東王劉彧身材最為肥胖，劉子業就稱他為「豬王」；另一個叔叔山陽王劉休祐，被稱為「賊王」；還有個東海王劉禕被稱為「驢王」。劉子業還用木槽盛飯，在地上挖個坑，讓劉彧光著身子趴在坑裡，像牲畜一樣去槽中吃食，以此戲笑為樂。劉彧為了活命，只能忍受屈辱。

景和元年（西元四六五年）冬，多次受辱的劉彧終於忍無可忍，他借身處京城的優勢，與劉子業的近衛侍從密謀，伺機弒君，控制了建康（今江蘇南京），自立為帝，史稱宋明帝。

劉子業之死，直接改變了兩個人的命運。一位是曾被戲稱為豬王的胖皇叔劉彧，他廢了屢次羞辱自己的侄子，當上皇帝。另一個人，是大將蕭道成，他在這場皇室內訌中，為日後建立新的王朝撈取了政治資本。

蕭道成出鎮順便找建朝資源

宋明帝「近水樓臺先得月」，老劉家很多人可不服氣。實際上他們都想做皇帝，一場內戰在劉宋皇室之中爆發，各方叛亂接踵而至。

平叛是要打仗的，正是武將建功立業的時機，這機遇就讓蕭道成抓住了。

南齊高帝蕭道成，起初是出身寒微的武將，即中國現代歷史學家陳寅恪所說的「次等士族」。他出自蘭陵蕭氏，與日後建立南梁的梁武帝蕭衍有同一個先祖——東晉淮陰令蕭整。捋（按：音同勒）一捋輩分，蕭衍比蕭道成小一輩，算是蕭道成的族侄，他父親蕭順之是蕭道成的心腹，蕭道成在外征戰，蕭順之常為其副將。

從蕭整南渡後，他這一支在東晉和劉宋時期地位不顯，長期定居江、淮一帶，當著不起眼的小官。這是因為在東晉門閥政治中，「上品無寒門，下品無世族」，家族地位至關重要。

後來，京口和廣陵的驍勇之士組成東晉的王牌部隊北府兵。到了東晉末年皇室衰弱時，北府兵出身的猛人劉裕權傾朝野，一舉推翻了東晉，建立劉宋。

蕭道成的人生經歷，與氣吞萬里如虎的宋武帝劉裕相似。他自稱「布衣素族」，也是一個靠軍功起家的名將，年少時就跟著父親上了戰場，多年來為劉宋征戰，打過北魏，平過雍州、湪（按：音同ㄊㄨㄢˋ）沔（按：音同勉）匪患，東征西討，屢屢破敵。

宋明帝廢帝自立後，大將蕭道成歷經二十餘年戎馬生涯，正處於這一政治事件引發的一系列連鎖反應之中。

宋明帝稱帝不久，就爆發了歷時八個月的「義嘉之亂」。這場內亂，本質上是劉宋的皇室成員與宋明帝的皇位爭奪戰。一些高門士族和大臣擁立劉子業的弟弟劉子勛為帝，發動十萬大軍浩浩蕩蕩的向建康進軍，徐州刺史薛安都也起兵回應劉子勛一黨，派兵攻打淮陰（今江蘇淮安）。

劉彧本就是弒君奪位，看似很穩，實際上很慌，只好調兵遣將平定叛亂。在這場內戰中，寒門出身的蕭道成給了宋明帝不少好印象。蕭道成先是被拜為輔國將軍，與其他幾個將領率軍東征，勢如破竹，平定了依附劉子勛的軍隊，之後又在淮陰打敗了猛將薛安都的先頭部隊，並憑藉這一戰功，被封為西陽縣侯。

戰後，捲入叛亂的劉子勛被宋明帝的另一員大將沈攸之斬首。這個年僅十一歲的孩子可能至死都不清楚，自己為何會捲入內戰，他不過是叛臣的棋子罷了。劉子業的其他幾個弟弟，也被他們的叔叔宋明帝一併賜死。

等到叛亂平定，蕭道成已經成了宋明帝眼前的紅人。拜將封侯，是一個武將的至高成就，蕭道成當了這麼多年軍人，總算是「混出名堂」。但正是這場劉宋皇室的內亂，喚醒了埋在他內心深處的政治野心。

義嘉之亂後，宋明帝對蕭道成委以重任。到了泰始三年（西元四六七年），正好需要一員大將出鎮淮陰，到徐州防禦叛將薛安都和北魏大軍。宋明帝就指定了蕭道成。

在此之前，蕭道成沒有屬於自己的地盤，但出鎮淮陰後就不一樣了，他可以收羅招引幕僚，壯大自己的勢力。到了淮陰，他很快得到一筆重要的政治資本——青徐集團。

青徐集團，顧名思義就是青徐一帶的豪強大族。青州，指今山東大部地區以及河北東南部；徐州，指今江蘇長江以北地區以及山東東南部，這個地方「四塞之固，負海之饒，可謂用武之國」。西晉永嘉之亂後，還有很多士族留在北方，青徐之地成為很多河北大姓的安身之處，但多次為北方政權所控制。

東晉末年，鮮卑貴族慕容德帶著一支軍隊南下青、徐，建立南燕。不過南燕政權在青徐還沒站穩腳跟，就因遇到劉裕而被消滅。青徐集團抓住機會投靠劉裕，一直到宋明帝在位時期，都依附劉宋。

正在此時，參與劉宋宗室叛亂的薛安都見打不過蕭道成，便跑到北魏搬救兵，攻陷淮北，遂使「淮南孤弱」。結果，才過了幾年太平日子，青徐集團就丟了家鄉，他們不願投靠北魏，攜宗族部曲，從淮北遷到淮南。這就是蕭道成出鎮淮陰時的局面。

青徐集團夾在劉宋和北魏之間求生存，而蕭道成征戰多年，能力出類拔萃，正好可以當他們的依附物件，於是「青、冀豪右，崔、劉望族，先睹人雄，希風結義」，紛紛投入蕭道成帳下。清河崔氏、平原劉氏等望族都成了蕭道成的幫手，其中有不少能人猛將。至此，蕭道成「作牧淮、兗，始基霸業」。

學者周一良對此評價道：「蕭道成之代宋，即以淮陰為根據。其在淮陰所援引要結者，多為來自北方聚於其地之荒傖，後乃成為建立齊朝政權之武力支柱。」

劉宋皇室鬧劇，蕭道成成了贏家

劉彧不傻，他知道蕭道成在淮陰坐大，會成為威脅中央的地方軍閥，心中難免產生猜疑。為了試探蕭道成，宋明帝特意命人持一盛滿酒的銀壺，前去犒賞蕭道成。

蕭道成身著戎裝，出門迎接使者，可害怕壺中是毒酒，不敢喝，還想借機推辭，心裡的慌張都寫在臉上了。皇帝賜的酒，不喝就是不忠，但皇帝無緣無故賜酒，難保不是毒酒。這使者倒是個好人，看在眼裡，就對蕭道成坦誠相告，並先飲一杯，以證明此酒無毒。蕭道成這才放心暢飲，叩謝皇恩。

使者回到朝中告訴明帝，蕭道成絕無二心。

這下宋明帝就放心了，泰始七年（西元四七一年），他徵召鎮守淮南的蕭道成入朝為官。此時，蕭道成已在淮陰建立根據地，其親信都勸他不要前往。可蕭道成二話不說就同意入朝，還對疑惑不解的部下們說：「主上以為太子幼弱，正在大肆誅殺宗室諸王，這是皇室內部的權力鬥爭，與朝臣無關。如今應該當機立斷，不能在外觀望，不然會引起懷疑。況且骨肉相殘，禍難將興，正是我與諸位戮力（按：合力、努力）同心的時候。」

從蕭道成這番話，可見他已有圖謀篡位的野心。不入虎穴，焉得虎子，他留下蕭衍的父親蕭順之等親信留鎮江北，自己出發前往建康，入朝參與中央政治的爭鬥。

就在蕭道成經營事業的這幾年，宋明帝也許是被迫害多年，受了刺激，當上皇帝後也和他變態侄子一樣荒淫無道，喜好在宮中觀看裸女表演，還大殺朝臣，造成劉宋朝政更加混亂。為了防範自己的兄弟奪權，在殺死那些年幼的侄子後，宋明帝又將屠刀伸向了年長的兄弟，只留下一個資質平庸的弟弟劉休範。

等到泰豫元年（西元四七二年），宋明帝病危時，他的兄弟子侄要麼早已被殺，要麼年少無知，只好將年僅十歲的太子劉昱託付給袁粲、沈攸之等五名顧命大臣。入朝的蕭道成也被任命為衛尉，參掌機要，執掌禁軍。

宋明帝剛一死，劉宋皇室又給蕭道成送上助攻。宗室劉休範、劉景素不滿宋明帝晚年安排的輔政大臣，先後在尋陽、京口起兵造反，卻被蕭道成迅速平定，給了他在朝廷樹立權威的機會。平定叛亂後，蕭道成的個人威望凌駕於其他輔政大臣之上，漸漸變成了專政的權臣。

劉宋皇室這場兄弟鬩牆的鬧劇沒有贏家，如果有，那真正的贏家，就是置身事外的蕭道成。

宋明帝的兒子劉昱（即劉宋後廢帝）為蕭道成所廢，很多人只知道他也是個凶狠殘暴的昏君，卻忽略了這個少年天子被殺時年僅十五歲。

一個十五歲的小孩，能做出什麼危害朝政的事情？

史書記載，劉昱即位後，像他的堂兄和父親一樣充滿了暴力傾向，平時吊兒郎當，經常帶著武器出巡，與隨從傷害路過的行人，甚至連孕婦也不放過，百姓不堪其擾，只好日夜閉戶。

劉昱見蕭道成威名遠揚，好幾次想要借機除掉這個權臣，經常在夜裡窺探他的住所。

有一天夜晚，劉昱打算襲擊蕭道成次子蕭嶷（按：音同逆）居住的青溪宅，蕭嶷知道後，命人在宅中舞刀弄劍、敲鑼打鼓，裝作早有防備的樣子，把劉昱嚇跑了。

還有一次，恰逢天氣炎熱，劉昱突擊蕭道成的住所。蕭道成正在午睡，劉昱想拿他的肚臍眼當箭靶，當即把他叫醒，蕭道成嚇了一跳，用上朝的笏板護住腹部連聲說：「老臣無罪。」從此以後，蕭道成時刻擔心劉昱會誅殺自己，還想過逃出京城。幸虧劉昱的母親陳太妃認為「蕭道成有大功於國」，使皇帝無法加害他，才暫時緩和君臣關係。

蕭齊代宋的歷史大多荒誕不經，劉昱所做的這些事情，確實只有小孩子才幹得出來，完全不像一個皇帝該做的。

蕭道成生命遭到威脅後，與袁粲等輔政大臣祕密商議廢立皇帝之事，他的擔憂也沒有持續太久，其心腹愛將王敬則得知上司的心思，買通劉昱身邊的侍從。不久，他們就把皇帝的人頭丟進蕭道成府內，獻上一份特殊的大禮。

看著小皇帝劉昱的人頭，蕭道成知道，篡位之事可以提上日程了。王敬則弒君後，不僅沒有被問罪，還拿著刀威脅朝中重臣：「一切聽蕭將軍安排，誰贊成？誰反對？」於是，蕭道成以太后的名義，廢被殺的劉昱為蒼梧王，另立安成王劉准為帝（宋順帝）。

劉昱死後，蕭道成又扳倒了袁粲、沈攸之等劉宋重臣，在內外朝都已沒有對手。昇明三年（西元四七九年），他輕易的從宋順帝手中奪取了皇位，稱帝建國，國號為齊，史稱南齊。

以齊為國號是其親信崔祖思的意思，他借讖語「金刀利刃齊刈之」，認為「金刀利刃」就是劉宋的「劉」，而蕭道成稱帝，正是順應天命。

哪有所謂的天命，**蕭道成能夠代宋自立，不過是因為劉宋皇室自相殘殺**，才讓他能贏。劉宋皇室為皇帝的寶座而瘋狂，卻不斷削弱皇權，加劇政局動盪，到頭來都是給他人做嫁衣裳。

齊高帝蕭道成雖是武人出身，卻精通文韜武略，不失為一代明君。

他從劉宋內亂中走上權力之巔，在位四年間，革除劉宋末年的諸多暴政，整頓朝政，安撫百姓，為富國強兵而提倡節儉。

史載，蕭道成「以身率下，移風易俗」，將宮中用金、銅製作的器具全換成鐵器。他自己身上也不戴貴重物品，而將衣服上的玉佩等掛飾取下，命人將其打破。蕭道成經常說：「使我臨天下十年，當使黃金與土同價。」

蕭道成為人寬厚，他稱帝後，有一次與大臣褚思莊、周覆下棋，下了很多局也不感到疲倦。在下棋時，周覆多次壓住蕭道成的手，以免皇帝悔棋。蕭道成是出了名的好脾氣，樂在其中，不曾惱怒。

褚思莊的棋藝在當時是第二品，琅琊人王抗則被稱為圍棋第一品。有一次，蕭道成命王、褚二人下棋，自己在旁圍觀，他們從白天一直下到日落也未分出勝負。蕭道成只好命他們稍做休息，五更時再接著對弈。王抗直接就在旁邊睡著了，褚思莊棋逢敵手，情緒高亢，竟達旦不寐。頭號棋痴蕭道成觀賞著高手過招，也是連連叫好。

南齊走了一遍劉宋滅國路

蕭道成當上皇帝後，擔心劉宋的悲劇再度上演，他臨終時特意囑咐太子蕭賾（按：音同則）：「劉宋皇室如果沒有骨肉相殘，他人豈能乘其衰敝奪取天下，你一定要引以為戒。」

齊武帝蕭賾繼承了其父蕭道成的政策，自宋前廢帝劉子業後，總算有了一次正常的皇位交接。蕭賾也成功延續了南齊初年的治世，開創了「永明之治」。永明年間，「十許年中，百姓無雞鳴犬吠之警，都邑之盛，士女富逸，歌聲舞節，袨服華妝，桃花綠水之間，秋月春風之下，蓋以百數」。

可是，好景不長，蕭道成生前最擔憂的事還是發生了。

齊武帝蕭賾即位時已人到中年，白髮人送黑髮人，太子先於他去世，他只好留下遺詔，讓皇太孫蕭昭業繼承皇位，由蕭鸞等重臣輔政。蕭鸞是蕭道成的侄子、蕭賾的堂兄弟，年幼喪父，由叔叔蕭道成撫養長大，也是個人才，但問題就出在他身上。

蕭鸞獨攬大權，野心勃勃，先後廢殺齊武帝的孫子昭業、昭文兄弟，之後自己當了皇帝，是為齊明帝。蕭鸞有一定的治國才能，他在位時依舊延續蕭道成、蕭賾的治國方針，減輕賦役，戒奢寧儉。

有一次，太官給蕭鸞準備「裹蒸」（按：屬於粽子的一種）作為御膳。這是一道傳統小吃，現在廣東一些地區還有裹蒸粽。蕭鸞看著呈上來的這道菜，卻說：「我吃不完，可以把它分成四份，其餘的我晚上再吃。」

蕭鸞還下過很多頗具人性化的詔令，如在與北魏交戰時，下令「民產子者，蠲（按：音同捐，意思是免除）其父母調役一年，又賜米十斛。新婚者，蠲夫役一年」。

齊明帝的經營表面上看似乎安定繁榮，實則危機重重。作為一個篡位者，蕭鸞為維護皇位採取了最簡單粗暴的方式，即屠殺宗室，特別是殺害齊高帝與齊武帝的後代，完全不顧叔父的養育之恩。

到蕭鸞以權臣之位二度廢立皇帝時，他已用各種理由誅殺高、武二帝的子孫十二人，即位次年，他又誅殺了西陽王等三王，高、武二帝的血脈日夜惶恐，朝不保夕。到了統治後期，蕭鸞還對近臣嘆息道：「我的孩子都還小，高、武二帝的子孫卻逐漸長大成人。」他心狠手辣，說完這句話沒多久，又誅殺了河東王等十王。

據清人王鳴盛統計，齊高帝蕭道成之子、孫及曾孫三世，被蕭鸞所殺的多達二十九人，還有一些年幼的，甚至尚在繈褓者不在統計之列，高帝、武帝子孫幾乎被屠戮殆盡。**南齊皇室重蹈覆轍，再現了劉宋時宗室相殘的慘劇**，蕭道成若泉下有知，不知做何感想。

齊明帝效仿宋明帝的做法，換來了相同的後果。他去世前，兒子都還年少，選擇驕奢淫逸的次子蕭寶卷作為繼承者，沒有才能出眾的宗室大臣作為輔佐。蕭寶卷一通瞎折騰，此後，南齊迅速走向覆亡，成了南朝四代中最短命的王朝，前後只有二十三年。而從南齊末代皇帝齊和帝蕭寶融手中奪取帝位的，正是在南齊內亂中崛起的權臣蕭衍。

在齊明帝大肆殺害宗室時，蕭衍一直在坐山觀虎鬥。當有人與他談論形勢，說起「英雄今何在」時，蕭衍笑說：「漢光武帝劉秀曾說，『安知非僕』。」

風也蕭蕭，雨也蕭蕭，相似的輪回，只用了二十三年的時間就再次上演。

5 北齊，亡於高氏家族的瘋癲

在生命的最後幾個月，一代梟雄、東魏實際控制者高歡拖著病體，率軍十餘萬圍攻西魏的玉壁城（今山西稷山西南）。東魏大軍圍攻了五十天，城就是攻不下來。士卒戰死和病死，竟高達七萬人。高歡內心憂憤，十幾年來，他以數倍於對方的強大兵力，與死對頭、西魏實際掌權人宇文泰打過四、五場大戰，結果敗多勝少，只能眼看著西魏慢慢坐大。

史載，一顆流星墜落在東魏軍營，所有的驢開始長鳴，士卒驚懼。高歡的坐騎也受到驚嚇，失蹄將他摔下馬。

東魏大軍撤退。凜冽寒風中，病倒的高歡回到他的大本營晉陽（今太原）。西魏這時散布謠言，說他們的守城大將韋孝寬射殺高歡，以此瓦解東魏人心。

為了穩定人心，高歡強行拖著病體，公開露面闢謠。在與軍政權貴的見面會上，高歡專門讓手下大將斛律金唱起《敕勒歌》，他自己也跟著唱：

敕勒川，陰山下。
天似穹廬，籠蓋四野。

天蒼蒼，野茫茫。

風吹草低見牛羊。

唱著唱著，高歡老淚縱橫。

一個多月後，這個南北朝時期的梟雄走到生命的盡頭。高歡死時，正好碰上日蝕，他說：「日蝕其為我耶？死亦何恨！」這一年是東魏武定五年（西元五四七年），離中國北方統一還有三十年，離隋朝實現大一統還有三十四年。不過，歷史的凱歌，是以高歡家族建立的王朝覆滅為代價。一切的伏筆，**高歡在世時皆已埋下**。只是他自己並未意識到，**他既是成就家族的那個人，也是埋葬整個家族的那個人**。

高觀花錢交到成就霸業的班底

亂世出梟雄。魏晉南北朝是中國歷史上混亂的時期，也是群雄並起的時期。

西元六二〇年代，隨著六鎮起義擊垮了北魏的朝局，武人集團開始主導歷史的走向。

爾朱榮算是最早得勢的大梟雄，一度控制北魏實權，但最終只成為那個時代的一顆流星。真正影響歷史的「雙子星」——高歡和宇文泰，在爾朱榮麾下冉冉升起，這兩個人後來崛起為割據掌控中國北方的雙子星，也是彼此大半生的勁敵。

雖然歷史最終以宇文泰家族奠基的西魏—北周—隋朝，作為中國大分裂時期的統一出口，但說起來，高歡的發跡比宇文泰更早，實力也比宇文泰強。所以高歡及其家族的故事，本質上是一個攢了一手好牌，卻把一手好牌打爛的故事。

史書說高歡原籍渤海蓨（按：音同佻）縣（今河北景縣），但也有學者說這只是他當年為了結盟河北豪族而「偽冒士籍」，他並非出自漢族，而是鮮卑人或高麗人。

按照正史記載，高歡的祖父高謐，官至北魏侍御史，因犯法流放到懷朔鎮（今內蒙古固陽南）。懷朔鎮是北魏六鎮之一。六鎮是拱衛北魏政權的中堅力量，六鎮武人集團一度地位崇高。但自北魏從平城（今大同）遷都洛陽後，大大降低六鎮拱衛都城的職能，以至於軍將的選派都十分隨意，這埋下了日後六鎮起義的根子。六鎮甚至成為一些被貶謫官員的流放地，高謐就是因此來到了懷朔鎮。

高歡出生時，其家族已在懷朔鎮生活三代，「累世北邊，故習其俗，遂同鮮卑」，成為鮮卑化漢人。高歡有個鮮卑名，叫「賀六渾」。

高歡是六鎮中最底層的人，最早做了一名邊兵，負責城門站崗。他長得帥又有才，但無法升職，因為按照規定，當隊主的條件是，必須擁有一匹屬於自己的戰馬。他家窮，買不了戰馬。不過，家族遺傳的帥氣，成為他的隱形資本。據說他在站崗時，被路過的當地鮮卑豪族女婁氏看上了，兩人很快結婚，而高歡依靠妻子的彩禮買了一匹戰馬，終於當上隊主，實現了社會階層的首次上升。

隨後，高歡成為一名通信兵，在六鎮與都城洛陽之間往返。他的眼界一下子被打開了。

據《北史》記載，高歡有一次從洛陽回到懷朔鎮後，「傾產以結客」。親友對他突然散財結交朋友的做法表示不解。高歡卻說：「我在洛陽正好遇見禁軍造反，直接燒了他們頭兒的宅子，朝廷吭都不敢吭一聲。這樣的朝廷，還有希望嗎？守著財物，又有何用？」敏銳的高歡從一起動亂，預見了北魏的末路。史書說他從此有澄清天下之志。

很快，「輕財重士」的高歡結交了許多同階層的朋友，打造了一個前途無量的朋友圈。這些人跟他一樣，都是懷朔鎮的低級軍官或官吏，但他們相互期許，「苟富貴，勿相忘」。只要軍中無事，他們便聚在一起，或飲酒高論，或外出狩獵，儼然是一個小集團。

他們中有司馬子如、劉貴、賈顯智、孫騰、侯景、尉景、蔡俊等人，後來基本成為高歡成就霸業的左臂右膀，被稱為「高歡七友」。

高歡的軍事集團，演戲得來的

北魏正光五年（西元五二四年），六鎮起義爆發，北魏的權力格局重新配置。

高歡隨著六鎮降戶進入河北地區。北魏鎮壓六鎮起義後，將六鎮子弟二十餘萬人遷入河北地區，以便控制，但實際上整個局面已經失控。

在群起的杜洛周、葛榮、爾朱榮等武人集團中，高歡經過劉貴的推薦，最終選擇投奔爾朱榮。

爾朱榮第一次見到高歡，對這個僅比自己小三歲的破落子弟並無好印象。直到有一次，高歡跟著爾朱榮去馬廄，正好有一匹烈馬在裡面搗亂。爾朱榮讓高歡把它馴服。高歡三兩下就把烈馬整得服服貼貼，技法從容嫻熟，完了還對爾朱榮說：「對付惡人，也得這麼辦。」

爾朱榮頗為震驚，開始意識到高歡是個高人，遂將他請入室內，讓他發表時事觀點。

高歡問爾朱榮：「您養這麼多馬，究竟想幹什麼呢？」

爾朱榮說：「你只管說出你的意思。」

高歡說：「如今天下大亂，但這正是您的時機。您只要打出『清君側』的旗號，以討伐嬖臣的名義起兵，霸業可舉鞭而成。」

爾朱榮大悅。兩人從中午談到半夜。

自此，高歡成為爾朱榮的首席軍師和心腹。爾朱榮曾公開表示，能代替他統領全軍的人，唯有賀六渾（高歡）。在爾朱榮稱霸北方的過程中，高歡與他的舊友出了很大的力氣。爾朱榮的勁敵葛榮，就是被高歡的好友侯景生擒的。

北魏永安三年（西元五三〇年）九月，爾朱榮僅帶著貼身隨從入洛陽，遭北魏孝莊帝派人刺殺而死。一代梟雄死後，他的軍隊由其堂侄爾朱兆掌握。

但高歡已經不想再替爾朱家族「打工」。他要自己拉軍隊「創業」。

他瞄準葛榮戰敗後被爾朱榮收編的軍隊。這支軍隊以懷朔鎮人為主，雖然歸降了爾朱榮，但經常受爾朱家族的嫡系兵欺侮。爾朱榮死後，高歡一方面以同鄉關係號召，另一方面詐稱「爾朱兆要把你們當奴隸」，驚慌之下，這支軍隊集體奉高歡為主。

剛剛縊死孝莊帝、掌握北魏朝政的爾朱兆，對造反成癮的六鎮降兵頭疼不已，就向高歡問計。高歡趁機說：「您只要選一個心腹之人去統領六鎮降兵，再有叛亂發生，拿將領問罪就好，不能每次都殺掉大批士兵。」

爾朱兆問，誰能當好這個統領呢？

當時一起在座飲酒的將領賀拔允趕緊表示：「我覺得高歡挺好的。」

高歡佯裝大怒，起身一拳打得賀拔允門牙落地，大罵道：「太原王（爾朱榮）在世時，說怎麼樣就怎麼樣，現在太原王死了，天下事都聽大王（爾朱兆）的。你是什麼東西，大王沒發話能輪到你說三道四！」

爾朱兆很感動，趁著酒勁宣布高歡為六鎮降兵的統帥。

高歡心中大喜，擔心爾朱兆酒醒後反悔，於是趕緊衝出大營對眾人宣布：「我受命統管六鎮降兵，都到汾東受我號令。」

在極短的時間內，六鎮降兵集結到高歡麾下。

自此，高歡終於白手起家，擁有一支屬於自己的軍隊。

但高歡要脫離爾朱兆並與之對抗，實力還太弱。他採取的辦法是跟河北地區的豪族結盟。當時的河北豪族，比如渤海高氏、趙郡李氏、范陽盧氏等，都有自己的私人武裝，用於亂世中自保。這些豪族武裝在動盪的年月裡，逐漸發展為社會秩序的整合和穩定力量。

高歡出滏口（滏口陘，太行八陘之一，位於今河北邯鄲峰峰礦區）時，號令部下「倍加約束，纖毫之物，不聽侵犯」。路過麥田，他親自牽著戰馬步行，眾將士見此，無不恪守軍令，所過之處，秋毫無犯。這些細節，跟爾朱家族治軍的粗暴，以及對漢人的仇視，形成了鮮明的對比。高歡因此獲得渤海高氏、趙郡李氏兩大豪族的青睞，與河北豪族武裝的結盟初步形成。

在創業過程中，高歡整合了婚姻、朋友、鄉里、聯盟等多種力量，慢慢攢了一手好牌，組建起自己的政治軍事集團。隨後，正式與爾朱氏決裂。

經過兩場決戰，北魏永熙二年（西元五三三年），爾朱兆兵敗自殺，控制北魏朝政多年的爾朱氏徹底垮臺。高歡親自厚葬爾朱兆。此前一年他已進入洛陽，擁立新帝，也就是北魏孝武帝元脩。孝武帝即位後，封高歡為大丞相、太師。北魏大權事實上已掌控在高歡手中。這一年，高歡三十七歲，霸業成了。

高歡勢力比宇文泰強，為什麼會輸？

對高歡而言，接下來的歷史只是自己建立霸業的餘波罷了。

高歡視孝武帝為傀儡，孝武帝卻視自己為真正的君王，雙方的矛盾一觸即發。

北魏永熙三年（西元五三四年），孝武帝假稱南伐梁朝，頻繁調兵遣將。高歡聽到風聲，感覺不妙，迅速調集二十萬大軍，也以南伐梁朝為藉口，從晉陽向洛陽進軍。

孝武帝無力抵抗，倉促投奔關中，成為宇文泰藉以自立、對抗高歡的一張政治底牌。而當孝武帝的政治功能完成之後，第二年年初就被宇文泰鴆殺了。或許他至死才明白，**宇文泰是一個隱藏得更深的高歡**。

在此期間，高歡和宇文泰先後另立元氏皇族成員為帝，北魏分裂為東、西兩魏。

高歡選擇的是年僅十一歲的元善見——北魏孝文帝的曾孫，立他為孝靜帝，並從洛陽遷都鄴城。這一下，孝靜帝成了真正的傀儡皇帝，軍國政務皆歸晉陽大丞相府。

爾朱榮最初就以「太原王」身分坐鎮晉陽，遙制朝廷。高歡繼承了爾朱榮的政治遺產，繼續將表裡山河、易守難攻的晉陽作為政治軍事基地。與此同時，他把六鎮軍士從河北遷到并州、汾州一帶，用於拱衛晉陽。高歡本人長期居住在晉陽，只派心腹在鄴城管理朝政。他和兒子高澄，在晉陽開啟了長達十六年的霸府統治。

有史學家認為，鄴城—晉陽兩都制，表現了保持權威的舊王朝與新興的軍閥勢力並存的狀態。高歡父子的霸府統治過程，就是一個以權力持續克服舊權威，並不斷強化新權威，從舊政權中逐漸生成新政權的過程。

不過，如同曹操和司馬懿一樣，高歡也只是做到了無冕之王，並沒有觸碰伸手可及的改朝換代工作。而捅破那一層窗戶紙，是由其兒子來完成的。

高歡控制東魏後的主要精力，都放在怎麼吞併老對手宇文泰控制的西魏上。這一野心勃勃的計畫，卻遭遇了西魏強有力的抵抗，毫無進展。十多年間，在雙方正面交手的四、五場大戰中，東魏徒然占據兵力和國力優勢，卻敗多勝少，眼看著西魏一步步上演以小博大的戲碼，甚至在高歡死後三十年，高齊反而被宇文周吞滅，為什麼？

分析高氏家族，高歡時期就給東魏—北齊埋下了兩顆雷——民族矛盾與腐敗問題。

創業之初，高歡為了發展壯大，與河北豪族結盟，並採取了一些民族融合的措施。但當東魏政權穩定的控制河北地區之後，高歡轉而抑制漢族豪強，使得河北世家大族在東魏—北齊政壇上只能充當配角。這與宇文泰在關中吸納本地豪族打造關隴軍功集團，締建多民族共同體的做法，形成了強烈的對比。

同一個時代的兩大梟雄，在對待鮮卑化與漢化的根本態度上，決定了誰能最終被歷史揀選中。

高歡當然清楚，在那個年代，**民族矛盾可以決定一國的存亡**。所以在實際的統治過程中，他總以

「兩面派」的形象來調和民族問題。

號令軍士時，對著六鎮鮮卑人，他就說：「漢民是汝奴，夫為汝耕，婦為汝織，輸汝粟帛，令汝溫飽，汝何為陵之？」對著漢人，他就改口：「鮮卑是汝作客，得汝一斛粟、一疋絹，為汝擊賊，令汝安寧，汝何為疾之？」

事實上，這種「巧妙」的姿態，不能掩蓋高歡軍事政治集團利用與歧視漢人。史載，在東魏北齊，「鮮卑共輕中華朝士」。

高敖曹出身渤海高氏豪族，以勇猛善戰聞名，被高歡委以大都督之職。但在鮮卑化色彩濃重的東魏政壇上，高敖曹常常感覺不自在。某日，「高歡七友」之一的劉貴與高敖曹在一起，有人進來稟報說，治河溺死了很多人。劉貴回了一句：「一錢漢，隨之死（漢人不值一個錢，死了就死了）。」高敖曹聞言大怒，拔刀要砍劉貴。劉貴嚇得跑出軍營，在侯景等人解圍後，事情才平息下來。

高歡自己也不信任漢人，對待高敖曹亦不放心，怕他的軍隊中全是漢人，刻意給他安排千餘鮮卑兵。臨死前，他特別跟兒子高澄交代，誰是鮮卑人，誰是敕勒人，這些人「終不負汝」，而誰是漢人，這些人可能有異心。

高歡將他封閉式的民族理念，傳給下一代，使得東魏北齊的鮮卑化違背了民族融合的大勢，在持續不斷的內鬥中走向了終點。

腐敗也是高氏家族政權敗亡的催化劑，而高歡生前縱容並見證了貪腐的彌漫。

史載，高歡本人不尚綺靡、雅尚儉素，他的刀劍鞍勒，絕無金玉之飾。但當年跟著他一起「創業」的人，卻沒有這種自制力。在霸業既成之後，這些人成為勛貴，貪賄聚斂、荒淫敗德、賣官鬻爵

（按：收受賄賂，出賣官爵，以斂取財物。鬻，音同玉），如同家常便飯。《資治通鑑》記載，「孫騰、司馬子如、高岳、高隆之，皆（高）歡之親舊，委以朝政，鄴中謂之四貴，其權勢熏灼中外，率多專恣驕貪」。

尉景是高歡七友之一，也是高歡的姐夫。此人極為貪婪，不管在中樞還是在地方，都索賄成性，毫無廉恥之心。高歡每每提醒他不要太過分，尉景充耳不聞。

有一次，高歡與幾位親戚聚會。席間，高歡的妹夫厙狄干突然請求擔任御史中尉。當時厙狄干已官至太保、太傅，高歡問他為何要去當如此小官。厙狄干說，要捉拿尉景治罪。高歡一笑了之。

然而，面對高歡的勸誡，尉景總是振振有詞：「我止人上取，爾割天子調。」你連皇帝的整個天下都「貪」了，我貪這點根本不算什麼。一句話懟得高歡只能笑而不答。

眼看著東魏的風氣被這些功臣勛貴帶壞，而高歡卻睜一隻眼閉一隻眼，朝廷上的有識之士嗅到危機。杜弼向高歡陳述反腐的必要性，希望能夠引起重視。

誰知道高歡擺出一個刀槊陣，兩邊的士兵舉著刀、槊，引著弓，命令杜弼從中間穿過。杜弼走了一遭後，嚇得汗流浹背。高歡大笑，說：「矢雖注不射，刀雖舉不擊，槊雖按不刺，爾猶亡魄失膽。諸勳人身犯鋒鏑，百死一生，雖或貪鄙，所取者大，豈可同之常人也。」

在高歡看來，勛貴貪腐都是他們冒著生命危險打天下後應得的回報。他只要求勛貴們對他和他的家族保持政治忠誠，其他一概放寬不管。

不僅如此，高歡還有一個縱容貪腐的理由。他曾對杜弼說，貪腐是歷史遺留問題，現在三國分立，自己如果厲行反腐，就會逼得功臣宿將們都去投奔關中的宇文泰，或南方的蕭衍。

從高歡為貪腐辯護的這番理論來看，他雖然稱得上是一個權謀家，但想在亂世中白手起家實現霸業，他的政治視野還是十分有限，治理國家的能力比較欠缺，做一個國家的領導人也有待提升。高歡長期戰鬥在一線，以外戰掩蓋內憂，然而，他的兒子們很快就要面對他遺留下來的國家亂局。

英雄天子替父完成改朝大業，然後成為禽獸王朝

東魏武定五年，五十二歲的高歡病逝。他的長子高澄以大將軍、大行台的身分，控制東魏政權。不過，權力在傳到第二代的過程中，並不太順利。

高歡臨死前就預見了侯景可能會叛亂。作為「高歡七友」之一，侯景對高歡一直服服貼貼。高歡也十分信任這名猛將，「使擁兵十萬，專制河南」，讓他專心地用兵西魏。史書說，高歡給侯景寫信，用的文句像加了密碼，只有他們兩人能讀懂。

但侯景服高歡，卻不服高歡的兒子。

在雙方失去互信的基礎後，侯景率軍投降梁朝，並與梁朝組成聯軍反攻東魏。

高澄不愧是高歡的兒子，或者說，高歡的兒子們都遺傳了高歡的權謀天才。在形勢十分不利的情況下，高澄用一記反間計，就瓦解侯景與梁朝的關係，並成功將侯景這股禍水引向梁朝，最終，梁朝爆發了震動南北的「侯景之亂」，梁朝日薄西山，東、西魏則趁勢而起。

高澄穩定局面後，加緊代魏自立的步伐。

東魏武定七年（西元五四九年），高澄到達鄴城，與親信密謀禪代事宜。誰知道歷史跟他開了一

個大大的玩笑，就在代魏自立萬事俱備的時候，政治天賦極高的高澄被一個廚子（膳奴）刺殺了。

高澄被刺，高氏家族的霸業可能遭遇顛覆。這時，從小被家族成員當作「傻子」的高洋出手了。

高洋是高澄的弟弟。與高澄從小就表現出過人的智慧不同，高洋顯得很愚笨，常常遭到高澄的恥笑。連他們的母親婁昭君都瞧不起高洋，後來聽到高洋也要謀魏自立，公開表示反對：「汝父如龍，汝兄如虎，尚以人臣終，汝何容欲行舜、禹事？」

只有高歡生前看出高洋與眾不同，曾對人說：「此兒意識過吾。」

高洋被推到前臺後，瞬間像換了一個人似的，鎮定老練，連放幾個大招，一舉穩住東魏政局。

安定人心——高洋祕不發喪，隱瞞高澄已死的真相，對外宣稱高澄只是受傷而已。

控制晉陽——在平叛、處理刺客之後，高洋留下親信鎮守鄴城，自己帶隊趕赴晉陽，將東魏的政治軍事基地牢牢控制在手中。

更改政令——到達晉陽穩定政局之後，高洋立即召見晉陽的舊臣宿將，並宣布調整高澄執政時一些不合時宜的政策，借此樹立個人權威。

孝靜帝原想著高澄已死，天意要重振元魏威權。結果來了更狠的角色，一下子被鎮得死死的。

儘管高洋的母親婁昭君反對兒子行禪代之事，但高洋還是在掌權的第二年，即東魏武定八年（西元五五〇年）登上皇位，成為歷史上飽受爭議的齊文宣帝。從北魏永熙二年高歡控制北魏朝政算起，歷經兩代三人十七年的努力，高氏家族終於取代元氏家族，建立起北齊王朝。

建立高齊王朝後，高洋表現出驚人的政治和軍事能力。他實行一系列改革，「留心政術，以法馭下」，極大的加強皇權，並在制度、法律、經濟等方面都有所建樹。他重新整頓軍隊，挑選勇敢善戰的鮮卑男兒充當中央宿衛軍，由他本人親自指揮；又從漢人中挑選勇武絕倫之人，充任邊防軍。

北齊立國不久，宇文泰率兵東渡黃河，高洋率領他親手組建的新軍迎戰。史載，宇文泰望見北齊軍容嚴盛，驚嘆說：「高歡不死矣！」此後，北齊的軍事力量一度超過了西魏、北周。

到此時，所有人才發現，他們眼中的那個傻子其實不傻，就政治才幹而言，高洋不在高澄之下；而就忍辱負重、韜光養晦等政治性格涵養來說，高洋則明顯強過高澄。所以，父兄未竟的改朝換代大業，在高洋手上才最終完成。

不過，在將北齊帶到一個高度之後，這個被稱為「英雄天子」的開國皇帝徹底放飛自我，將家族和人性的惡釋放了出來——縱慾、亂倫、酗酒、濫殺、內鬥，連同高歡遺留的民族矛盾和貪腐成風，所有問題一起爆發，使得**北齊**成了歷史上臭名昭著的「**禽獸王朝**」。

高氏的瘋顛，亡了國家

高洋前後在位十年，後期做了許多荒唐惡事，以至於唐代史學家李百藥在《北齊史》中說，高洋是淫暴之君。

現在的一些史學家則指出，高洋前後的反差，可能源於高歡家族的精神病。不僅是高洋，北齊幾乎所有的皇帝都有類似的病態表現。具體來說，高歡家族的精神氣質表現為尚武好俠、嗜酒好色、智商較高、情商欠缺等。

高歡的子孫都具有卓越的軍事才能，高洋就經常在戰場上衝鋒陷陣，身先士卒，表現十分勇猛。

但他也傳承父親愛喝酒的基因。高歡「少能劇飲」，他的自制力很好，做大事之後，飲酒必不過三杯。而高洋經常縱酒肆欲，到他統治晚期竟只喝酒不吃飯，最後飲酒過度而暴斃，年僅三十四歲。

從史書記載來看，高洋酒後往往表現出嗜殺和亂性等行為，史學家認為這是精神病發作的表現。比如，高洋酒後藉故殺掉北齊重臣杜弼和高德政。這中間還摻雜著民族矛盾問題，杜弼、高德政都屢次諫言高洋，「治國當用漢人」，而整個高氏家族和鮮卑勛貴一直輕視和壓制漢人，因此對此類諫言十分惱怒。而在酒醒後，高洋總是對自己的濫殺後悔不已。這種於事無補的後悔心情，恰好可以說明他有精神分裂症。

酒色一體，淫亂也是高歡家族的一種病態。高歡本人除了婁昭君和柔然公主算明媒正娶之外，他在控制北魏朝政後，先後娶了北魏孝莊帝皇后大爾朱氏、建明帝（長廣王）皇后小爾朱氏、魏廣平王妃鄭大車、任城王妃馮氏等元魏宗室后妃。

在這方面，高歡的兒子們比其父有過之而無不及。

高澄先後與父親高歡的兩個妃子私通。十四歲時，與父親的妃子鄭大車私通，差點遭到廢黜；後又與父親的妃子柔然公主私通，並生下一女。他還曾強姦東魏大將高慎的妻子，造成高慎叛逃西魏，並引發東、西魏之間的邙山大戰。

不僅如此，高澄還多次調戲並姦汙二弟高洋的妻子李祖娥。

此事極大的刺激了高洋，故而高洋稱帝後，公然強姦高澄的妻子元氏，更直言不諱：「吾兄昔奸我婦，我今須報。」

同樣的事，高歡的另一個兒子、北齊第四任皇帝高湛也做過。高湛在位期間，逼姦二嫂李祖娥，威脅她說：「若不許，我當殺爾兒。」李祖娥為了保護兒子，只好順從。此外，高湛還姦汙齊孝昭帝高演的皇后、六嫂元氏。

僅高歡父子兩代人之間，亂倫之事已經頻發。

更變態的是，高洋、高湛還曾聚眾淫亂。

史載，高洋曾將「高氏女婦無親疏，皆使左右亂交之於前」。高湛在位期間，則曾把高洋的嬪妃以及幾個功臣的女兒全部招入宮中，公開宣淫。

一直以來，史學家嘗試著解釋高氏皇室的亂倫淫蕩行為。通常認為，高氏家族自認為鮮卑人，並對漢化改革十分排斥，因而其觀念中沒有儒家文化所宣揚的綱常倫理，反而視娶弟媳、納寡嫂等鮮卑民族習俗為正常之事。另外，高氏家族可能存在的家族遺傳病，導致了他們的性格缺陷，容易做出正常人難以理喻的病態舉動。

而隱藏在縱酒與淫亂的背後，是這個家族內部的無情與殺戮。

高歡在世時，即在有意無意之中，對自己的兒子們進行無情而冷酷的權術訓練。當他病重時，看到高澄面有憂色，便問為什麼？高澄還沒回答，他又問，是不是擔心自己死後，侯景要叛亂呀？高澄竟答，是。父子之間，關心政治權鬥甚於人倫親情。

高洋建立北齊後，面臨著跟他哥哥高澄一樣的困局：既需要宗室成員與懷朔勛貴來維持軍政統治，又擔心這些人的權勢膨脹會對皇權構成威脅。

高洋執政後期的一項主要工作，便是對宗室諸王進行重點打壓，希望為自己的兒子繼位掃清障礙。他先後以各種理由逼死了自己的族叔、清河王高岳，以及自己的兩個弟弟，上黨王高渙和永安王高浚。

北齊天保十年（西元五五九年），高洋暴斃後，他的兒子高殷繼位。第二年，高殷的兩個叔叔高演和高湛便聯合懷朔勛貴斛律金等人發動政變，廢掉了高殷。而他們政變的理由，依然是打著民族分野的旗號，說擔心弘農楊氏出身的輔政大臣楊愔獨擅朝權，威脅到鮮卑人的利益，所以直接將其誅殺。

但一旦高演、高湛分別上臺執政後，他們又都紛紛起用士族或出身寒微之人，來對皇族宗室和懷朔勛貴形成牽制，強化皇權。

在一輪又一輪的內鬥中，宗室和勛貴遭到屠戮。

北齊河清二年（西元五六三年），齊武成帝高湛殺掉高澄長子、河南王高孝瑜。

北齊天統二年（西元五六六年），高湛又殺掉高澄第三子、河間王高孝琬。

北齊天統四年（西元五六八年），高湛跟其兄高洋一樣，因酒色過度而死。

三年後，北齊武平二年（西元五七一年），他的兩個兒子——繼位的齊後主高緯與琅琊王高儼，在各自勢力的支持下兵戎相見，最終高儼兵敗被殺。

北齊武平三年（西元五七二年），在祖珽、陸令萱等親信的慫恿下，高緯誘殺了懷朔勛貴中最有權勢的斛律光，並以謀反之名，將斛律光滅族。

北齊武平四年（西元五七三年），高氏皇族最後的名將、蘭陵王高長恭，因說了一句「國事即家事」，引起高緯的猜忌，隨即賜毒酒命其自殺。

三年後，北周集全國之力攻打北齊。早已自毀長城的北齊，在決戰中一敗塗地。

北齊承光元年（西元五七七年），立國二十七年的北齊亡國了，北周統一中國北方。四萬戶鎮守晉陽的北齊勛貴子弟家族，被北周迫令移至關中，顯赫一時的高氏家族連同懷朔勛貴集團，隨後消失在歷史的煙雲中。

接下來的三百年，無論朝代如何更替，由宇文泰家族打造的關隴軍功集團始終主導中國的政局。與此形成對比的是，高歡家族及其軍政集團完全淡出了歷史舞臺，只在唐詩中以淫亂亡國的負面形象出現過，如李商隱《北齊二首．其一》：

一笑相傾國便亡，何勞荊棘始堪傷。
小憐玉體橫陳夜，已報周師入晉陽。

這首名詩諷刺的是齊後主高緯在荒淫無邊時，北周的軍隊已經攻破了北齊的軍政中心、高氏家族的老巢晉陽。

詩歌何其諷刺，歷史何其荒誕。

6 陳霸先：被遺忘的一代霸主

在遙遠的嶺南，南梁大將陳霸先迎奉宗室蕭勃為廣州刺史，召集地方將士起兵勤王（按：指君王有難，臣下起兵救援君王）。但蕭勃只想看戲，不斷勸阻陳霸先帶兵北上。

陳霸先卻說：「君辱臣死，誰敢愛命？」他帶領將士們翻越大庾嶺，擊敗了蕭勃在南野（今江西南康）攔截的軍隊，沿贛江北上，與湘東王蕭繹部下王僧辯的西路大軍會師，對侯景叛軍展開反擊。

南朝歷來有寒門逆襲的傳統，宋武帝劉裕原本是平民出身的北府兵軍官，齊高帝蕭道成也是當兵出身，梁武帝蕭衍與蕭齊同宗，祖上是永嘉南渡的次等士族。這幾個開國皇帝，都是在立下大功後，以權臣的身分奪取皇位。身處戰火之中，陳霸先或許可以隱約的感覺到，屬於他的時代到來了。

漢末以來三百多年亂世進入終章，而陳霸先將要開創的王朝，會完成南朝最後一個歷史使命。

從跑腿官變成督七郡諸軍事的大官

出身寒微的人，往往需要貴人相助。

陳霸先的成名之路離不開一個叫蕭映的官員，這個人是南梁宗室。

新喻侯蕭映是梁武帝的侄子，他在陳霸先的出生地吳興（今浙江湖州）當過太守，十分器重家境貧寒的陳霸先，曾說：「此人方將遠大。」意思是，這個小夥子一定會有遠大前程。

陳霸先年輕時未必有鴻鵠之志。他起先在家鄉當里司，是一個不起眼的小官，後來陳霸先想外出闖闖，跑去建康當油庫吏。再後來是給蕭映當祕書，負責傳令，就這樣熬到了快四十歲。

古人云，三十而立，四十不惑。

根據記載，陳霸先「涉獵史籍，好讀兵書，明緯候、孤虛、遁甲（以上皆為方術用語）之術，多武藝」。

南北朝時，吳越之地仍以好勇尚武著稱於世，當一個跑腿的小吏註定不是陳霸先的歸宿。南梁大同六年（西元五四〇年），蕭映出任廣州刺史，三十八歲的陳霸先毅然跟隨他到嶺南。前半生碌碌無為，後半生依舊可以奮發，但成功的前提是找對方向。

陳霸先彷彿是為戰場而生。他到廣州後不久，交州（治所在今越南河內）土豪李賁起兵反梁，控制整個北越地區。在家拜佛的梁武帝突然聽到南邊亂了，趕緊讓坐鎮廣州的蕭映等人發兵平叛。但蕭映連自己部下都鎮壓不住。他接到命令後，不顧手下將領秋後發兵的建議，在瘴癘肆虐的春夏季節出兵，結果導致梁軍慘敗，死者達六、七成，負責的主將還被朝廷賜死。

南梁將領周文育、杜僧明聽說此事，不滿上司與戰友們被處罰，發動兵變，包圍廣州城。這兩位都是猛人。

周文育原名項猛奴，是個精通水性的浙江人，早年跟隨義父周薈從軍，在南梁名將陳慶之手下當過先鋒。在討伐外族時，周文育一日之中大戰數十回。看到周薈戰死後，周文育拚死奪回義父屍體。

杜僧明也是廣州軍中的一員猛將，他與周文育掀起譁變，一天就召集了數萬人。

蕭映躲在城裡不敢出來，只能寄希望於他的小老弟陳霸先帶兵來救。

誰也沒有想到，初出茅廬的陳霸先竟然立下奇功。他僅帶三千精兵火速救援，一戰就解除了廣州城下之圍，擊潰數萬叛軍，俘虜了周文育、杜僧明二將。這兩人都對陳霸先佩服不已，被赦免後轉投其帳下，成了陳霸先的手下。

梁武帝聽說陳霸先在廣州之戰的表現後也大加讚賞，特意派畫師到前線畫下陳霸先像，送回宮裡，看看這小將到底長什麼樣。

不久後，蕭映在廣州任上病逝。陳霸先親自護送恩人靈柩回建康，之後繼續討伐交州叛亂，經過三年苦戰除掉了李賁為首的地方分裂勢力，官位不斷提升。

到侯景之亂前夕，陳霸先已經身兼督七郡諸軍事的軍職。他的上司蕭勃只想龜縮廣州、擁兵自重時，陳霸先不顧反對，帶著自己的弟兄踏上了北上平叛的征途。

歷史證明，這也是一次正確的決定。

以少勝多，霸先的精準軍事策略

南梁大寶二年（西元五五一年），陳霸先率領廣州義兵組成東路平叛大軍，與統領荊州軍的大都督王僧辯會師。

一如北朝高氏與宇文氏的恩怨情仇，陳霸先與王僧辯的反目成仇也為人津津樂道。

起初，王陳聯軍一同討伐侯景時，王僧辯對這支來自嶺南的邊防軍心存忌憚，不敢輕易信任陳霸先，不知他是不是又一個侯景。

陳霸先及時化解了雙方矛盾，他北上時帶了軍糧五十萬石，正好當時西路各軍缺糧草，他為打消王僧辯的疑慮，主動贈送三十萬石軍糧給西路軍。眼看陳霸先這麼仗義，王僧辯也就放心了，他們設壇盟誓，定下盟約，共同討伐叛臣侯景。

侯景一黨本就是烏合之眾，靠著南梁內訌才殺進建康，當然打不過王、陳二人的精銳部隊。建康被聯軍收復後，侯景帶著心腹從滬瀆（今上海）乘船下海逃走。昔日為梁武帝死守臺城的名將羊侃之子羊鵾（按：音同運）混入其中，半路上趁侯景睡覺時，騙船員說這邊的路他熟，然後指揮船隊朝著岸上開。他是為了報仇而來的。

等到侯景醒來一看，船根本就沒出海，他正驚問何故，就被羊鵾一刀砍了。史載，侯景死後，暴屍於建康街市。

侯景叛亂引發的連鎖反應，卻還未結束。

平定侯景之亂後，陳霸先與王僧辯共同擁立荊州刺史、湘東王蕭繹為帝，是為梁元帝。

梁元帝是梁武帝的第七子，也是王僧辯的上司，坐鎮江陵（今湖北荊州），擁兵十餘萬，大臣們叫他回建康即位，他就是不回去。

他除了整日讀書，就是忙著殺自己的兄弟、侄子，戰戰兢兢的守著皇位，最終引火焚身。梁元帝僅僅當了兩年皇帝，南梁承聖三年（西元五五四年），西魏宇文泰派大軍攻陷江陵，俘虜了蕭繹。陳霸先的兒子陳昌當時在江陵為官，與城中士民一同被擄至長安。

之後，宇文泰扶持梁元帝的侄子蕭詧（按：察的異體字）在江陵建立了一個占地不過三百里的「西梁」傀儡朝廷，淪為階下囚的梁元帝不久就在侄子的辱罵聲中被活活悶死。

這個皇帝敗亡前幹了一件缺德事：梁元帝平生博覽群書，收藏有古今圖書十四萬卷，與後世的李後主、宋徽宗屬於同類。最後被西魏軍打敗時，他卻說：「我讀書萬卷，竟還會有今日！」於是下令焚書，許多珍貴的典籍毀於此次災難。

梁元帝被俘遇害後，機會擺在陳霸先與王僧辯這兩名軍事實力最強的南梁大將面前，但此時他們卻因此分道揚鑣，並將南梁徹底推向滅亡。

當時，陳霸先與王僧辯商議後，準備迎立梁元帝的第九子蕭方智（梁敬帝）為帝，但北齊（東魏已為北齊禪代）的皇帝高洋不滿宇文泰占了南梁一大片土地，也想分一杯羹，於是派人護送之前俘虜的梁武帝蕭衍之侄、貞陽侯蕭淵明回建康即位，以便控制南梁政權。

由此引發了一場皇位爭奪戰，南梁朝廷分成兩派，打得不可開交。

王僧辯權衡利弊後，認為依靠強大的北齊更有利，決定將蕭淵明迎到建康，推舉他為帝。

如果蕭方智即位，陳霸先與王僧辯輔佐，南梁將作為一個獨立政權繼續存在；如果是蕭淵明即位，南梁可能就跟西梁一樣淪為北朝的附庸，北齊這如意算盤打得倒是挺好。

高洋插一腳，直接就讓陳霸先、王僧辯的聯盟走向分裂。

陳霸先帶兵鎮守在京口（今江蘇鎮江），表面上接受蕭淵明的封賞，暗地裡卻在謀劃兵變，他散盡家財，將彩綢、金銀分發給將士，以鼓舞士氣，隨後趁王僧辯不備時果斷發兵，水陸並進突襲建康，廢黜蕭淵明，絞殺王僧辯，再次擁立十三歲的蕭方智為帝，並控制了都城。

之後，陳霸先給北齊送去一封信，痛訴王僧辯之罪是「請稱臣於齊，永為藩國」。

直到此時，陳霸先終於成為南梁一人之下、萬人之上的權臣，他自任尚書令、都督中外諸軍事以及揚、南徐二州刺史。但事實上，當時南梁朝廷實際掌握的州郡相當有限，都城建康腹背受敵，北有宇文、高兩家勁敵，南有各地刺史、太守不服陳霸先，起兵作亂。

南梁紹泰元年（西元五五五年），陳霸先控制南梁朝廷後，堅守建康城，在北齊與南梁各路軍閥的圍攻下苦戰了二百二十多天，其間南、北、東三面被圍，退無可退。

陳霸先頑強的抗爭，他派出猛將周文育、侯安都等率騎兵突擊，不斷騷擾北齊軍的補給線；利用南方兵士擅長水戰的特點，派三千精兵暗渡長江，繳獲了北齊軍一百多艘戰船與軍資器械；自己也親率鐵騎，出城襲擊北齊軍營寨。

陳霸先與城外圍困的大軍繼續相持，拖到了第二年春夏的梅雨季節，連日大雨使城外積水過膝，北齊與其他各路軍的士兵腳趾都泡爛了，而陳霸先卻命令城中士兵輪休，養精蓄銳。陳霸先的侄子陳蒨（陳文帝）雪中送炭，為圍城中的將士送來了三千斛米、一千隻鴨，讓士兵們填飽肚子。

在三面圍城的困境之下，陳霸先與各路大軍苦戰近一年，形勢終於逆轉，陳霸先及時出兵，圍攻北齊軍營寨，斷其汲水道路，迫使北齊與他議和，之後分兵出擊，將起兵的南梁刺史、郡守各個擊破，最終以少勝多，擊潰了圍攻建康的各路軍隊。

至此，陳霸先才真正掌握南梁的權柄。南梁太平二年（西元五五七年），陳霸先逼迫梁敬帝禪位，自立為帝，史稱陳武帝，建立南陳政權。**南陳**，是南朝的最後一個朝代，也是**中國歷史上唯一一個以皇帝姓氏作為國號的王朝**。

陳霸先不只善待百姓，也對敵人仁慈

明人歸有光評價陳霸先時說：「江左諸帝，號為最賢。」陳霸先與宋武帝劉裕、齊高帝蕭道成等一樣都是馬上得天下，掌權後再篡奪皇位，卻是一位以文治國的賢君。

陳武帝即位時，侯景之亂後的江南依舊千瘡百孔，四方動亂，百廢待興。因此，陳霸先施行仁政「寬政廉平，愛育為本」，其在位的短短三年內鞏固政權，恢復江南經濟，政務上崇尚寬簡，除非緊急軍情，絕不輕易下達嚴苛政令。

陳霸先即位後，下詔大赦天下，將長期關押的囚徒釋放回原籍；給予社會上的鰥寡孤獨每人五斛穀；免除了農民欠下的逾期地租與債務；派人開墾丹徒、蘭陵二縣的沃土進行，並親自視察。

這些舉措，推動了戰亂後江南生產力的恢復。

每當想到下面有弊政，陳霸先就寢食難安。他說：「久知下弊，言念黔黎，無忘寢食……不得輒遣使民間，務存優養，若有侵擾，嚴為法制。」

鄉村出身的他嚴於律己，平時飲食，菜不過數樣，後宮不設絲竹管弦，自起兵以來，他得到玉帛之類的貴重物品全都賞賜給將士，自己分文不取。

陳霸先的完美性格還體現在對敵人的仁慈上。

在受禪稱帝後，王僧辯的下屬請求改葬故主，給予其身後哀榮。陳霸先當年襲殺王僧辯，將其定為逆臣，如今若為他翻案，也就是否定現政權的合法地位，但是，他竟然默許了這些大臣的請求。

王僧辯的親信就以自己的家財，為故主購置了七副棺木，並重修墳墓，讓他得到應有的禮遇。

不過，《隋書》記載了一個令人髮指的故事：陳霸先雖善待王僧辯舊部，但王僧辯之子王頒不忘舊仇，他隨隋軍滅陳後，勾結其父舊部掘開了陳霸先的陵墓，剖棺焚屍，並將陳霸先的骨灰投入水中，以此為其父報仇。

南陳永定三年（西元五五九年），低調的南陳開國皇帝陳霸先，在重病之中安然離世，他將皇位傳給了功勛卓著的侄子陳蒨。

當年陳霸先平定侯景之亂後，唯一的兒子陳昌留在江陵跟隨梁元帝，城破時被西魏掠往長安，從此未能相見。因此，陳霸先身邊沒有親生兒子可以作為繼承人。

此時北周已取代西魏，等到陳霸先病逝後陳蒨即位，北周為了給南陳製造混亂，火急火燎的送陳昌回建康。途中，陳昌在渡江時神祕落水身亡。喪柩運至京師，陳蒨出城哭臨，將其厚葬。

關於陳昌之死，一說正是他的堂兄弟陳蒨派人下的毒手。

南陳，南朝唯一沒出暴君的政權

陳霸先在位僅僅三年，卻開了一個好頭。

有人覺得，南陳就是一個偏安一隅的小朝廷，毫無存在感。當北方統一，隋朝即將開創一個新的大一統帝國時，南陳就像一個不合時宜的尷尬存在。

著名歷史評論家柏楊卻有這樣一個看法：「**南陳是南朝唯一沒有出過暴君的政權。**」

在北強南弱的形勢下，南陳守住了南方最後一個漢人政權，終結了侯景之亂以來的戰火，在其存在的三十二年中，五代皇帝都致力於恢復侯景之亂的損耗，重新恢復經濟，而這些好處都留給了統一的大隋王朝。

陳文帝陳蒨勤民聽政、宵衣旰食，繼承叔父陳霸先的為政措施，一掃王琳等江南殘餘割據勢力，收拾了侯景之亂留下的殘局敗象，開創南朝最後一個治世——「天嘉之治」。

陳蒨之弟、陳宣帝陳頊（按：音同旭）是南朝最後一個有進取心的皇帝。

他在位時，北方局勢發生變化，齊衰而周強。陳頊野心勃勃，發動了兩次北伐，一度攻下了淮、泗之地，但因急於求成，最終還是敗於北周手下。他是南陳在位最久的皇帝，在位十四年，雖未能拓土開疆，但國家較安定，社會經濟得以繼續恢復發展。

陳宣帝的兒子就是大名鼎鼎的陳後主陳叔寶。

相比當皇帝，陳後主更愛詩歌、樂舞，在宮中養了一大幫美女、文人，他親自創作的豔曲《玉樹後庭花》，成為那個時代的「流行金曲」，但被後世罵為「亡國之音」。即便如此，陳叔寶也與之前幾代南陳皇帝一樣，採取寬仁的治國方針，先後十次大赦天下，南方一度持續繁榮。

但南陳與統一北方後的隋朝對抗，無異於蚍蜉撼樹。隋開皇九年（西元五八九年），隋軍發兵五十萬南下，隋將韓擒虎一馬當先攻入建康，滅了南陳。

韓擒虎進入建康宮中，陳後主倉皇逃命，與寵妃張麗華、孔貴人三人抱成一團躲到井底。隋軍發現後，將陳後主從井里拉上來。陳後主的愛妃、近臣等都被作為奸佞梟首，他自己卻保住一命，被押到洛陽軟禁，得到善終。

陳霸先當年以英武聞名於世，南陳的末代君主陳叔寶卻成了笑話，就連隋文帝聽說陳叔寶亡國時的荒唐舉動，也聞之大驚。

南陳亡了，可南朝的氣韻沒亡。

隋文帝滅陳後，獲得了南朝的清商樂，他聽完演奏，興奮的說：「此華夏正聲也！」不只有這傳承自華夏傳統文化的動聽弦音，**梁陳制度是隋唐制度的三大來源之一，南朝推動江南經濟、文化的發展，也為隋唐所繼承**。

在三百多年的大亂世中，南陳與隋朝完成了最後一棒的交接。正如學者范文瀾所說：「東晉南朝時期，長江流域開發出來了，使隋唐封建經濟得到比兩漢增加一倍的來源，文化事業發展起來了，使隋唐文化得到比兩漢提高一層的憑藉。」

南朝四百八十寺，多少樓臺煙雨中。

沒有六朝的經濟、文化基礎，尤其是南陳對內亂的平復，隋唐盛世可能會缺少一大助力，甚至會推遲一段時間到來。若無吳越的錦繡繁華、荊襄的江湖縱橫、嶺南的海闊天空、川蜀的天府之國……歷史也許會是另一番面貌。

統一的大勢不可阻擋，南陳的存在與滅亡，都是在順應浩浩蕩蕩的歷史潮流。

7 宇文泰，賭出隋唐盛世的基礎

北周大定元年（西元五八一年）隋朝建立，標誌近四百年的大亂世「魏晉南北朝」行將結束，江山即將重歸一統。僅僅八年後，隋朝滅掉南方的陳朝，重新實現了中國大一統。

千百年來，人們讚賞隋朝開國皇帝楊堅的雄才大略，卻忘記了他建立的王朝的前身，事實上已經為中國大一統鋪好了路。

北周能建立，是賭出來的

時間撥回北魏永熙三年，在北魏分裂為東、西魏以後，中國的歷史發展出現了三條路徑：

南梁—南陳；

東魏—北齊；

西魏—北周。

重返大一統的曙光若隱若現，但最終以哪條路徑作為歷史的出口，雖然事後看得分明，在當時卻出人意料。西元六世紀的中國以西魏—北周—隋朝作為歷史的出口，重新統一並主導了發展的走向。

楊堅建立的隋朝，實際上繼承的是宇文泰家族控制的西魏—北周政權，完成的也是宇文泰家族未竟的統一大業。

然而，一開始沒有人看好西魏。

假如你不知道後來發生的事情，讓你猜測南梁、東魏、西魏三者的勝者，你覺得誰會是最後的贏家？估計有五〇％的人會選南梁，那是純正的漢人政權，具有無可替代的正統性；剩下五〇％的人會選東魏，那裡兵強馬壯，人口密集，經濟發達，是中國北方的核心所在。顯然，沒有人會選西魏。

當時，東、西魏這對死敵的實力對比尤其懸殊：東魏占據的是中原最富庶之地，轄下河北一帶是糧食和絲絹的高質產地，而西魏的地盤除了關中平原，大部分是貧瘠的黃土高原和沙漠地帶；東魏人口逾兩千萬，而西魏人口不及千萬；東魏由高歡家族掌控的軍隊超過二十萬人，而西魏宇文泰掌控的軍隊不及其十分之一。這就是底牌。

最終的輸贏，卻因一個人而完全改寫——西魏的實際掌權者宇文泰，他透過四場賭局，在最短的時間內由弱變強，實現了對東魏和南梁的逆襲。

西魏—北周—隋朝—唐朝的歷史一脈相承，而其背後真正的奠基者，正是傳奇人物宇文泰。

首局賭正統性，宇文泰成了「忠臣」

宇文泰的第一場賭局，賭的是正統地位。

北魏末年的六鎮起義，拉開北方亂局的序幕。在長達十年左右的北魏亂局中，最終殺出了兩大權臣家族，一個是高歡家族，一個是宇文泰家族。

高歡的崛起比宇文泰更早。北魏中興二年（西元五三二年），當高歡擁立北魏孝武帝元脩登位，自己遙掌朝權時，宇文泰還只是關中地區實際控制者賀拔岳底下的一員將領。

北魏永熙三年，高歡為占領關中，利用關中另一支軍隊首領侯莫陳悅除掉了賀拔岳。賀拔岳死後，宇文泰被趙貴、侯莫陳崇等武川鎮（北魏六鎮之一）豪強酋帥擁立為新首領。歷史學家認為，宇文泰能在賀拔岳突然遇害的情況下，成功接收其軍團，主要源於武川豪酋家族的出身、個人的政治軍事才能，以及在關隴地區四年間積累下來的口碑。

不過，此時的宇文泰遠遠未能與高歡抗衡。他需要賭一把，與北魏「傀儡皇帝」——孝武帝聯手，取得政治合法性。孝武帝生不逢時，卻不甘心接受被權臣操控的命運。他無時無刻不在關注和希望借助不願降服於高歡的軍事勢力。於是，兩人一拍即合，各取所需。

為了讓宇文泰盡快率軍東下，與高歡決戰，孝武帝不斷滿足宇文泰的各種政治要求。而宇文泰的首要目的並不是勤王，而是消滅同在關隴地區的侯莫陳悅，稱霸關隴。

宇文泰賭贏了。在「匡輔魏室」的旗幟下（儘管還沒有任何匡輔魏室的實際行動），宇文泰以孝武帝的名義調動各種效忠魏室的政治勢力，導致將軍侯莫陳悅的部將李弼等人陣前倒戈，侯莫陳悅被殺，其軍隊基本被宇文泰吞併。

滅掉侯莫陳悅之後，宇文泰稱霸關隴已成定局。孝武帝也在第一時間派使臣慰勞宇文泰，正式承認其享有關隴地區的最高統治權。言外之意還是那句話：趕緊來洛陽打高歡，匡輔魏室呀！

宇文泰知道自己遠非高歡的對手，僅象徵性的派了一千輕騎奔赴洛陽，並做出請孝武帝遷都長安的政治表態。

孝武帝隨後與高歡公開決裂。高歡從晉陽率軍南下，進逼洛陽，孝武帝慌忙帶領自己的人馬西逃，投奔宇文泰。這又是宇文泰的一步高招。透過迎奉孝武帝遷都長安，把高歡置於亂臣賊子的輿論高壓之下，自己則成為「寬仁大度，有霸王之略」的忠臣。關隴很多豪族死心塌地的跟隨宇文泰征戰，正是基於宇文泰所塑造的政治正統性。這跟當年曹操「挾天子以令諸侯」如出一轍。

但事實上，孝武帝與宇文泰的關係並不協調。

孝武帝本質上是一個權力欲很強的年輕人，如同不願受高歡擺布一樣，他亦不會心甘情願成為宇文泰的傀儡。入關之後，孝武帝採取一系列打壓限制宇文泰的策略，呈現出殺伐賞賜由己出的勢頭。眼看著自己在關隴地區的政治威望受到強有力的威脅，宇文泰決定先下手為強，在北魏永熙三年年末，即西元五三五年年初，祕密鴆殺了年僅二十六歲的孝武帝。

隨後，宇文泰改立好控制的元寶炬為帝。而在此之前，高歡以孝武帝棄國逃跑為由，廢其帝號，另立元善見為帝，並遷都鄴城。北魏從此正式分裂為東、西魏。

從跟隨賀拔岳進入關中，到成為西魏政權的實際掌權者，宇文泰僅用了不到五年時間，一代「賭神」冉冉升起。

賭改革，解決民族對立問題，兵力翻倍

宇文泰的第二場賭局，賭的是改革。

改革為的是富國強兵，但在此之前，改革成少敗多。

離宇文泰最近的一場改革，是北魏孝文帝的改革。這場改革在北魏立國一百年左右，以漢化為核心。改革者雖有魄力，但改完了北魏也亂了，六十多年就分裂成了東、西魏。從這個意義上看，宇文泰在西魏的改革，是一場冒險式的賭博。

沒有人知道這場改革是否會成功，連改革的「推手」宇文泰自己心裡也沒底。他只知道，**改革，西魏可能會亡，但不改革，西魏肯定會亡**。所以他選擇了相對有活路的一條路。

這場改革涉及廣泛，政治、經濟、軍事、文化等各方面無所不包。**其建立起來的各項制度，成為北周、隋朝、唐朝的制度濫觴，堪稱影響深遠**。史學界認為，隋唐帝國是「北朝化」的中國，很大程度上指的是西魏制度的影響力。

尤其是在軍事制度上，**宇文泰建立的府兵制**，以及由此形成的「關中本位政策」，**深刻影響了此後三百多年的中國歷史**。

東魏對於西魏的絕對兵力優勢和軍事壓迫，使得宇文泰必須考慮一個根本性的問題：如何使弱勢的西魏不被吞併，並迅速變強？

陳寅恪指出，宇文泰所憑藉的人才、地利遠在高歡之下，如果要與高歡抗衡，一則須隨順當時鮮卑反對漢化的潮流，二則要有異東魏北齊的鮮卑化等，爭取漢化的政策。

鮮卑化與漢化，是北魏以來最為棘手的一對矛盾，宇文泰的厲害之處，是從中找到一條高明智慧的道路，實現了兩者的有效結合。而府兵制則是宇文泰民族政策最重要的內容。

東西魏分立之時，均以北魏六鎮軍事力量為基礎立國。只是高歡分走了六鎮的絕大部分主力，宇文泰僅有武川鎮一鎮的軍力。這成為高歡動輒以強勢兵力碾壓宇文泰的原因。

宇文泰要改變軍力不足的局面，就必須擴大兵力來源。在原來以鮮卑為骨幹的軍隊基礎上，一方面不斷吸納各方部隊，包括賀拔岳部、侯莫陳悅投降的軍隊，以及孝武帝西逃的追隨者等；另一方面則持續吸收關隴地區地方豪強的私有兵力，這些地方大族及其鄉兵雖以漢族為主，但被宇文泰吸納後，既為原來的鮮卑軍隊注入了新鮮血液，也解決了地方豪族擁兵自重、尾大不掉的問題。

由於當時盛行軍閥割據，而鮮卑的軍隊部落屬性很強，基本只認各自的頭兒，不認中央，宇文泰還要解決軍權的中央集權化問題。

宇文泰採取了很高明的一招：設置八柱國、十二大將軍的組織結構。

具體而言，八柱國除宇文泰自己和元魏宗室代表元欣之外，其餘六人各督二大將軍，分掌禁旅，合計十二大將軍。每個大將軍各領開府二人，每一開府各領一軍，合計二十四軍。

柱國與大將軍的勢力相互交錯、牽制、制衡，有利於宇文泰進行最終的駕馭。特別是各個柱國依次被任命為朝廷公卿，身分由邊鎮將領變成開國元勛、朝廷重臣，逐漸脫離軍旅生涯，從而變相削弱了他們的軍事實力，實現軍權的初步集權化。

此外，宇文泰將西遷的漢族將領原來的山東（崤山以東）籍貫，一律改為關隴郡望。按照陳寅恪的說法，此舉是為了斷絕西遷漢將的鄉土之思，並給予大批出身寒微的漢將附會士族高門的機會。而更重要的意義在於，由此構建「關中本位」或「關中正統」觀念，強化本地各族群的凝聚力和認同感，從而與山東、江左爭中原正統。

宇文泰家族很看重立足關中的周朝歷史資源，後來自立的政權乾脆以「周」為國號，這些都是民族融合「關中化」的體現。

府兵制的創建和完備，在宇文泰手上前後歷時十二年才宣告完成。最終西魏的軍隊人數翻倍，府兵達到五萬人左右；中央對軍權實現了強有力的控制，結束了地方割據、私兵林立的狀態；而且，府兵制是兵民分離的職業兵，相比東魏北齊兵民合一的義務兵，整體素質和戰鬥力更強。

經過這一場賭博式的改革，西魏縮短了與東魏的實力差距，並在某些方面打擊東魏。宇文泰又賭贏了。

歷史表明，「關中本位政策」使西魏變弱為強，到北周後，消滅了北齊，統一了中國北方，隋朝代北周後，又南下消滅了陳，最終實現了國家的統一。從北周到隋朝再到唐朝，三個朝代的權力更替，實際上是在關隴集團內部進行的，說得更具體一點，是在同一個婚姻圈內、一堆親戚之間進行的。追溯這一切的根源，都在宇文泰的改革中埋下了伏筆。

打仗，除了比兵力更比心理

宇文泰的第三場賭局，賭的是真刀真槍的戰爭。

整軍、擴軍、軍制改革的最終目的，是要應對來自東魏的滅國威脅。在軍事上抵禦東魏，是宇文泰最為艱難的征程。

西魏大統二年（西元五三六年），東西魏在潼關進行了第一次大戰。當時，關中地區遭遇天災，出現「人相食」的慘狀，高歡趁機發起戰爭，兵分三路進逼西魏。

大都督竇泰率上萬兵力直趨潼關；司徒高敖曹率軍圍攻上洛（今陝西商州）；高歡自己率軍自晉陽赴蒲阪（今山西永濟西南），在黃河上造三座浮橋，揚言要西渡黃河。

宇文泰率軍進抵廣陽（今陝西臨潼北），準備迎擊。

面對東魏三路進攻，西魏一些將領建議分兵把守諸道。但如按此部署，則使本來就處於弱勢的西魏兵力更為分散，極有可能被各個擊破。

宇文泰沒有採納這種主張。

關鍵時刻，他做了一個賭徒式的判斷——他賭高歡造浮橋渡河只是虛張聲勢，實則要轉移西魏的注意力，掩護竇泰從潼關乘虛而入。高歡的真實打算是否如此，當時西魏各級將領無從得知。但宇文泰的冒險精神，讓他決定搏一搏：暫且不管高歡這一路軍，先集中優勢兵力，消滅竇泰再說。

宇文泰放出煙幕彈，揚言欲保隴右，佯裝退還長安，暗地裡卻率六千騎兵東出，日夜兼程，很快抵達小關（今陝西潼關附近）。竇泰聽聞宇文泰軍突至，惶懼不已，倉促應戰。宇文泰則利用有利地形，四面設伏，引誘竇泰部陷入泥淖。這時，宇文泰軍千弩齊發，竇泰軍死傷大半，被俘萬餘人。竇泰兵敗自殺（一說被殺）。

高歡聞竇泰軍敗，只好撤去浮橋，退回晉陽。高敖曹部雖攻陷西魏上洛城，因恐孤軍深入，亦棄城而走。

這是西魏阻擊東魏的第一次較大勝利。

宇文泰在與高歡的心理博弈中，押中了後者兵分三路的真實目的，最終出奇兵以少勝多擊敗竇泰，造成東魏軍隊的全面撤退。

潼關之戰後，宇文泰以攻為守，數次出兵侵蝕東魏領土。

西魏大統三年（西元五三七年）八月，宇文泰主動出擊，派兵攻克東魏弘農（今河南三門峽）等郡，獲取大量糧食，緩解了關中飢荒造成的軍隊補給困難。

高歡聽聞弘農丟失，大為震怒，集結十萬大軍渡河西擊，又派大將高敖曹率兵三萬圍攻弘農。宇文泰部不過萬人，只好從弘農回撤，匆忙入關，至渭水南岸迎戰高歡。

雙方兵力太過懸殊。西魏諸將認定必敗無疑，提議放棄長安，繼續西撤。

宇文泰唯恐西撤引起人心騷亂，決意在渭河南岸堅守。宇文泰率部渡過渭水，到達沙苑（今陝西大荔南，洛水與渭水之間），距高歡軍僅六十餘里。

戰前，宇文泰採納李弼的建議，在沙苑東面一個叫渭曲的地方設伏，背水東西列陣，命將士們埋伏在蘆葦叢中，屆時聞鼓聲出擊。

高歡率大軍跟隨到渭曲，以為西魏兵少不足為慮，竟指揮大隊人馬一擁而上，結果兵多塞道。高歡只得下令大軍稍稍退卻。就在高歡大軍進退之間自亂陣腳之時，宇文泰把握時機擊鼓，讓蘆葦叢中的伏兵突起奮擊，東魏軍隊措手不及，紛紛敗下陣來。此戰，西魏斬殺東魏軍隊兩萬多人，在追擊途中，又「前後虜其卒七萬」，高歡主力折損嚴重，自己狼狽東逃。

西魏取得沙苑大捷後，東魏再無法隨意侵入關中。東、西魏的主戰場，由此轉移到河東（今山西西南）和河南境內。

之後，西魏大統四年（西元五三八年）和西魏大統九年（西元五四三年），洛陽河橋與邙山兩場大戰，宇文泰皆先勝後敗。這表明，西魏軍事實力仍弱於東魏，宇文泰打防禦戰能成功，但主動出擊則難以吞下巨象。西魏還得積蓄力量。

西魏大統十二年（西元五四六年）秋，東、西魏迎來形勢逆轉的一戰。

當時，高歡率軍十餘萬圍攻玉壁城（今山西稷山西南）。此地是東魏入侵西魏的必經之處，故高歡志在必得。然而，東魏大軍晝夜不息苦攻五十天，玉壁城在西魏大將韋孝寬的固守下，安然無恙。最終，東魏大軍戰死及病故者約七萬人，屍首埋成了一座山。高歡攻一座孤城而不克，遂憂憤成疾，解圍撤軍。回到晉陽不久，西魏大統十三年（西元五四七年），高歡就病故了，時年五十二歲。

幾場硬仗扛下來，東魏還是那個東魏，但西魏已不再是那個西魏了。

高歡死後三十年，他的兒子代東魏自立的北齊政權，被宇文泰家族的北周政權攻滅。

什麼是弱國的逆襲？這就是。

最後一賭：拚運氣

宇文泰的第四場賭局，賭的是時運。

如果說成功是九〇％的努力加上一〇％的運氣，那麼，東魏猛將侯景的攪局，就是宇文泰的一〇％運氣。

侯景何許人也？這麼說吧，東魏如果沒有高歡，侯景早就稱王稱霸了。

據說，當年沙苑大戰後，高歡憤於戰敗，侯景請求率精銳騎兵數千，直入關中擒斬宇文泰，以雪此奇恥大辱。高歡起初表示同意，但回家和夫人婁昭君提起此事，婁昭君說，以侯景之能，幹掉宇文泰後肯定不回來了。高歡被一語驚醒，當即停止了這個動議。

高歡在世時，侯景擁兵十萬，兢兢業業鎮守著他的地盤。史稱侯景「專制河南」，即黃河以南直到梁境、洛陽以東直到大海的原北魏的大片領土，都是侯景的地盤。

但高歡病逝僅數日，侯景就造反了。

侯景的地盤，處於東魏、西魏、南梁三國的交界處。這塊地雖然不小，但畢竟是四戰之地，憑這個自立，很難獨自對抗三國的哪一方。因此，在舉起反旗的那一刻，侯景就張羅著找靠山了。

他首先想到的是西魏。應該說，侯景的選擇很精明。身為東魏原大將，又求以河南六州內附，這對西魏來說，難道不是穩賺不賠的買賣嗎？

宇文泰起初也覺得划算，遂派兵去支援侯景。這時，宇文泰的部將王悅站出來勸諫，說侯景這個人反覆無常，高歡一死便叛離，又怎會忠於西魏呢？他只是不願做被困池中的蛟龍，想利用我們的軍事支援罷了。

宇文泰一聽，趕緊叫人把派出去的援軍追回來。這才避免了一場惹火上身的大禍。

最終，侯景這枚苦果被晚年昏庸的梁武帝蕭衍吞食了，釀成歷史上著名的「侯景之亂」。

梁武帝本人被活活餓死，而梁朝原本有統一天下的可能，經此大亂，變成無力復興、任人宰割的弱者。北齊趁機侵蝕長江以北的大片梁朝國土，**西魏**更是借機吃成了一個「大胖子」，**成為侯景之亂中最大的贏家**。

在梁朝最強盛時，兵勢幾乎直抵長安城外，搞得宇文泰很緊張。現在，梁朝崩潰後，梁武帝的子侄們又陷入無盡的內鬥，這讓宇文泰看到了機會。

西魏大統十七年（西元五五一年），宇文泰奪回漢中要塞。

西魏廢帝二年（西元五五三年），西魏軍吞併西蜀後，變成一個真正的大國。蜀中土地肥沃，號稱天府，人口眾多，為西魏提供巨大的財源與兵力。

西魏恭帝元年（西元五五四年），宇文泰派上柱國（按：軍事武裝的高級統帥）于謹、大將軍楊忠、大將軍宇文護等將領，以五萬兵馬進攻江陵。江陵是梁元帝蕭繹的大本營，而江陵北面的門戶襄陽，則由蕭繹的侄子蕭詧控制。蕭詧為了滅掉親叔，不惜向西魏稱臣，史稱西梁。西魏大軍很快攻下江陵，蕭繹被蕭詧用土袋悶死。從此，荊襄成了西魏的地盤。

不僅如此，連荊襄以南的湘州（今湖南）也一度被西魏拿下，只不過名義上屬於西梁。

至此，西魏已發展成為三國中的頭號強國，綜合實力在北齊之上，更不要說後來的陳朝了。

回看西魏這段攻城掠地的「爆發史」，從西魏大統十四年（西元五四八年）侯景之亂算起，不過短短六、七年。但設想，若沒有梁武帝昏聵到引入侯景、自我毀滅，宇文泰連關中都出不了，更遑論蜀中和荊襄。所以這就叫機遇，在宇文泰生命中的最後數年，被他牢牢捕捉到了。

西魏恭帝三年（西元五五六年），宇文泰病逝，年僅五十歲。臨終前交代子侄，要完成他未竟的志向。次年正月初一，宇文泰家族取代西魏自立，建立北周。

二十年後，北周建德六年（西元五七七年），宇文泰之子、北周武帝宇文邕攻滅北齊，統一北方。宇文泰生前曾說，「成吾志者，必此兒也」，果不其然。

可惜，北周宣政元年（西元五七八年），當宇文邕打算平突厥、定江南，實現全國統一的時候，不幸在出征前夕病逝。

三年後，北周大定元年（西元五八一年），楊堅篡北周自立，建立隋朝，拉開了隋唐盛世的序幕。此時，距離宇文泰之死，僅僅過去二十五年。

不難想像，**如果沒有宇文泰、宇文邕父子為隋文帝楊堅打下的基礎，楊堅想在立國後短短的七、八年內實現大一統，是絕對不可能的事**。

離隋朝最近的一個統一朝代，是西晉。跟隋朝一樣，**西晉也是借助前朝奠定的統一基礎**，分別攻滅蜀、吳，完成統一大業。有所不同的是，追溯西晉的歷史，在曹操掌權時，其部本身就是三國中最強大的一方，由其後繼者來實現統一，並無多少懸念；而隋朝的起源西魏，立國時卻是三國中最弱小的一方，最終在宇文泰父子的主導下能強勢逆襲，成為中國大分裂時期的統一出口，這就確實出人意料了。由此看來，宇文泰不愧是一個創造奇跡的人物。

或許，宇文泰沒有料到北周—隋朝的政權更替，但他肯定看到了中國大一統的未來。因為，不管接下來三百多年的朝代如何變換，歷史的進程基本都在他架設好的制度下運行而已。

8 治世需要十年，柴榮五年贏得至高評價

宋太祖趙匡胤，曾經因為頂不住一名侍御史正面碰撞，當場打掉了他兩顆牙齒。這名侍御史忍痛趴在地上，把牙齒撿起來。

趙匡胤嘲諷說：「什麼情況了，你還要拿牙齒當證據，告朕的狀不成？」侍御史不慌不忙的答道：「我告不了您，但自有史官把此事記下來。」趙匡胤一聽，慌了，趕緊向侍御史賠禮道歉，賜金帛慰問。

這件事告訴我們，宋朝的史官很厲害，是一個小官員敢當面撐皇帝的靠山。這些史官對歷任皇帝的要求都很高，即便是宋仁宗這樣的仁君，也經常被他們在史書裡揪小辮子。

但是，有一位皇帝，宋朝的歷任史官均給予了極高的評價，簡直是他們眼中的完美帝王：薛居正《舊五代史》，說他乃一代之英主；歐陽修《新五代史》，稱讚他是雄傑、賢主；司馬光《資治通鑑》，說他是仁君和明君……這可不是政治壓力下的歌功頌德，因為，對於宋朝史官來說，這名完美的帝王是前朝皇帝柴榮。

歷史上有小官吏當上皇帝的，有做手工當上皇帝的，有和尚當皇帝的，而柴榮的皇帝生涯起點，則是一個商人。柴榮出身家道中落的富家。他有個姑姑曾被選入後唐莊宗的後宮，後被遣散回家，途

中，一眼相中郭威，帶著嫁妝跟著郭威跑了。當時，郭威只是一個落魄的軍卒。

柴榮後來投奔姑丈郭威，並成為郭威的養子。此時，郭威處在事業的上升期，柴榮幫助他做生意，累積資本，一度到江陵販茶。經商的同時，只要有空，柴榮就堅持習文練武，不僅通讀史書，而且精通武藝。絕對是個聰明、上進的年輕人。

後晉開運四年（西元九四七年），劉知遠稱帝，建立後漢。郭威是劉知遠的心腹，輔佐有功，一路晉升，成為統帥大軍的將相。柴榮跟隨養父，進入軍界。

後漢繼位的皇帝劉承祐（即後漢隱帝）十分忌憚擁兵在外的郭威，意欲誅殺他。事泄，郭威起兵「清君側」。後晉乾祐三年（西元九五〇年），劉承祐將留在京城的郭威家人殺得一乾二淨，史書說「嬰孺無免者」，連尚在繈褓中的郭威兒子，也殺了。

郭威於是起兵反叛，圍攻汴京，次年在澶州黃袍加身，建立後周。十年後，趙匡胤如法炮製，建立大宋，終結了後周的歷史。這是後話。

郭威做了三年皇帝，就因病去世，年僅五十一歲。因為他的家人已被後漢隱帝殺光，使他成了真正的「孤家寡人」，在考慮皇位繼承人時，養子柴榮就是第一人選。

郭威稱帝後，有意讓柴榮掌管軍隊，以立軍功，樹威望，但在後周開國功勛、樞密使王峻等人的阻撓下，此事只能擱置下來。

後周立國的第二年，慕容彥超在兗州造反，柴榮請求帶兵平叛，郭威公開表示支持：「如果我出師不利，就讓柴榮出兵擊賊，才能替我平定此事。」王峻不願柴榮帶兵，最終只得由郭威率軍親征。

在逝世前一年，郭威察覺到王峻的野心，將他軟禁起來。當天退朝後，郭威向太師馮道等人哭訴，說：「王峻欺人太甚，欲盡逐大臣，剪除朕的羽翼。朕只有一子（指養子柴榮），他也要從中離間我們。」「通氣」工作做完，第二天直接貶王峻為商州司馬。然後，升任柴榮為開封尹、封晉王。這樣，柴榮繼承皇位的局勢，已經很明朗了。

不過，時任禁軍高級將領的李重進，是郭威的外甥，有可能成為柴榮順利繼位的障礙。郭威對此了然於胸，故在後周權力交接的關鍵時期，召李重進進宮，交代後事，命李重進當著他的面跪拜柴榮，「以定君臣之分」。

後周顯德元年（西元九五四年），郭威駕崩，三十四歲的柴榮繼位，是為後周世宗。

不被群臣看好，柴榮用命樹立威信

柴榮繼位，並不意味著萬事大吉。恰恰相反，真正的考驗才到來。

整個五代時期，共五十三年，光後梁、後唐、後晉、後漢、後周就出了十四個皇帝，平均不到四年就換一個皇帝。

皇帝上位的方式，也很多樣化。其中，父子（包括養父子）傳位形式的有五個，約占三分之一。而且透過父親（包括養父）傳位的繼承者，政權壽命大多不長。在柴榮之前，後唐李從厚從父親李嗣源那裡繼位，不到一年即被奪；後漢劉承祐繼承父親劉知遠的皇位，兩年即亡；後晉石重貴時間稍長一點，從養父石敬瑭那兒繼位，但不到四年就被契丹人擄走了。剛上位的柴榮，想到這些離自己很近的歷史，也很焦躁。

事實證明，他的憂慮不無道理。柴榮繼位不到十天，北漢開國君主劉崇聽說郭威死了，立刻聯合契丹，發兵五萬，進攻後周，想趁著新君立身未穩，滅掉後周。

柴榮決定御駕親征。但他的決定，卻引來了朝廷上的群嘲。以太師馮道為首的群臣，一個個站出來竭力反對。當時的對話是這樣的：

柴榮：「劉崇趁我國喪，聞我新立，自以為是吞併天下的時機到了，用心險惡，我不可不親征。想當年唐太宗創業，無不親征，我又何懼？」

馮道：「陛下不能和唐太宗比。」

柴榮：「我兵強馬壯，破劉崇必如泰山壓卵。」

馮道：「陛下你不是泰山。」

柴榮被撑得無言以答。這個馮道，曆仕四朝十帝，始終擔任將相、三公、三師之位。亂世中，沒有什麼忠君觀念，誰贏了就聽誰的。軍隊更是如此。五代時期，兵驕將悍，戰勝則擅兵挾主，戰敗則倒戈投敵。柴榮的困境，外有強敵臨境，內有準投降派在觀望。這逼迫他必須親征，在前線應對一切突發事變。

兩軍戰於高平（今屬山西晉城）。剛開打，後周右路軍就崩了。大將樊愛能、何徽望賊而遁，千餘人投降了北漢，南逃的數千人則沿途劫掠糧草。柴榮下令禁止劫掠，樊愛能、何徽均不聽。設想一下，如果柴榮沒有御駕親征，樊、何極有可能倒戈一擊，打回開封，幹掉毫無威望的新皇帝。要知道，**將領前線戰敗後，掉頭滅掉故主，擁立新君，幾乎是五代權力更替的一項「傳統」**。

關鍵時刻，柴榮親率軍隊，冒著箭矢，督促諸將奮戰，直到斬殺北漢驍將張元徽。

後周打贏了。柴榮的皇位，穩了。

明清之際大思想家王夫之說，經過高平之戰，「主乃成乎其為主，臣乃成乎其為臣」。他還說，柴榮坐穩天下，不是依靠養父郭威，而是靠自己「以死生為生民請命而得焉者也」，是拚了自己一條命，打贏高平之戰的回報。

改革，扭轉所有積弊

高平之戰後，樹立威信的柴榮開始整肅軍隊，並拉開被後世稱為「周世宗改革」的序幕。

第一件事，是斬殺望敵而退的降將。當時，樊愛能是侍衛馬軍都指揮使，何徽是侍衛步軍都指揮使，兩人位高權重。但鑑於他們在高平之戰中的表現，柴榮毫不手軟，果斷處死，同時處死的還有二人所部軍將七十餘人。經過這次大規模的殺伐立威，「驕將惰卒，始知所懼」。

柴榮經常對身邊的人說，高平之戰是檢驗我們軍隊戰鬥力的一戰，可惜臨敵不堪一戰，差點喪敗，「兵在精不在眾，宜令一一點選」。由此，後周開始挑選精銳士兵留充禁軍，裁汰老弱之兵。當時，全國的勇士猛人，基本都在地方節鎮，於是柴榮公開招募武藝高強的人充當殿前軍，設殿前都點檢統一指揮禁軍。

在柴榮的強力整頓下，初步扭轉兵力外強內弱的局面，中央禁軍已經比地方節鎮強大。因此大大提高後周的軍隊戰鬥力，史書說「士卒精強，近代無比，征伐四方，所向皆捷」。柴榮死後，趙匡胤以殿前都點檢為資本，演出了「黃袍加身」的戲碼。他上臺後，擔心歷史重演，於是改變柴榮強化禁軍戰鬥力的做法，反其道而行，透過剝奪將帥兵權、推行更戍法等措施，嚴重削弱了宋代軍隊的戰鬥力。這是後話。

除了軍事，在經濟、人事、法律等諸多方面，柴榮都有相應的重磅改革措施。

中國歷史上出了幾個以「毀佛」聞名的皇帝，柴榮是其中一個。清代攤丁入畝（按：草創於明代，是大致完成於中國清朝雍正帝統治時的一項重大的稅制改革）以前，很長的時間內，政府都按人頭徵稅，這導致很多人遁入空門，不事生產，躲避賦稅。當僧尼的人數超過正常的比例，一個國家（尤其是非大一統的朝代，比如南朝、五代）就會因勞動力嚴重不足而被拖垮。柴榮改革之前，後周境內平均每個縣有二十多家寺院。佛教興盛到這種程度——寺院銷銅錢造佛像，造成了流通錢幣嚴重短缺。

柴榮繼位第二年，規定有國家許可的寺院才能保留，其他一律廢除。很多官員對毀佛心有忌憚，柴榮親自帶頭，砸毀了一尊別人不敢冒犯的觀音銅像。他說：「卿輩勿以毀佛為疑。夫佛以善道化人，苟志於善，斯奉佛矣。」、「吾聞佛說以身世為妄，而以利人為急，使其真身尚在，苟利於世，猶欲割截，況此銅像，豈有所惜哉？」拜佛不一定是真心奉佛，行善才是真心奉佛。佛祖願以真身救世人，如今犧牲銅像，造福天下，肯定在所不惜。在今天，柴榮的說辭仍很有說服力。在他的推動下，最終廢除寺院三萬餘所，六萬多名僧尼還籍。佛像被銷毀後，重新用於鑄造錢幣，恢復經濟。

柴榮的另一項改革措施，是恢復五代以來淪為形式的科舉制度，注重人才選拔。

有一年，禮部草率錄取十六名進士，他知道後，親自組織重考，最後僅錄取四人。他還多次以「失於選士」為由，處分主考官。

更難得的是，他不是一個死板的規則主義者，而是強調制度與破格相結合。

柴榮想任用小吏出身的魏仁浦為樞密使，有人反對，理由不是魏仁浦能力不行，是說他非由科舉出身。柴榮當場反駁，說自古以來，明君都是用有文經武略的人輔佐自己，這些人難道都是科舉出身嗎？最終還是破格任用魏仁浦為相。

趙匡胤極為敬畏的後周名臣王朴，也是柴榮破格提拔的。**趙匡胤**建立大宋後，曾**指著自己的黃袍對近臣感慨，說如果王朴還活著，他穿不了這黃袍**。

柴榮虛心納諫，在歷史上也很出名。他說過：「言之不入，罪實在予。」意思是，你們儘管講，講錯了算我的。在位期間，他**從未因言論問題殺害過一個大臣**。

作為「五代第一明君」，柴榮最為人欣賞的地方，其實是他的權力觀。儒家雖然一直講「民貴君輕」，但歷史上的皇帝沒幾個真心認同的，他們講得最多的是兩點：第一，百姓愚昧，要朝廷來開導；第二，百姓狡詐，要好好管理。柴榮的認識，卻完全不同。對此，他與近臣有幾次對話：

臣子：「現在的老百姓，壞得很。」

柴榮：「這是因為當地的官員沒選好，讓百姓遭殃了，他們才會去做壞事。」

臣子：「淮南鬧飢荒，您下詔要求貸米給飢民賑災，但是百姓窮困，我怕他們償還不了。」

柴榮：「百姓是朕的子民，天底下哪有兒子餓肚子，父親卻不管。誰又要求他們一定要償還？」

還有一次，柴榮問王朴：「朕當得幾年？」

王朴答道：「臣固陋，輒以所學推之，三十年後非所知也。」

柴榮聽了很高興，向王朴吐露了他的理想：「若如卿所言，寡人當以十年開拓天下，十年養百姓，十年致太平，足矣！」

柴榮的戰略足以一天下，可惜敗給疾病

從柴榮繼位的第一天起，他就篤定的按照他的第一個十年計畫在推進工作。他的改革，強國富民，最終目的是「開拓天下」。統一是當時的歷史趨勢，符合廣大人民群眾的根本利益。後周位處中原，北有遼國和北漢，南有南唐、後蜀、南漢等政權。如何推進統一進程，這裡涉及中國歷史的一個重要戰略問題：「先南後北」，還是「先北後南」？

樞密使王朴為柴榮獻上《平邊策》，按照王朴的設計，後周應該先滅南唐、南漢，次取巴蜀，再次而幽、雲，最後攻取北漢。這是典型的戰略「先南後北」而且「先東後西」。後來北宋的統一進程，大致上與此類似，但略有不同。北宋趙匡胤、趙光義兩任皇帝，採取「先南後北」，但又「先西後東」的策略，最終實現了相對的大一統。但正因為北宋太過強調先易後難，以致在滅掉五代十國之後，國力消退，始終都無法從遼國手中奪回幽雲十六州，成為宋人永遠的痛。

柴榮的做法，其實跟王朴的策略，以及後來北宋的操作，都不一樣。他有自己的一套謀略。他先派大將西征，不到半年，攻取了後蜀的秦、鳳、成、階四州。隨後，開始南征。他三次御駕南征，最終拿下南唐的江北十四州。

就在所有人認為柴榮要滅掉南唐，連南唐都自認國祚不保、遣使求和的時候，柴榮卻對南唐使者說：「劃江而治就好了，我在位時，絕對不會滅你的國，至於後世我就不打包票了。」

這個時候，柴榮已經將他的目標鎖定在最強大的敵人——遼國身上了。

我們可以復盤柴榮的整個計畫：他先攻打不強大的後蜀，取了四個州，但未滅人國，可見目的是震懾；接著攻打南方最強大的南唐，取了江北之地，仍未滅人國，目的仍是震懾，讓所有南方的政權都老老實實別動，奉自己為正朔。他應該是一個民族意識很強的國君，心目中真正的敵人是遼國，他要幹掉遼國，奪回幽雲十六州。所以針對北方，他也沒有先打北漢，而是直奔幽雲而去。這一點，與王朴倒是意見相同，一定要先奪幽雲，再打北漢。

為什麼先幽雲後北漢？王朴分析得很有道理，他說，幽雲既下，則北漢「不足以為邊患，可為後圖。候其便，則一削以平之」；如果先北漢而後幽雲，雖北漢可滅，然已師老兵疲，幽雲難下。後來的北宋則反過來，先打了北漢，再去奪幽雲，結果真的錯失機會，怎麼都奪不回來。這是後話。

柴榮在震懾了南方政權之後，按計劃出兵遼國，還基於一個現實的考慮。當時的遼國，國力雖強，但矛盾激烈。時任皇帝遼穆宗，晚上喝酒，白天睡覺，被遼國人稱為「睡王」。以遼國的國力，遇上昏君當政，中原政權收復幽雲還有勝算，若是明君當政，基本就沒戲了。**柴榮攻打遼國，正是想抓住其內亂的機會**。

後周顯德六年，柴榮在位的第六個年頭。四月，他率軍北上伐遼，勢如破竹，接連收復瀛、莫、易三州，以及瓦橋、益津、淤口三關，僅用了四十二天。這大大的震懾遼國，史書說，遼國「凡蕃部之在幽州者，亦連宵遁去」。

五月，柴榮正要乘勝進取幽州，卻突然患病。傳說他行至一地，詢問當地人地名，答之「病龍臺」，他聽完默然，病情加重。回到開封，六月病逝，年僅三十九歲。

後來，宋真宗趙恒曾無限惋惜的說：「（柴榮）非遇疾班師，則克復幽薊矣。」王夫之對比了柴榮、王朴和趙匡胤三人的統一戰略，推柴榮為第一，王朴第二，趙匡胤第三。他深有感觸的說：「其有疾而竟不克者，天也；其略則實足以一天下，而紹漢、唐者也。……天假之年，中原其底定乎！」

歷史無法假設，而老天如果再給柴榮一些時間，歷史會往哪裡走？這成為古今無數讀史者，心中無解的謎團、永遠的遺憾。

治世至少要十年，柴榮五年就贏得至高評價

柴榮希望用三十年致太平，可惜老天只給了他五年半，這對於一個想要有大作為的統治者而言，實在太吝嗇了。

考察歷史上一些公認的治世，它們的創造者，在位時間通常在十年至二十五年之間。文景之治的締造者：漢文帝在位二十三年，漢景帝在位十六年；孝宣中興的締造者：漢宣帝在位二十六年；開皇之治的締造者：隋文帝在位二十四年；貞觀之治的締造者：唐太宗在位二十三年；仁宣之治的實際締造者：明宣宗在位十年……。

當然，一個統治者在位時間太長，往往不是好事。在位時間超過四十年的皇帝，後期容易昏聵怠政，釀成政治惡果。例如：漢武帝，在位五十四年；梁武帝，在位四十七年；唐玄宗，在位四十四年；嘉靖、萬曆這兩個皇帝，在位都超過四十年；乾隆帝，在位六十年……。

而柴榮真正厲害的地方則在於，哪怕他只有五年半的時間，他仍然贏得了歷史的至高評價。他在位五年半獲得的口碑，不亞於治世明君的十年、二十年。

歐陽修對柴榮佩服得五體投地，他在《新五代史》裡讚道：「世宗（柴榮）區區五六年間，取秦隴，平淮右，復三關，威武之聲震懾夷夏。而方內延儒學文章之士，考制度、修《通禮》、定《正樂》、議《刑統》，其製作之法皆可施於後世。其為人明達英果，論議偉然……其英武之材可謂雄傑，及其虛心聽納，用人不疑，豈非所謂賢主哉？」

司馬光寫史，對歷代皇帝持論頗為苛刻，但他同樣對柴榮不吝讚譽：「若周世宗，可謂仁矣，不愛其身而愛民。若周世宗，可謂明矣，不以無益廢有益。」

當代史學家亦公認柴榮是中國歷史上繼唐太宗之後，又一個取得治國治軍突出成就的統治者。史學界認為，柴榮在他的歷史時代，取得了三個重要成就：

第一，五代時期數十年分崩離析的殘局，到柴榮統治時期，才有了統一的端緒；

第二，唐末五代以來，軍閥混戰中，社會經濟遭嚴重破壞，到柴榮統治時期，有了復蘇的轉機；

第三，由於統一的端緒和經濟復蘇轉機的出現，以及對內的全面改革，對外的軍事行動都卓有成效，使人們在分裂動亂的局勢下，在存亡未卜的命運中看到了光明，看到了希望。

9 自封宇宙大將軍，史上僅此一人

梁太清二年（西元五四八年）八月，喪家之犬侯景向梁武帝蕭衍上表，提了一個驚人的要求——請求婚配王謝家的女子。

魏晉南北朝時，極其重視門閥出身，婚配要求門當戶對。羯人武將的地位很低，如果這樣的男人膽敢開口求娶金字塔頂端的王家、謝家閨女，鐵定被笑不知天高地厚。

可侯景就這樣幹了，也毫無意外的被梁武帝直接拒絕了。一般人被拒絕，可能回家鬱悶兩天也就過去了，然而侯景是什麼人？南北朝最猛的投機分子。他顯然不會善罷甘休。

梁武帝拒絕侯景時，估計也沒太把侯景放在眼裡。但出乎所有人的意料，被嫌棄的侯景最終餓死梁武帝，逼死梁武帝兒子，強娶梁武帝孫女，還給自己起了個史上最豪氣的稱號——宇宙大將軍。

一切，從一個夢講起。

只看利益，不重人品，皇帝被餓死

傳統中國講究臣子的忠誠，一個數次背叛主上的人，更是顯得品行不好。侯景的名聲，梁朝大臣都早有耳聞。所以當侯景來歸降時，朝臣們跳出來抗議，我們怎麼能接收這種危險人物、無恥小人！

當一個皇帝想達到某個目標時，總有很多手段，例如，利用封建迷信來合理化自己的行為。

梁武帝是出了名的「佞佛」，曾經三次捨身到佛寺，用「贖身錢」來補貼寺院。他在善言殿讀佛經之後做夢，夢到中原牧守帶著土地來投降，自此就天下太平了。善於揣摩上意的寵臣朱異說此夢是好的徵兆。侯景的使者丁和來到梁朝時，也吹噓侯景決定降梁的日期和蕭衍做夢的日期相同。

以此為理由，蕭衍接受了侯景的投降。

要說帝王能有什麼崇高的宗教理想，實際上也沒有。**大部分不過是借著宗教的由頭，來鞏固自己的統治。**梁武帝會這麼傻，做了個夢就改變主意了嗎？

非也。關鍵是他北伐的遠大理想缺乏軍事能人的支持。侯景雖來自北朝，但只要能打仗，能為自己效力，出身和人品都不是問題。南朝賴以與北朝抗衡的，是所謂文化正朔。既然是正統的繼承者，當然要有完整的國土，收復北方土地顯得至為關鍵。除了拔尖的軍事才能，侯景還帶來了河南十三州。這就不得了了，梁武帝蕭衍樂呵呵的封侯景為河南王。

此時的梁武帝，萬萬是想不到自己惹來的是怎樣的大麻煩。

不管仁義，只要做著沒前途就跳槽

在南北朝時期，如果說王家、謝家的士族子弟想混出頭，開啟的是簡單模式，那侯景開啟的便是困難模式。

論家境，侯景一般家族出身，沒有顯赫的家世可以混得一官半職，還正好碰上北方六鎮最混亂時，不死於非命就該偷笑了。論相貌，史書稱侯景「長不滿七尺，而眉目疏秀」（矮矮的，但長得也不醜），身長腳短，還跛了一條腿。論學識，沒有。文化名士之路是走不通了，幸好在那個亂世，武力值還是很被看重的。根據記載，侯景「驍勇有膂（按：音同呂）力，善騎射」，身體素質很好，當過北魏懷朔鎮的功曹吏。

北魏孝明帝死後，胡太后臨朝。由於政治腐敗，北魏正光四年（西元五二三年），六鎮起義爆發，北魏的統治被逼上懸崖。各地的軍事豪強紛紛起兵，希望趁機撿個大便宜，這批起兵的武將中，以爾朱榮實力最強。

侯景看爾朱榮得勢，便率軍投奔他。不知怎的，爾朱榮覺得他是人才，當即把他留下來了。

實際上，爾朱榮也不是大大咧咧的人。侯景父親之墓在朔州，他朔州人的身分應無可疑。朔州侯氏就算比不上士族高門，但也算是當地土豪。根據記載，侯景的祖先與北魏獻文帝拓跋弘的嬪妃侯氏可能是同族。但侯景祖上這支到侯景出生的時候已經衰敗，不然侯景也不會流落街頭。侯景的出身，應是爾朱榮將他視為心腹的重要原因。

除了能互相喊一句老鄉之外，侯景也是一員猛將。北魏武泰元年（西元五二八年），爾朱榮派侯景為先鋒，到河內討拿義軍。侯景不僅大破義軍，還生擒了義軍首領葛榮。證明了自己實力的侯景，被提拔為定州刺史、大行台。

只是，爾朱榮的風光沒有維持多久。河陰之變中，爾朱榮大肆屠殺北魏皇族和百官，樹立太多敵人，北魏永安三年為北魏孝莊帝所誅。

不看重仁義禮智信的侯景，眼看著爾朱榮被殺，老友高歡自立門戶，於是改投到高歡的門下。

侯景是高歡在懷朔擔任軍官時期的老熟人了，靠著舊日情分，他毫不費力就加入了高歡的陣營。北齊先祖高歡，祖籍渤海蓨縣，但到高歡出生時家裡早已遷徙到懷朔定居。高歡成年以後成為北魏一名低級軍吏，這段時間內，他結交的好友如侯景、劉貴、賈顯智等人，都成了他日後打天下的難兄難弟。

自小便是鄉間小霸王的侯景，除了擅長騎射，打仗謀略上也很有天分。侯景曾跟慕容紹宗學習兵法，學著學著，倒是慕容紹宗掉過頭來請教侯景了。

屢立奇功的侯景，很得新「老闆」的器重，以火箭般的上升速度任職司徒，能統領十萬人的大軍隊。高歡在把持東魏政局期間，能專心的與西魏開打，也有賴於侯景替他守住南邊的地盤。

侯景雖然信服高歡，但一直很輕視高歡的兒子高澄。

東魏武定五年，高歡去世，高澄上臺後，急匆匆的召時任司徒、河南道大行台的侯景入朝。侯景看這情況不對勁，立刻起兵據河南反叛。

高歡還在世的時候，侯景已經看不起高澄了，而高澄也看侯景不順眼。

反正雙方都互看不順眼。高歡知道侯景是個什麼人，臨死的時候，就跟兒子說：「能搞定侯景的只有慕容紹宗了。我故意不抬舉慕容紹宗，留著給你，你要好好對他。」

早已做好準備的高澄，派遣司空韓軌把侯景包圍在潁川。被圍困的侯景，先是拿出六個州投降西魏，不久又拿著自己全副家當——河南十三州投降梁朝。

高澄一邊使勁打侯景，一邊勸說他投降。侯景堅決不降，由東魏武定五年正月打到八月，這場兵叛東魏占了上風。高歡留給兒子的撒手鐧——慕容紹宗，在寒山把援助侯景的梁軍打得大敗，掉轉頭追擊侯景。侯景剎那間變為喪家之犬，出走梁朝壽陽城。

東魏、西魏、梁，三者原來是靠著微妙的平衡來維持穩定的，侯景的反叛打破了這個平衡。雖然侯景不能與三者之中的任何一個對抗，但河南十三州的土地和人口仍不容忽視。

對於三個政權來說，侯景若不能為自己所用，那就消滅掉他吧。

梁武帝剛接手侯景的爛攤子，派侄子貞陽侯蕭淵明去支援，卻等來了重擊。高家早就防範侯景的反叛，做好萬全準備了。

東魏武定五年八月，蕭淵明帶十萬大軍支援，十一月高澄的軍隊把梁軍打得落花流水，綁了蕭淵明，逼走了侯景，還收復了失地。

沒有了土地的侯景身價大減。梁武帝非常生氣。我把你要來，一是要你的戰鬥力，二是要你的土地。結果你打仗打得這麼差，還把地都給弄沒了，還要你幹什麼？

東魏高澄那邊派人提出和解，表示兩邊都好說話。此情此景，侯景有點怕了，萬一新老闆真把自己賣了呢？於是他假冒高澄寫了一封信給梁武帝，稱只要他把自己的仇人侯景交出，就能換回侄兒蕭淵明。梁武帝答應了。

知道新老闆想拿他做交易，侯景非常生氣。怕終有一日當冤死鬼的侯景，與麾下謀士商量對策。王偉建議侯景，乾脆起兵反梁算了。侯景同意了。

王偉是陳留人，在侯景的篡位之路上是不可或缺的人物。侯景只有行兵打仗是能幹的，寫作各種公文的事，一概是王偉代筆的。政治上的謀劃，也是全賴王偉在背後指點。這個侯氏第一號謀士，在侯景覆滅後，結局十分悲慘。

侯景最初反叛東魏時，妻子兒女還留在家裡。受到他的牽連，被高澄全部處死了。這次不知道是為了麻痺梁武帝，還是真的想另娶家室，侯景派人向梁武帝上表，請求皇帝賜婚。

賜婚是小問題，但求娶的物件是士族頭頭王、謝兩家，就是大問題了。別說是侯景這樣身分低下的羯人武夫，就連皇家都不被他們放在眼裡，他們又怎會把女兒嫁給侯景這樣的人？皇帝即使命令他們，他們也絕對不會服從。

梁武帝苦口婆心的說，王、謝兩家門第太過高貴了，不如試試向稍次些的家族求親。聽到這樣的話，侯景可不開心了！發下毒誓，將來要將你這些吳地女子全都配給奴隸做妻子！

這個可怕的誓言，居然實現了。

敢想敢做是侯景的「優點」之一。為了實現誓言，他暗地和梁武帝的另一個侄子、宗室大臣蕭正德密謀舉兵。侯景騙蕭正德，事成之後要把皇位拱手奉上。

早年蕭衍無子，收養了蕭正德做兒子，當親生兒子蕭綱出世後，蕭正德就被拋棄了，被封為西豐侯。唾手可得的太子之位就此飛走，給蕭正德的心靈留下深深的創傷，所以才和侯景一拍即合。

梁太清二年八月，侯景在壽陽起兵，用雷霆之速打下譙州、歷陽，軍臨長江。蕭衍想著，諒這個侯景也渡不過長江，只派了王質帶著三千人馬到江邊防範。

利令智昏，蕭正德想做皇帝想瘋了，給侯景送人送錢送兵器。同年十月二十日，蕭正德派了數十艘船幫侯景偷渡長江。正因為出了內鬼，梁朝的防守才被破得飛快。

侯景軍隊的突然出現，引起了建康臣民極大的恐慌。

庾信、王質、謝禧等人都臨陣逃脫了，只有都官尚書羊侃還在奮力指揮抗擊。羊侃病死以後，受困軍民只能擔驚受怕地等待援兵。

建康附近的三十餘萬勤王之師，眼睜睜的看著侯景攻城一百多日，城內居民死了大半。侯、梁雙方僵持不下，侯景假裝議和。蕭衍和兒子蕭綱本就無心應戰，也就真的信了讓步能讓侯景退兵。太清三年（西元五四九年）二月底，梁朝與侯景歃血為盟，宣布停戰，命令援軍收起兵器。怎料過了十多日，侯景又露出猙獰面目，補充糧草以後繼續開打。

三月十二日，臺城陷落。侯景攻城途中，縱容士兵殺人劫掠，屍體堆疊起來連路都堵住了，驅使民眾築建土山，把老弱病殘殺了用來填山。還鼓勵將領殺戮，好讓天下人「知吾威名」。建康城內百姓抵死不從，各地豪強、人民自發組織抵抗。

他實現自己的毒誓，大肆屠殺王、謝族人和蕭姓宗室，族中女子則配給士兵做奴隸。曾經想把侯景交給高澄的梁武帝，被幽禁在淨居殿餓死。可憐這個三十九歲即位，統治長達四十七年的梁武帝，最後竟然死於降將侯景之手。

外敵當前，而梁朝的蕭氏宗室還在為了搶奪皇位大打出手。蕭梁皇室名存實亡。

蕭正德到死也沒料到自己只是個工具。自立為皇帝沒幾個月，就被侯景拋棄了。

侯景跳過了蕭正德，立了蕭綱做傀儡皇帝，第一件事就是向蕭綱要一個能威震天下人的封號。蕭綱，即後來的梁簡文帝，以詩才流傳後世。這位才華橫溢的文學青年，居然也不能編出一個讓侯景滿意的稱號。

剛開始侯景霸占的地盤，只比建康大那麼一點。隨著地盤的陸續擴大，他開始覺得自己太厲害了，要怎樣威武的稱號，才能配得上大將軍侯景呢？

思來想去，他乾脆代替蕭綱起草詔書，在裡面給自己想了一個我們看來魔性、他看來挺妙的稱號——宇宙大將軍。

蕭綱想不到這樣的名稱，正常人也想不到這樣的名稱。但是侯景還是如願當上了「宇宙大將軍」。不過這位宇宙大將軍，最後也沒能統一宇宙。

當年求婚王、謝女子被拒絕的恥辱已經宣洩完了，宇宙大將軍娶誰做妻子好呢？四十七歲的侯景，要皇帝把十四歲的女兒溧陽公主嫁給他。

宇宙大將軍的復仇劇結局：丟了兒子逃命仍慘死

曾經有童謠說「青絲白馬壽陽來」。侯景為了應驗童謠所言，騎乘白馬，以青絲為馬轡，後來果然打勝仗的時候多了。

後來，娶了貌美的公主，好日子沒過幾天，宇宙大將軍開始馬不停蹄的鎮壓梁朝各地的藩王和敵對勢力。不知道是不是名字聽著太霸氣，反而折煞了侯景的運氣，這下打仗屢戰屢敗。

侯景趁亂西上，以任約為前鋒攻打荊州水師。任約是在侯景降梁之前投奔他的西魏將領，戰鬥力也很強。但是侯軍被對方打得落花流水。梁大寶元年（西元五五〇年）二月，侯景支援任約，在赤亭大戰被打得潰不成軍，還害得任約被擒。

梁大寶二年，湘東王蕭繹麾下的將領，胡僧祐、王僧辯把侯景打得慘敗，宇宙大將軍灰溜溜的逃回建康城。

同年八月，蕭綱被廢，過了不久被侯景的手下謀殺。侯景把豫章王蕭棟推上皇帝的寶座做做樣子幾天，就迫不及待的登位自己當皇帝，國號為漢。追尊漢朝司徒侯霸為始祖，父親侯標為元皇帝。

王僧辯正努力要捉拿侯景，侯景馬上幹了一件蠢事——挖了王僧辯的祖墳。這下徹底惹惱了王僧辨，他瘋狂進攻建康城。就算是侯景這樣的人，面對激烈的攻勢也會害怕。他帶上兩個兒子，又一次棄城溜走了。

不過這一次他就沒這麼幸運了。半路上，受追兵驚嚇，侯景只顧著逃命，連親兒子都扔進水裡。逃到壺豆洲時，前太子舍人羊鵾殺了他，將屍體運送給王僧辯。

侯景妄求把握權柄，作惡多端，既不得民心，又無經天緯地之才。他憑一己之力攪亂了南北政權的平衡，帶著求婚被拒的恥辱，殘酷的報復南方，變相助長了北方政權。

被後人稱為「侯景之亂」的動亂，是一場文化劫難（燒毀了梁朝三萬餘卷藏書），也是江南士族的末日。僥倖逃脫的士族，千辛萬苦跑到江陵投奔蕭繹，氣都沒理順，西魏又來了，一同被擄入關。

由於太遭人恨，侯景死後被肢解。他的手被送給北齊的高洋，頭被送到江陵，剩餘的屍身掛在建康街頭暴晒。當地百姓恨死侯景，爭相分食他的肉。

得到侯景頭顱的梁元帝蕭繹下令把頭顱掛在鬧市上，隨後再做成標本，放武庫裡保存。

宇宙大將軍的生命就此終結，侯景之亂使江南地區的社會經濟遭到毀滅性的破壞，這更加劇了南弱北強的形勢。

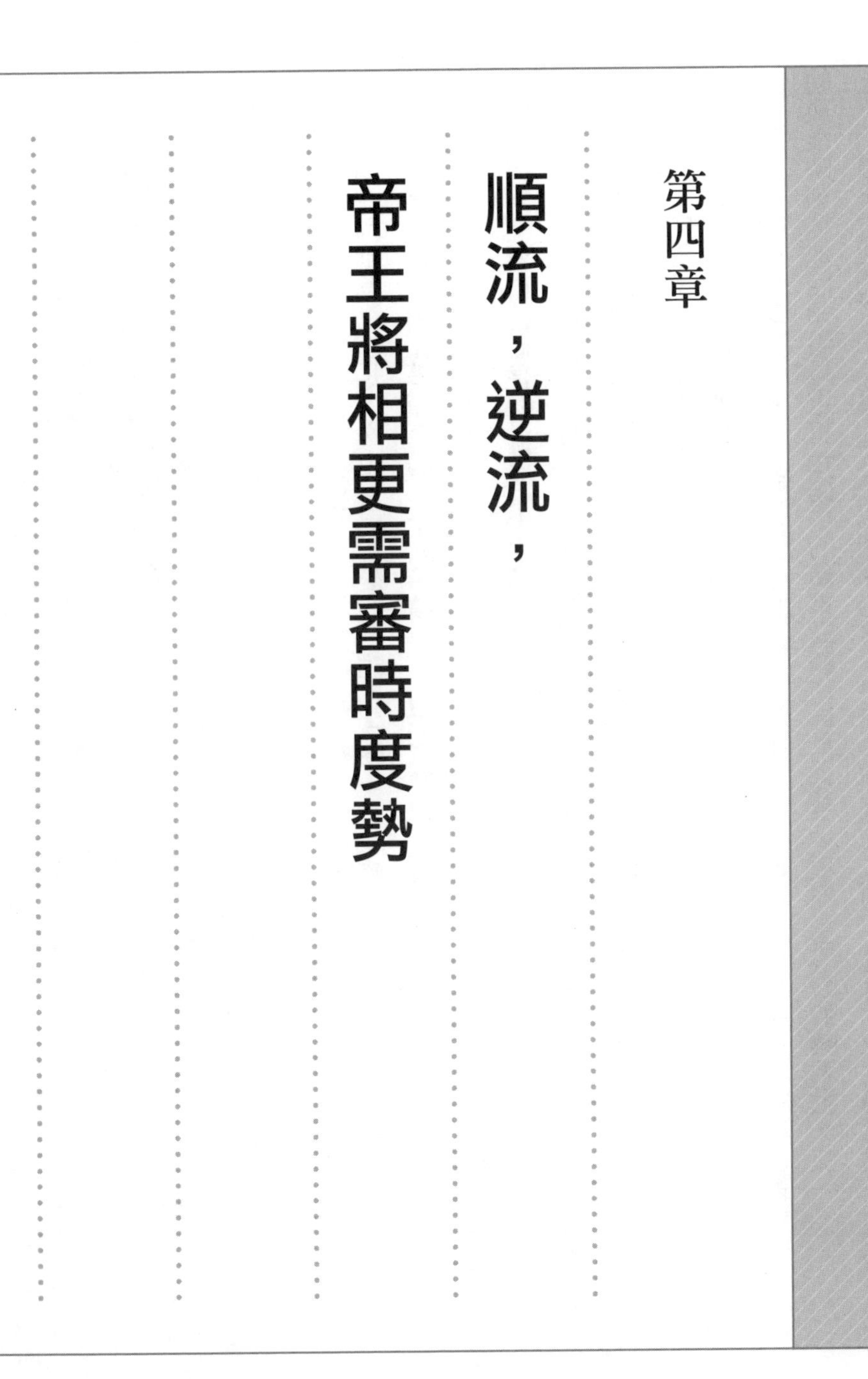

第四章

順流，逆流，帝王將相更需審時度勢

1 楚霸王項羽為什麼必須死？

項羽在拜別烏江亭長，送走自己心愛的烏騅馬（按：一種戰馬，在項羽時期號稱天下第一駿馬。騅，音同追）後，率領著僅存的二十六名騎兵，向漢軍發起了最後的衝鋒。

此前，他在垓下之戰中率領八百名騎兵突圍而出，一路折耗損傷。在烏江，亭長勸說他渡江以圖東山再起，面對自己僅存的最後二十六名騎兵，項羽說：

「天要亡我，我渡江又有何用！況且當初我率領江東八千子弟渡江西進，如今卻無一人生還，今天即使苟且逃生，我又有何面目見江東父老？即使他們不說，我內心難道就不會慚愧嗎？」

於是，項羽贈送自己的坐騎烏騅馬給烏江亭長，自己則與二十六名騎兵全部下馬步行，拿著短兵器與劉邦派來的五千追兵進行最後的戰鬥。

項羽手持著短兵器，親手奮勇殺死了百十個漢軍士兵，然而他自己也身中十多處創傷，就在生命的最後時刻，他回頭看見重重包圍中的漢軍漢騎司馬呂馬童，項羽奮勇的吶喊著說：

「這不是我的老朋友嘛！我聽說劉邦揚言，只要得到我的人頭，就賞千金，賜邑萬戶，我就為你做點好事吧！」

說完，一代霸王自刎而亡，結束了自己年僅三十一歲的生命。

楚霸王轟然倒下。

漢軍將領郎中騎王翳立刻上前，割下了項羽的人頭，而為了爭奪項羽的殘屍邀賞，漢軍內部也展開了激烈的自相殘殺，有數十人因此喪命。

郎中騎楊喜、騎司馬呂馬童、郎中呂勝、楊武各自搶得了項羽的殘屍，加上王翳割下的人頭，項羽的屍體最終被砍切成了五大塊。在劉邦面前，五個人拼湊各自搶奪到的屍體，確認無誤後，劉邦兌現了他「殺項羽者，賞千金、賜邑萬戶」的封賞——當然，劉邦按五個人平分，一個人分別賞賜二百金和兩千戶邑民。

而這五個人也分別被封侯：呂馬童被封為中水侯，王翳被封為杜衍侯，楊喜被封為赤泉侯，楊武被封為吳防侯，呂勝被封為涅陽侯。

西元前二〇二年，劉邦在山東定陶汜水（今山東曹縣北）之陽舉行登基大典，定國號為漢，是為漢高祖。

項羽的死，標誌古典時代的英雄氣概與貴族精神的消亡，而崇尚權謀詐術的劉邦，則笑到最後。

從周朝到唐朝，得關中，便得天下

說起來，項羽的滅亡，從他告別咸陽、衣錦還鄉時，就已經埋下伏筆。

西元前二〇六年，項羽在巨鹿之戰擊敗秦軍主力後，率領關東聯軍西進咸陽，在坑殺活埋二十萬秦軍降軍、入關擊殺秦王子嬰後，又火燒阿房宮，然後帶著從秦國搜集的寶物、美女準備返回江東。

當時，有人建議項羽，以咸陽為首的關中地區山河阻隔，土地肥沃，可以立都以成霸業，然而項羽回答：「為人富貴如果不還故鄉，豈不是跟穿著錦繡衣服，在黑夜中出行一般，有誰能知道？」這正是成語「錦衣夜行」的由來。

進諫的人笑了，私底下說：「別人說楚人沐猴而冠，看來果真如此。」惱怒的項羽立刻將進諫的人扔到沸水鍋裡煮了，「烹之」。

此後，項羽率軍返回江東，定都於華北平原東南、無險可守的彭城（今江蘇徐州），並自稱西楚霸王。

同樣作為楚國人，劉邦在戰勝項羽稱帝後，立都最先選擇的也不是咸陽，而是洛陽。

在秦朝末年參與擊滅秦國的群雄中，絕大部分都是關東（函谷關以東）的原楚國、韓國、趙國、魏國、燕國、齊國等六國人，因此對他們來說，儘管隸屬秦人故地的咸陽和關中地區「山河四塞、土地肥沃」，但與項羽一樣，他們也都覺得咸陽距離故鄉太遠，劉邦和他手下的臣子們自然也覺得它並非立都的第一選擇。

對此，反而是來自原齊國故地的一名小兵、戍卒婁敬看出問題的重要性。

在劉邦起初選擇立都洛陽後，婁敬就以小兵的身分求見，向劉邦進諫：「秦地（關中地區）被（峭）山帶（黃）河，四塞以為固，卒然有急，百萬之眾可具。」還說這是秦人辛苦經營留下的土地和資本，可謂天府之國啊！

婁敬進諫的核心，是勸說劉邦立都咸陽，也就是日後的長安，並憑藉關中地區作為經營帝國的資本。劉邦舉棋不定，最終在張良的全力支持下，劉邦才決定遷都長安。

在中國歷史上，從夏商周開始的經營核心，一直在黃河中游以河南為核心的中原地帶，西周時期，國都長期建在鎬京（西安），但西元前七七一年，鎬京被游牧部族犬戎攻破，此後的東周則立都洛邑（洛陽）。

由於秦襄公護送周平王東遷有功，於是周平王許諾，只要秦人能收復被游牧部族攻戰的陝西故土，這些土地就全部歸屬秦人，於是，秦人歷經百年辛苦創業，終於逐漸收復關中地區，並耗時數百年，將關中地區經營成為此後擊滅東方諸國的政治經濟基礎。

實際上，關注中國的歷史地理可發現，**中國從周朝開始至唐朝末年，軍事地理一直呈現一種從西向東的趨勢**。

在商周交替之際，周武王依託關中，向東征伐滅亡位處河南安陽一帶的商國；秦國同樣依託關中平原，最終耀武東方、消滅六國、統一天下。

而在楚漢相爭的四年裡，劉邦也是憑藉著關中地區的兵力和資源，雖然被項羽屢屢擊敗，最終反敗為勝奪取天下。

漢朝之後，北周武帝宇文邕也是憑藉著立都長安、坐擁關中的有利形勢，最終以弱小的國力反而消滅了位處東方的強大北齊，從而統一北方，並為後來的隋朝統一天下奠定了基礎。

唐朝建立之初，唐高祖李淵也是首先從晉陽（太原）出兵奪取關中，然後以關中地區為大本營，最終逐漸殲滅隋末群雄，鼎定天下。

當項羽拋棄關中地區、東向而行定都彭城後，衰亡的種子就已埋下。

衣錦還鄉時，也是霸業衰亡日。

項羽的「舊思想」給自己樹敵

不僅如此，對於天下走勢的判斷，楚霸王也出現了重大失誤。

夏商周時期，以共主為中心的邦國制，一直是中華大地上的主要政治形式，其中周人就是以商人的邦國身分，起兵推翻了商人的統治，成為新的天下共主。

周人取得天下後，採取了分封各國的封建制，因此，在以周王為名義中心的基礎上，春秋戰國時期列國爭霸的局面越演越烈，這種爭霸的結果，就是秦人最終統一天下，並建立中央集權的郡縣制，來取代分裂的邦國制。

儘管率領聯軍攻滅了秦朝，但項羽仍然活在戰國時代的體制和思想裡。

於是，在尊稱楚懷王為「義帝」（名義皇帝、假皇帝）後，項羽又自稱西楚霸王，然後分封了十八個諸侯王。這十八個諸侯王，分別是漢王劉邦、雍王章邯、塞王司馬欣、翟王董翳、西魏王魏豹，河南王申陽、韓王韓成、殷王司馬卬、代王趙歇、常山王張耳、九江王英布、衡山王吳芮、臨江王共敖、遼東王韓廣、燕王臧荼、膠東王田市、齊王田都、濟北王田安等。

於是，在歷經春秋戰國數百年探索後，由秦人最終確定成型的郡縣制，在項羽的分配下，又變成了春秋戰國時期有天子、有霸主、有諸侯的列國爭霸局面。可是，項羽分封十八諸侯王僅僅一個月後，天下再次陷入大亂。究其原因，除了邦國制的問題，表面的原因，是項羽分賞不均。

齊國首先大亂。在秦末群雄並起的亂世中，齊國貴族田榮當時實際控制原來齊國的大部分故土，但由於與項羽有矛盾，田榮不肯出兵幫項羽攻滅秦國，於是，在分封十八路諸侯王時，項羽故意忽視田榮實際控制齊國的現實，改而將齊國領土分裂為三：其中原來的齊王田市被改封為膠東王；原來的齊國將領田都，因為跟隨項羽滅秦有功，被改立為齊王；前齊王田建的孫子田安因為協助滅親、投靠項羽，也被分封為濟北王。

田榮自然大怒，於是，田榮在項羽分封的三位王進入齊國故土後，立即叛變，並攻滅其他三王，重新統一齊國。不僅如此，田榮還收編了彭越（他與韓信、英布並稱漢初三大名將）的土匪，讓他們四處攻擊項羽的軍隊。

除了齊國，趙國也在項羽分封不久後出事了。

在項羽率領聯軍滅秦前，當時趙國已立趙歇為王，另任張耳為相，陳餘為將。但在咸陽分封諸侯王時，由於張耳追隨自己西滅秦國，項羽就封張耳為常山王，將趙歇改遷為代王。

陳餘沒有跟隨滅秦，一點好處沒撈著，但他控制著趙國的領土，自然不肯善罷甘休。

於是，陳餘很快就趕跑張耳，改而迎回趙歇，趙歇則投桃送李，將陳餘封為代王。為了抗衡項羽，陳餘與趙歇又聯合齊國的田榮一起對抗項羽，於是，剛剛分封諸侯王不久的項羽，很快就在楚國的北面，給自己樹立了齊、趙兩大強敵。

而在西面，來自漢王劉邦的威脅，則更加強大。

項羽在分封十八路諸侯王時，為了瓦解削弱原來秦國的勢力，故意將原來秦國的領土分封賜給了雍王章邯、塞王司馬欣、翟王董翳三個人。在項羽看來，這樣還有一個好處就是，劉邦被從秦地貶黜到巴蜀和漢中地區，可以讓章邯、司馬欣、董翳三人抑制均衡劉邦的勢力。

但劉邦在田榮、陳餘等人相繼起兵反抗項羽後，明修棧道，暗度陳倉，重返關中地區，並很快擊敗章邯，迫降司馬欣、董翳。在平定關中地區後，劉邦又致信項羽，表示自己只是想奪回關中地區、實現原先群雄約定的「先入關者為王」的約定而已，劉邦表示自己無意東進與項羽爭霸，使項羽放鬆警惕，改而集中全力進攻北方的田榮。

趁著項羽主力軍鏖戰北方齊國的空隙，劉邦又在蕭何的舉薦下起用韓信為將，並很快就擊敗西魏王魏豹、俘虜殷王司馬卬，並占領洛陽，勢力挺進到項羽的心腹地帶。

項羽毫無察覺，仍然在全力進攻齊國。不僅如此，項羽還命人在郴縣（今湖南郴州）殺死了號為天下共主的義帝，這就給了劉邦以討伐的口實。於是，劉邦在洛陽以諸侯首領的身分公開討伐項羽，在假惺惺的為義帝痛哭一場舉行發喪後，隨即率領五十六萬諸侯聯軍公開進攻項羽，並很快就攻破了楚國的國都彭城。

從出兵關中，到率領聯軍攻破楚國國都彭城，不到一年時間劉邦進展迅速，於是，像當初攻破咸陽後置酒高歌一樣，劉邦在彭城也以為擊敗了項羽，開始放縱高歌，沒想到項羽反戈一擊，留下大軍繼續進攻齊國，自己則率領三萬精兵反攻彭城，大破劉邦和諸侯的五十六萬聯軍。

彭城一戰，劉邦的漢軍死傷二十多萬，由於漢軍屍體太多，以致「睢水為之不流」。

沒了蕭何韓信，劉邦無法與項羽爭天下

就在歷史轉折的關鍵時刻，蕭何和韓信組合開始為劉邦力挽狂瀾。

彭城之戰中，劉邦被打得狼狽逃竄，在率領殘餘的幾十人逃命時，由於**擔心被楚軍追擊，嫌棄馬**

車走得太慢的劉邦，甚至幾次將同車的兒子劉盈和女兒推下車。

而劉盈，正是日後的漢惠帝；女兒，就是日後的魯元公主。

為了自己逃命，劉邦全然不顧骨肉親情，反而是馬車夫夏侯嬰不忍心，幾次停車將被劉邦踢下車的劉盈和魯元公主重新抱上車。劉邦為此大怒，多次想揮劍斬殺夏侯嬰，夏侯嬰則堅持說：「這是你的親生骨肉，雖然事態危急，但怎麼能忍心拋下兒女呢？」

漢惠帝劉盈即位後，為了感念夏侯嬰當年的救命之恩，特意把皇城北面第一等的宅第賞賜給夏侯嬰，並賜名「近我」。

劉邦是徹頭徹尾的利己主義者，幸運的是，他擁有蕭何。

在聽聞漢軍慘敗後，為劉邦坐鎮關中的蕭何，立即將關中地區殘餘的老弱病殘全部徵發服役，並為劉邦全力輸送糧草物資，幫助劉邦東山再起，從而使劉邦得以重整旗鼓，可以擁有兵力與項羽相持於滎陽、成皋一帶。

可以說，**假如沒有蕭何，劉邦根本無法撐過彭城之敗**。

劉邦與蕭何以關中地區作為根據地，始終擁有大量的兵員和糧草物資，這為劉邦最終擊敗項羽奠定了堅實的軍事和物質基礎。

與關中地區歷經秦國數百年治理，被稱為中國最早的「天府之國」相比，項羽的大本營江東地區，此時仍然人口稀少、經濟凋敝，根本不足以作為長期爭霸的大本營和大後方。

所以，從本質來說，秦國能擊滅六國，是依託關中地區，在物質基礎上的成功。而項羽沒有看到秦國成功背後的奧祕，輕易拋棄關中地區，試圖以江東為基地稱王稱霸，結果，這裡缺乏雄厚的人口和物質基礎。

從中國的軍事地理走向來看，從周朝到唐朝，是從西向東的勝利；而宋元和明末清初時期，是從北向南的勝利。中國歷史，只有在元末明初和民國北伐時期，在南方經濟急速發展後，才實現了從南到北的北伐成功。

所以從這層意義上來說，**項羽的失敗**，除了個人到處樹敵、四處殺降，不會團結盟友外，其**根本的原因**，也有**軍事地理上、經濟基礎上和政治制度安排上的失敗**（從郡縣制恢復為邦國制）。

但項羽不愧是項羽，儘管四面受敵，但他仍然以三萬大軍擊敗了劉邦的五十六萬聯軍，正如當初他在巨鹿之戰中以少勝多、以弱勝強，大敗秦軍一樣。

依託蕭何和來自關中地區源源不斷的支援，劉邦在滎陽、成皋一帶與項羽的軍隊展開對峙，此後雙方互有勝負。

但在滎陽一戰，劉邦再次被項羽打得大敗，僅帶著數十人出城逃命。當時，漢軍在城內被四面圍困，劉邦不得已讓手下將軍紀信假扮成自己出滎陽東門投降，自己則趁機帶著幾十人從西門逃命。

劉邦甚至一度敗光蕭何支援的關中老本，但他還有蕭何贈送的另外一個財富——奇才韓信。此前，月下追回韓信的蕭何，在劉邦面前全力舉薦韓信為將，韓信也不負所望，帶兵先後平定了魏國和代國，並擊敗楚軍，奪取了趙國。

儘管劉邦在河南地區被項羽多次打得狼狽不堪，但當時大半個北方已入韓信之手，劉邦在逃出滎陽後，單獨帶著夏侯嬰，趁著韓信上午睡覺還沒起床，直接闖入了韓信的中軍大營奪取了將印，然後開始發號施令，奪韓信軍為自己的軍隊東山再起。

當時，韓信一覺睡醒，才被告知漢王劉邦回來奪取兵權，不由得大驚，但不管開拓的疆土如何廣闊，韓信畢竟是漢王劉邦手下的兵將，於是，韓信只得聽命，收集還沒調到滎陽的趙兵去進攻齊國。

當時，齊國田榮已被項羽攻殺，田榮的弟弟田橫改立田榮的兒子、自己的侄子田廣為齊王繼續抗衡楚國。劉邦自然不會放過機會，於是，劉邦一方面派出號為高陽酒徒的使者酈食其去遊說田橫、田廣叔侄一起抗衡項羽；另一方面，趁著齊國放鬆守備全力抵抗楚國之際，又祕密派遣韓信進攻齊國，以致田橫、田廣大怒，烹殺了酈食其。

韓信順利攻取了齊國，在此情況下，韓信已經與劉邦、項羽並列，成為當時三足鼎立的勢力。可以說，韓信投向劉邦，則劉邦勝；投向項羽，則項羽勝。

韓信自然知道自己的分量，於是他派出使者對劉邦說：「我如今雖然控制齊國，但權力不夠大，齊國人又狡詐多變，楚國也對我虎視眈眈，如果不封我為假王，恐怕難以安定齊國啊。」

劉邦聽到韓信派來的使者說明後，立即破口大罵說：「我跟項羽相持不下，日夜盼望韓信來救我，結果這臭小子卻來要脅我。」

張良、陳平一聽急了，暗中踩劉邦的腳，然後湊近劉邦耳朵說：「現在楚漢相爭，漢軍處於下風，韓信是能改變戰爭格局的決定性力量，如今既然他這麼說，不如趁此機會立他為王，否則很有可能發生動亂。」

劉邦反應機靈，馬上改口，大聲沖著韓信的使者說：「大丈夫平定諸侯，要做就做真王，做什麼假王。」隨後劉邦派出張良去立韓信為齊王，並調派韓信軍隊來進攻項羽。

項羽自然也急了，多年征戰，楚國後方經濟凋敝、民生艱難，如果韓信從北向南，楚漢相爭的格局勢必將發生傾斜性的變化，於是，項羽派出說客武涉前往遊說韓信，希望韓信能助力項羽，但韓信表示：「我當初追隨項王，官不過郎中，位不過執戟，言不聽、計不從，所以才投靠了劉邦，劉邦授我上將軍印，讓我有機會統領數十萬雄兵，方才成就我的今天，所以我不會背漢投楚，請替我向項王謝罪。」

武涉無功而返，但韓信的謀士蒯通卻深悉利害。蒯通此時出面遊說韓信說：「大王此時既不應該助楚，也不應該助漢，而是應該與劉邦和項羽一起，三分天下、鼎足而立。否則你功高震主，恐怕會是死路一條。」

但知恩圖報的韓信不聽蒯通之言，他不願意背叛劉邦。

劉邦知道自己贏在懂用人，卻在稱帝後殺功臣

楚漢相持，始終無法決出勝負，尤其是對於項羽來說，他沒有關中地區一樣的大本營不斷的提供支援，而北方的魏國、趙國、齊國等地被劉邦和韓信占據，並且彭越也在他周邊不斷遊擊騷擾，無奈之下，項羽決定與劉邦講和。

在劉邦看來，自己占據的領地雖然逐漸擴大，但在兵勢上卻始終無法擊敗項羽，相反的，還幾次被打得狼狽逃命，於是，劉邦也同意了，雙方約定以鴻溝為界，楚漢一起中分天下。

眼看劉邦真的要撤兵，張良和陳平說，漢軍已經兼併天下大半，並且糧草充足，反觀項羽雖然軍力強盛，但根本沒有穩固的大後方，所以不如趁楚軍退兵之際，出其不意跟在背後襲擊他們。

劉邦覺得有理，於是通知韓信一起南下攻擊項羽，隨後，劉邦開始迅速出擊。沒想到的是，韓信的兵根本沒來，劉邦再次被楚軍打得大敗。

在這危急時刻，張良再次獻計說，只能利誘。

於是，劉邦向韓信「許諾」：「只要你來幫我幹掉項羽，事成之後，陳縣以東的地盤都歸你。」另外，劉邦又邀請到處遊擊的彭越：「只要你來，睢陽以東的地方也都歸你。」不僅如此，劉邦還邀請九江王英布，策反項羽手下的大司馬周殷等人一起圍攻項羽。

於是，被許以重利的韓信終於出兵，連同劉邦、彭越、英布、周殷等人在內，劉邦的五路聯軍共七十萬人與項羽殘餘的十萬楚軍在垓下（今安徽靈壁）展開決戰。

征戰多年的項羽，最終兵敗自盡。

但終年僅三十一歲的項羽，並不明白自己失敗的原因，在烏江自刎前，他仍然向部下們吶喊說：「天亡我，非戰之罪也。」

作為從列國時代進入帝國時代的一位蓋世英雄，項羽從二十四歲就跟隨叔父項梁起兵抗擊暴秦，二十五歲就在巨鹿之戰中率兵大破秦軍主力，從而奠定了消滅暴秦的根基，可以說，作為一位快意恩仇的時代英雄，項羽有自己獨特的價值觀，但他曾經聯合關東聯軍坑殺二十萬秦軍降兵，並幾次在攻城掠地中殺降，對於自己的政治對手也不知道爭取收服，才會最終被劉邦聯軍擊敗。

項羽死後，在遷都長安前，劉邦有一次曾經在洛陽南宮大宴群臣，並與臣子們討論自己與項羽勝敗的原因，對此將軍高起和王陵說，劉邦派人攻城掠地，所得的利益經常賞賜給大家，與天下同利；但項羽打勝仗卻經常不給好處，土地不給功勞也不給，以致四處樹敵，最後成了孤家寡人。

劉邦在表示部分同意之餘，也補充了自己的意見：

「你們只知其一，不知其二。運籌於帷幄之中，決勝於千里之外，我不如子房（張良）；鎮國家、撫百姓、供軍需、給糧餉，我不如蕭何；指揮百萬大軍，戰必勝，攻必克，我不如韓信。這三人都是人中豪傑，他們為我所用，所以能取得天下。項羽只有一個范增還不重用，才因此敗給我。」

項羽死後，漢帝國境內仍然有七個異姓諸侯王，為了剷除這些勢力，劉邦開始逐一對盟友們下手。劉邦稱帝幾個月後，西元前二〇二年，試圖謀反的燕王臧荼被殺。

西元前一九八年，劉邦又廢掉趙國，將自己的女婿、趙王張敖（張耳死後襲位）降格為宣平侯。

西元前一九六年，劉邦又逼反韓王信，將其斬殺；同年，為劉邦打下半壁江山的名將韓信也被呂后下令殺害，劉邦獲悉後，「且喜且憐之」。

韓信、韓王信相繼被殺後僅僅一個多月，劉邦又設計擒拿梁王彭越，隨後下令將彭越滅三族，並將彭越剁成肉醬，分賜給各個諸侯王。

淮南王英布在收到劉邦「賞賜」的梁王彭越的肉醬後，因內心震恐，也在幾個月後起兵叛亂，三個月後，淮南王也在兵敗後被殺。

就在劉邦瘋狂屠戮異姓諸侯王的這一年，代替臧荼成為燕王的劉邦髮小、新燕王盧綰也戰戰兢兢，他跟手下們聊天時說：「現在不是劉姓而做王的，只有我和長沙王了。我自己也危險了。」

於是，盧綰暗中勾結匈奴，後來，盧綰乾脆逃亡前往匈奴境內，最終老死於匈奴。

原長沙王吳芮死後，其長子吳臣則因為實力弱小，加上劉邦在討伐英布時箭傷復發，而被暫時擱置處理。

於是，劉邦稱帝後曾經先後存在的八個異姓諸侯王，最終僅存長沙王一人。

對此，劉邦在臨死前仍不放心，他甚至脅迫王公大臣們舉行「白馬之盟」，要求臣子們將白馬血塗在嘴唇上向劉氏家族宣誓效忠：「非劉氏而王者，天下共擊之！」在相繼剿滅幾大異姓諸侯王和舉行「白馬之盟」後幾個月，西元前一九五年，劉邦最終在長安去世。

此時，距離項羽自刎，相隔僅僅七年。

臨死前，這位帝王曾經回到故鄉沛縣（今江蘇豐縣），他親手擊筑，痛飲高歌：

大風起兮雲飛揚，
威加海內兮歸故鄉，
安得猛士兮守四方！

帶著遺憾，這位平民出身的帝王，和貴族出身的項羽，相會黃泉。

一個嶄新的時代，開始了。

2 在劉備眼中，道德不只是道德，而是謀略

劉備醉了，他一生中從來沒有這樣過。

建安十七年（西元二一二年），五十二歲的劉備找藉口討伐益州牧劉璋，斬殺其白水關守將，占據涪城（今四川綿陽），劍指成都。

史載，拿下涪城後，劉備召集將士，大擺酒席，歡慶勝利。

舉辦這麼大規模的宴樂，對於一生「喜怒不形於色」的劉備而言，還是頭一回。

喝著喝著，劉備對身邊的龐統說：「今日之會，可謂樂矣！」

龐統卻回了一句：「伐人之國而以為歡，非仁者之兵也。」

原本醉醺醺的劉備一聽，勃然大怒，辯駁說：「武王伐紂，前歌後舞，非仁者邪？卿言不當，宜速起出。」你在胡說什麼，給我出去。

過了一會兒，有點清醒了，劉備才發現自己剛才的失態，匆匆派人把龐統請回來。

一句「非仁者之兵」讓劉備當場暴怒失態，可見這句話正好戳中了劉備的痛處：他一生以仁德和信義樹立口碑，到頭來卻只是這個結果嗎？

透過投靠和背叛求生存，還四次丟妻棄子，卻聲名大噪

不管孫權願不願意，大部分讀者眼中的三國史，其實就是「兩國」的歷史：曹魏與蜀漢。更具體一點，是曹操與劉備的人氣爭奪戰。

蘇軾曾記載，他生活的北宋年間，民間說書人一講到劉備戰敗了，聽者就跟著流淚，但一講到曹操輸了，聽者都大聲叫好。這說明，至少在一千年前，曹操和劉備各自代表的道德形象，已經深入人心了。

眾所周知，劉備的家庭環境並不好，曾與母親販履織席為業。但他從小熱衷富貴，有次跟同族少年在院子裡的大桑樹下玩耍，劉備突然說一句：「吾必當乘此羽葆蓋車。」羽葆蓋車，大概是指皇帝專車，這跟當年劉邦看到秦始皇出遊感嘆「大丈夫當如此也」，基本是同一個意思。嚇得劉備的叔父趕緊跑出來制止他亂發狂語：「汝勿妄語，滅吾門也。」

一個出身卑微的有志者，透過構建家族譜系來提升自己的自信心和社會地位，這樣的例子，在注重門閥的時代並不罕見。劉備也是如此。

所以說，他的發家並不是靠這層所謂的皇族宗室身分，而是靠道義——道德和信義。在早年的拚搏中，劉備並無自己的地盤，但他以道義相號召，團結了關羽、張飛、趙雲等一幫兄弟。他的兄弟們始終不渝，留下了最為感人的情義。

當名士孔融被黃巾軍圍困時，太史慈向劉備求救並傳達，孔融說只有劉備能救他。劉備一聽，十分歡喜，問：「孔北海（孔融）知世間有劉備邪？」

此外，劉備在底層人中的口碑很好。

在任平原相時，三十一歲的劉備仁政愛民，「士之下者，必與同席而坐，同簋（按：音同軌。古代祭祀時盛黍稷的圓形器皿）而食，無所簡擇，眾多歸焉」。有人看著不爽，派刺客去殺劉備，結果「客不忍刺，語之而去」。陳壽在《三國志》中感慨：「其得人心如此。」

劉備著力於向世人塑造一副仁德的形象。雖然他沒什麼軍事實力，也沒有固定地盤，在公孫瓚、陶謙、呂布、曹操、袁紹等群雄之間輾轉，時而投靠，時而背叛。他幾乎屢戰屢敗，四次丟妻棄子，但他越挫，名聲越大。

追隨他的人不離不棄，接納他的人越來越多。

為什麼？因為劉備的道德立身策略，生效了。

劉備沒有曹操的權謀與能力，也沒有孫權的背景與家業，他白手起家，縱橫四海，無數次跌倒後，卻發現自己身後站著越來越多的擁戴者。

道德，給了他用之不盡的資本。對同時代其他人而言，道德就只是道德。但**對劉備而言，道德就是謀略**。

他每時每刻都在標榜自己的道德理念。

我們看看劉備的履歷：二十八歲，投奔公孫瓚，後棄投他人；三十四歲，投奔陶謙；三十六歲，投奔曹操；四十歲，投奔袁紹；四十一歲，投奔劉表；四十八歲，與孫權結盟，後背盟；五十一歲，投劉璋，後叛璋奪蜀……。

在二十年間，劉備數次易主，其中大多是敗則投靠，歸而後叛。

建安三年（西元一九八年），曹操親自討伐呂布，呂布被俘。呂布請曹操饒命，願為曹操率領騎兵，平定天下。曹操頗有些心動。

此時，已經投靠曹操的劉備進言說：「明公不見（呂）布之事丁建陽及董太師乎（你忘了呂布的義父丁建陽和董卓怎麼死的嗎）？」

曹操醒悟，下定決心殺呂布。

呂布知道自己沒命了，怒斥劉備：「是兒最叵信者（你是最不可信的人）！」呂布看穿了劉備的真面目。

本質上，**呂布與劉備是同一類人**，用當時的話說，就是「反覆難養」。

劉備的道德偽裝，之所以能迷惑人，還因為他是心理大師，善於窺探人心，所以總能趨利避害。

裴松之給《三國志》作注說，劉備的能力和謀略不如曹操，「然折而不撓，終不為下者，抑揆彼之量必不容己，非唯競利，且以避害云爾」。

劉備投靠曹操後，深居簡出，沒事就在花園裡種菜，裝出一副心滿意足的樣子。暗地裡卻聯絡反曹人士，以漢獻帝的衣帶密詔，準備謀刺曹操。

某次，曹操宴請劉備，縱論天下英雄，隨口說了一句：「今天下英雄，唯使君與操耳。」

劉備一聽，大驚失色，以為謀刺之事洩露，手中的筷子都拿不住了，掉落在地。恰好天上打雷，這才把自己的失態掩蓋過去。隨後，劉備以截擊袁術為名，帶上兵馬，脫離了曹操。後投靠了袁紹。

再後來，劉備又把趨利避害的做法演繹到極致。

在曹操和袁紹的官渡大戰開始前，劉備施計脫離袁紹，避免了滅頂之災。後歸附了劉表。

投靠劉表的七、八年間，劉備內心焦灼，一直在尋訪人才、組建隊伍、籠絡人心。

建安十三年（西元二〇八年），曹操率大軍南下，此時劉表病死，死前向劉備托孤。劉表次子劉琮很快向曹操投降。得知消息後，諸葛亮建議劉備攻打劉琮占據荊州。劉備說，「吾不忍也」。

當劉備由樊城向南撤退時，「（劉）琮左右及荊州人多歸先主（劉備）。比到當陽，眾十餘萬，輜重數千輛，日行十餘里」。帶著百姓跑路，肯定跑不過曹操的追兵。有人勸劉備拋開百姓，速行保江陵，劉備斷然拒絕：「夫濟大事必以人為本，今人歸吾，吾何忍棄去！」

整個三國，人口是第一競爭力，其次才是地盤。曹魏實力最強，說白了就是其轄下的人口最多。劉備也是站在現實的角度，看待跟隨他的百姓的價值。

劉備與孫權在赤壁之戰中的聯手，正是在劉備被打得沒有退路的背景下實現的。赤壁之戰中，曹操軍因火攻及瘟疫敗走，劉備自此才迎來一生事業的大轉機。

建安十四年（西元二〇九年）正月，劉表的長子劉琦去世，劉備順理成章領荊州牧，成為荊州真正的領袖。就此，劉備集團得以在荊襄地區發展壯大。

儘管口中聲稱「不忍」，但事實則是，劉備最終取代劉表家族，占據了荊州。

道德，不是劉備的價值觀，而是政治工具

以道德掩蓋權術，正是劉備的拿手好戲。在奪取益州的進程中，劉備將這手「好戲」，演繹得淋漓盡致。

當曹操派出大將來攻漢中時，益州牧劉璋深感恐慌，於是，聽從了屬下張松、法正的建議，求助劉備。

法正得到劉璋的明確指令後，帶上禮物、人馬，到荊州請劉備入蜀抵禦張魯和曹軍。法正私下獻策，他願與張松一起作為內應，助劉備趁機奪取益州，「然後資益州之殷富，憑天府之險阻，以此成業，猶反掌也」。

話都說到這個份上了，劉備怎麼可能不心動？當年，諸葛亮憑藉隆中對贏得劉備讚賞，並成為劉備打天下的指導方針。「隆中對」提到，第一步占荊州，這已經實現了；第二步占益州，從而「跨有荊益」。

心動歸心動，劉備卻遲遲未行動。為什麼？

糾結呀！如果按照法正的建議，簡單粗暴詐取益州，那他劉備就跟曹操沒區別了。劉備做夢都想據有益州，卻又不能給天下人遺下詭詐無德的口舌，玷汙他一直以來精心打造的仁德形象，這就得好好琢磨怎麼巧取了。

龐統站出來獻計，說荊州荒殘，益州富強，「今可權借，以定大事」。

劉備說：「今指與吾為水火者，曹操也。操以急，吾以寬；操以暴，吾以仁；操以譎，吾以忠。每與操反，事乃可成耳。」不是我不想借呀，你叫我怎麼借呀？

這段話說明劉備奉行的仁德和信義原則，並不是出於內心的道德律，而僅僅是他自我標榜、刻意與曹操對立的一種謀略和手段而已。**道德只是劉備的政治工具**。勇者善用武力，弱者善用道德，各取所長，**在兵家詭詐之道上，武力和道德並無本質區別**。

但以道德為權術的禁忌在於，你必須將詭詐掩藏得深一些，最好不要讓人發覺你的詭詐。這就對劉備「借」益州提出了很高的要求。

建安十六年（西元二一一年），劉備領兵西上益州。沿途蜀中官員熱情接待，提供一切必需品，劉備「入境如歸」。

達到涪城時，劉璋親自從成都趕來接風洗塵，天天宴席款待。

龐統獻計，在宴會上拿下劉璋，益州輕易就到手了。

劉備說，不可。

劉璋返回成都前，資助劉備一批軍資、士卒。劉備遂北上討伐張魯，但整整一年，他並未採取任何軍事行動。

建安十七年，曹操出兵攻打孫權，孫權向劉備求救，劉備終於找到了機會。

劉備「乃從（劉）璋求萬兵及資實，欲以東行」。

劉璋雖然不滿，但僅對劉備所要求的軍資、士卒減半提供。

沒想到，劉備倒有了藉口攻打劉璋。恰好此時，作為劉備內應的張松身分暴露，被劉璋斬首，劉備遂誘殺了劉璋的白水關守將，攻下涪城，控制了涪城以北地區。

劉備與劉璋的故事，是三國版「農夫與蛇」的故事。而孫權求救於劉備，結果被劉備當藉口使，氣得孫權大罵劉備「猾虜」。

在涪城那場歡宴中，劉備藉著酒意，把自己的道德偽裝脫了下來。龐統於是趕緊說，這場勝利不是仁者的勝利，沒什麼值得高興的。

龐統的本意，是要劉備收斂點，不要過於暴露自己的真實面目。劉備一開始沒領會到龐統的深意，一怒之下把龐統罵了出去。後來才醒悟，遂派人把龐統請回來，二人心照不宣，宴樂如初。

再後來，劉璋投降，劉備拿下成都，竟然放縱將士搶劫府庫。有人提議將成都士民的房屋田園拿來瓜分，幸好趙雲反對，劉備才沒有同意。

而與劉備的所謂仁義相比，劉璋在決定開城投降的那一刻，才真正詮釋了什麼是最後的仁義。據《三國志》記載，在劉備圍城數十日後，成都城中尚有精兵三萬，糧食夠吃一年，官民都表示要與劉備血戰到底，但劉璋說：「父子在州二十餘年，無恩德以加百姓。百姓攻戰三年，肌膏草野者，以璋故也，何心能安！」

為了百姓而出城投降，光憑這一點，劉璋就比劉備仁義得多。

夷陵之戰，不是為關羽報仇，而是為形象而戰

關羽被孫吳殺死後，劉備做出了一生中最後一個重大決策：東征孫權。

蜀漢章武元年（西元二二一年）秋，稱帝才三個月的劉備親率大軍伐吳。陳壽在《三國志》中說，劉備東征的原因是「忿孫權之襲關羽」。

這場戰爭，史稱夷陵之戰，是劉備與孫權之間最大規模的戰爭。不過，很多人不能理解，向來精於形勢算計的劉備，為什麼放棄最大的敵人曹魏，轉向攻擊曾經的盟友孫吳？

眾人都勸劉備不要衝動，要慎重。趙雲說得最明白：「國賊，曹操，非孫權也，若先滅魏，則權自服。」

但這些理由顯然不能打動劉備。

反倒是曹魏那邊有人看得真切。曹丕曾讓群臣討論劉備會不會替關羽報仇，群臣也說不會，但一個叫劉曄的人說會：「蜀雖狹弱，而（劉）備之謀欲以威武自強，勢必用眾以示其有餘。且關羽與（劉）備，義為君臣，恩猶父子，羽死不能為興軍報敵，於終始之分不足。」

兩個理由，一個是劉備剛稱帝，需要透過一場戰爭來炫耀武力；另一個是劉備是否為關羽報仇，關係到劉備的立身之本。

這才算是真正看透劉備的人。

如果說**曹操的政治資本是戰功，孫權的政治資本是父兄家業，那麼劉備的政治資本就是他給自己塑造的道義**。關羽是劉備起家最核心的舊將，劉備若不為關羽之死報仇，世人會怎麼看他？劉備的核心競爭力——道義至上，還站得住腳嗎？

所以，沒有人能阻止劉備出兵伐吳。

與其說他是為關羽報仇，不如說他是為自己的道德化身而戰。

夷陵之戰歷時一年多，結果是劉備慘敗。

蜀漢章武三年（西元二二三年）三月，六十三歲的劉備托孤於諸葛亮，病逝白帝城。

3 大清真正的末代皇帝，是咸豐

有一段日子，道光皇帝比較煩。道光苦惱的，是他兩個兒子——皇四子奕詝（按：音同煮）與皇六子奕訢，誰才是儲君的最佳人選？

奕詝與奕訢並非一母所生，卻在同一個屋簷下生活多年，只因奕詝十歲時，其生母孝全皇后早逝。孝全皇后在臨終前將兒子奕詝託付給了道光的寵妃，即奕訢的生母，後來的靜皇貴妃。

因此，奕詝與奕訢都由靜皇貴妃撫養成人，「如親昆弟」，可說是穿一條褲子長大的。兄弟倆的媽媽都是道光深愛的女人，而在年長的皇子中，這哥倆也是最具資質的。道光朝的儲君之爭，就在皇四子奕詝與皇六子奕訢之間展開。

知子莫若父。

道光知道這兩個兒子的能耐，大致上是皇四子性格好，皇六子智商高。比如拿出一些物品賞賜給兄弟倆，奕詝都會讓著弟弟，讓奕訢先挑；平時讀書，奕詝都是早早起床到書房苦讀，奕訢卻經常賴床，但功課一點不比哥哥差。

他們一個勝在賢德，一個贏在才智。

但是，奕詝有一個好老師杜受田，屢次為他送上助攻。

有一次，道光帝帶諸皇子到南苑獵場比賽打獵。杜受田聽說此事，就跟奕詝說：「四阿哥，您到那兒啥也別幹，看著別人騎射就行，等皇上問起，您就說，現在是春天，正是鳥獸孕育的季節，不忍傷生，也不想與諸弟相爭。」

奕詝聽老師的話，乖乖照做。道光聽到他的回答十分滿意，開心的說：「我兒有人君之度啊！」

隨著道光帝年老體衰，奕詝與奕訢的明爭暗鬥越發激烈，他們時常向各自的老師請教。

奕訢的老師知道學生才識過人，於是建議：「若皇上問您問題，要知無不言，言無不盡。」

杜受田卻跟奕詝說：「若是比聰明才智，您肯定不如六爺，只有一個辦法，假如皇上說自己老了，將不久於人世，你就伏地大哭，以表孺慕之情。」奕詝終是按著老師說的去做，道光聽了之後很是欣慰，說：「皇四子仁愛孝順啊！」

到了道光三十年（西元一八五〇年），謎底終於揭曉。道光皇帝病危，召集重臣，宣布四年前立下的密詔：皇四子奕詝立為皇太子，皇六子奕訢封為親王（即日後叱吒風雲的恭親王）。

內憂外患之中，陰霾籠罩在紫禁城上空，道光皇帝永遠閉上了疲倦的雙眼。

道光萬萬想不到，他選出來的儲君，將成為清朝乃至中國歷史上最後一位掌握實權的皇帝。

后妃，從咸豐開始干政

二十歲的奕詝即位，次年改年號為「咸豐」，取「四海豐盈，天下富足」之意。

雖然大清是否配得上這個年號要打個問號，但此時的咸豐，絕對是一位意氣風發、極具貴族氣質的年輕皇帝。

史書記載，咸豐帝在清朝諸位皇帝中文學最佳，批閱奏章頗有文采。他還喜歡繪畫，尤其擅長畫人物、山水、駿馬，如今還有幾幅畫藏於故宮博物院。他還是一個戲痴，為父親道光服喪時不能聽戲，他就偷偷命人找來戲班的刀槍劍戟，自己在宮裡擺弄。京劇在晚清發揚光大，風靡全國，正是始於咸豐的熱愛。

咸豐後宮中最著名的人物，是懿貴妃葉赫那拉氏，也就是後來的慈禧太后，她是借選秀女之機進宮的。

據野史記載，慈禧的祖先葉赫部與愛新覺羅家族有仇，她們一族本來不能與皇室通婚，慈禧初入宮時只能當宮女，閒著沒事就唱歌，餘音嫋嫋，動人心弦，一下子吸引了咸豐。慈禧從此得寵，並生下了皇子載淳（同治皇帝）。

實際上，這個故事經不起推敲，滿洲貴族中，愛新覺羅與葉赫那拉兩家確實有仇，但從努爾哈赤開始他們就經常通婚，這本身也是一種政治聯姻。清朝歷史上有十多個姓葉赫那拉的嬪妃，慈禧不過是其中之一，她入宮不久後就被封為蘭貴人。

慈禧討皇帝歡心的是才華。咸豐在位時，清朝正面臨前所未有的危機，他每天都要處理堆積如山的奏摺，各地官員個個跟他要兵要錢要糧，他根本沒時間沉醉在嬪妃的溫柔鄉中。此時，后妃中文化水準較高的慈禧，經常助咸豐一臂之力，在旁侍候他批摺子，聽他倒苦水。后妃本來不得干政，但慈禧從旁協助，耳濡目染，政治野心也與日俱增。

咸豐沒想到，眼前這位可人，會在將來掀起驚濤駭浪。

洪水、地震、農民起義，考驗咸豐怎麼當好皇帝

道光選擇奕詝，是希望他成為賢明之君，而咸豐起初也想做個好皇帝。

咸豐繼承了父親節儉的生活習慣。上書房門壞了，官員請求換新門。咸豐說，修一修得了，一看報銷經費，五千兩銀子！咸豐很生氣，官員趕緊回覆，不是五千兩，是五十兩，自己寫錯了。

咸豐衣服被燒了個窟窿，太監說不能再穿了。咸豐說，補補就行。太監感動，說主子儉德，堪比古代賢君。

天不遂人願。

咸豐在位十一年，幾乎天天都水逆（按：指諸事不順、運勢低落），各地奏摺如雪片般飛入紫禁城，鋪天蓋地全是壞消息，無一日安寧。

他即位後第八個月，黃河決堤，洪水肆虐六十餘州縣，北方各地田屋被淹，房舍倒塌，遇難者不計其數。幾乎與此同時，四川發生大地震，兩萬餘災民喪生。咸豐最信任的大臣，他的老師杜受田在咸豐二年（西元一八五二年）外出處理賑災時突發急病去世，這讓他悲痛不已。

咸豐元年（西元一八五一年），太平天國運動爆發，這場史上最大規模的農民起義，將清朝拉入了衰退的深淵。

每次有天災人禍，咸豐都要做檢討、想法子，他在三年內發了兩次「罪己詔」，自認「皆吾罪也」，向列祖列宗與黎民百姓請罪，同時兢兢業業，半夜處理政事更是習以為常。

關於咸豐勤政的記載，晚清大臣張集馨曾在給幕僚的信中寫道：「凡軍機大政，有急報，雖深

夜，（咸豐）必令內監就榻前跪讀。其大者，即炳燭披衣而起，御榻之內列小幾一，上設筆硯文具，率憑幾批答，或朱筆宣召大臣，無不立時施措，無片刻延緩者。其尋常小事，訖後，即將原折置幾，黎明臨御時，宣付軍機。」

可見，咸豐每天被繁忙的政事纏住，國家大事壓得他喘不過氣。

為了對抗太平軍，咸豐帝想盡辦法籌錢，他命弟弟恭親王將乾隆年間鑄造的金鐘投入熔爐，化成幾千條金條，送到前線當軍費。他批准了徵收「釐金」的建議，加大對商人的徵稅，此舉有違祖制，且動搖民心。

但咸豐顧不了那麼多。

他想起了明朝末代皇帝崇禎，對大臣說：「天啟當亡國而弗亡，崇禎不當亡而亡。」

在咸豐在位的第四年，太平軍攻陷南京城，半壁江山換了顏色。之後幾年，活躍於淮河流域的私鹽販子、遊民組成「撚軍」，擁兵十餘萬；遍布各地的小刀會、三合會等起義；在偏遠的雲貴高原，還有苗民起義、彝民起義。

當太平軍發起北伐時，咸豐心情沉重，更是說：「朕也要像崇禎一樣，不當亡而亡了。」

咸豐陷入了無盡的憂慮，他面對的是三千年未有之變局，也是清朝立國以來最大的危機，而他，卻只是想做個好皇帝而已。

咸豐四年（西元一八五四年），太平軍攻占揚州，清軍圍攻不下，上書皇帝，請求挖開城外的大堤，以水灌城，讓太平軍與揚州城同歸於盡。

對於這一計策，咸豐親筆做出批示：「城可緩取，勿傷吾百姓。」

清正規軍的靡爛腐敗，再加上咸豐的默許，漢人勢力開始崛起

咸豐沒有成為第二個崇禎，清朝在他死後還存在了半個世紀，個中緣由，主要是咸豐會用人。

崇禎當年也是進行多線作戰，手下也有不少能幹之人，可這些人，不是被殺，就是被逼自殺，不然就是被他坑，然後丟了命，比如袁崇煥、楊嗣昌、孫傳庭等等。

咸豐「治亂世，用重典」，在太平天國起義期間也處置了一大批失職的督撫大臣，但這更多的是為真正的人才登上歷史舞臺掃清障礙。

太平軍剛起義的時候，廣西官員連洪秀全的名字都沒寫對，告訴了遠在千山萬水之外的皇帝，洪秀全就一萬多人，成不了氣候，收拾他們易如反掌。

結果呢，太平軍轉眼間都打到南京了。

咸豐知道，大清的正規軍八旗（按：清朝特有的集軍事、生產和行政管理於一體的社會組織）、綠營（按：主要負責彌補八旗的不足和守衛國土。這些漢軍因使用綠色軍旗，故稱之）已經糜爛不堪，就採納大臣的建議，在各地辦團練，也就是由地方漢人士紳帶頭，將本地的農民、佃戶武裝起來對抗太平軍。

咸豐說：「朕用人行政，一秉大公，從無分於滿漢。」他一口氣任命四十多名「團練大臣」，其中就包括日後打敗太平軍的最大功臣曾國藩。

湖南人曾國藩丁憂在家，受命幫辦團練，就這樣組成了湘軍的最初班底。

咸豐發現曾國藩的湘軍辦得風生水起，連發聖旨，讓曾國藩趕緊出兵，充當救火隊長。

在給曾國藩的信中，咸豐展現出了出色的辯才，嬉笑嘲弄之間還帶著皇帝的威嚴：「試問汝之才力能乎？否乎？平時漫自矜詡，以為無出己之右者；及至臨事，果能盡符其言甚好，若稍涉張惶，豈不貽笑於天下？……言既出諸汝口，必須盡如所言，辦與朕看！」

皇帝都發話了，曾國藩只好出兵。湘軍初出茅廬，屢敗屢戰，文官出身的曾國藩現學現賣，在戰爭中學打仗，失敗數次後，奪回了被太平軍占領的長江重鎮武昌。

咸豐帝此前收到的都是各地失守的消息，突然翻到曾國藩攻克武昌的戰報，一時大喜過望，說：「不意曾國藩一書生，乃能建此奇功！」湘軍在此後幾年迅速崛起，這是中國近代史上一件影響深遠的大事，從此以後，漢族勢力開始崛起，而這一切，可說是源於咸豐帝的默許。

徹底清查，揭開科舉黑暗面

即便當時身處內憂外患之中，咸豐仍有整頓吏治的理想。

剛即位時，咸豐就發現大清官場有不少毛病，他重用肅順等宗室，清洗朝中。

肅順為咸豐提出了大刀闊斧的改革措施，其中包括削減八旗錢糧。

八旗子弟是「鐵飯碗」，不事生產，全靠領軍餉養家糊口。可滿人入關二百年了，八旗人口越來越多，生活日漸腐敗，戰鬥力也日漸低下。肅順當上戶部尚書後，上書請求取消八旗子弟的救濟，幾乎得罪了全部滿族貴胄。

肅順的改革得到了咸豐的支持。

另外，肅順還查辦了因朝廷濫印紙鈔而引發的貪汙案——「五宇官號案」，查出贓款上千萬兩，牽扯不少中央官員，包括皇帝的弟弟奕訢。

到了咸豐八年（西元一八五八年），發生了清朝最大的科場案——戊午科場案。

這一年全國各地舉行鄉試，天子腳下的順天鄉試出了大事。此次順天鄉試錄取了三百名舉人，其中，當地一個伶人（戲子）、滿族人平齡金榜題名，而且名列第七名。

讀書人都有自己的圈子，考生們一打聽，知道這平齡竟是個伶人，按律伶人是不能應考的，更別說中舉了。於是有人上奏皇帝，請求查明此事，咸豐就讓陳孚恩等大臣前往調查。

陳孚恩一查，發現平齡的試卷果然有問題。

當時科舉實行「糊名制」，為了避免評卷人碰到認識的考生，還特地分為「墨卷」與「朱卷」，前者是考生的卷子，後者是考官將其答卷抄寫一遍，用來評分。平齡的墨卷上錯漏百出，到了朱卷上卻全被改正了。

誰改的？只能是負責抄寫的相關人員。

意外的是，平齡下獄後不久就死得不明不白。本來有大臣說，將順天鄉試的考官罰俸一年，就可以結案了。咸豐卻聽從肅順的建議，下令再查，往死裡查！

陳孚恩等人對順天鄉試中舉者的試卷進行了全面複查，發現三百名舉人，有五十份試卷出了問題，也就是說，至少有六分之一的人本來不應該中舉。

咸豐看完報告氣急。科舉考試是為大清選拔人才，竟有人敢如此胡作非為，而且是在天子腳下，簡直無法無天。

在咸豐的支持下，陳孚恩等人揭開黑幕，將參與此次舞弊的考生、官員一一揪出來，一直查到內閣大學士、軍機大臣柏葰身上。

案發次年，經過陳孚恩等人審理，包括柏葰在內的四名主要涉案官員被判處斬首，其他幾十人被流放、撤職、降級、罰俸。

咸豐念及過去對柏葰的倚重，有意對柏葰從輕發落。咸豐問大臣意見，一時鴉雀無聲，只有肅順站出來並表示，科舉是國家大典，一旦徇私舞弊，處分極嚴，柏葰是一品大員，且是科甲出身，是他辜負了皇帝的恩典，也藐視了國家的法令，應該嚴格執法，明正典刑。

肅順的話，堅定了咸豐的決心，一年後，柏葰等四人被處死。咸豐嘆道：「雖然情有可原，但法令如山，不能寬宥，柏葰必須死。朕想到此處，不禁垂淚。」

作為最後一位掌握實權的皇帝，龍顏大怒的咸豐，在這一刻顯現出了自己的鐵腕。這一科場大案，扭轉了清朝科舉的黑暗，朝廷用柏葰的死，一掃科場弊端。此後數十年，直到科舉被廢除，清朝再沒有此等大案。

無法抵抗內憂外患的壓力，再也不見勤政咸豐帝

內憂未解，外患又至。

同樣是在咸豐八年，另一件事，也讓咸豐傷透了心。

兩年前，英法在美、俄的支持下聯合發動侵華戰爭。這一年，列強步步緊逼，強迫清廷簽訂了《天津條約》。

之後雙方要交換批准檔，也就是「換約」，英法兩國堅持要到北京來，咸豐卻想阻止外邦使者進京，衝突一時難以化解，且越演越烈，英法聯軍又一次向大沽口進軍。

內外交困的咸豐即將迎來自己的三十歲生日，風華正茂的青年皇帝，早已身心俱疲。

有學者認為，咸豐十年（西元一八六〇年），是清朝立國以來危機空前嚴峻的一年，咸豐的列祖列宗從未遇到過這樣的難題，甚至可以說，大清已經到了亡國的邊緣。

這一年，江南大營潰敗，太平軍氣勢正盛。

帝國大廈即將傾頹，曾國藩卻與咸豐出現了戰略分歧，咸豐希望曾國藩放棄圍攻安慶，率軍東下救援江南大營，曾國藩卻認為要從長江中游著手，君臣二人一時相持不下。

這一年，英法聯軍捲土重來，在北塘登陸，兵臨北京城下。

北京失守前夕，咸豐以清朝皇室秋季圍獵盛事，也就是木蘭秋獮為名逃往承德避暑山莊，這是清朝皇帝從未有過的屈辱。大臣潘祖蔭甚至直言相勸：「國君死社稷，上欲何往！」

《清稗類鈔》記載，咸豐帶著嬪妃、皇子與近臣，從圓明園離京當天，發生了一件怪事。

咸豐乘船離開的渡口叫「安樂渡」，每逢皇帝御舟在此啟程，太監、宮女必一聲接一聲呼喊：「安樂渡。」其聲悠揚不絕，直到船到對岸才停下來。

咸豐的兒子載淳卻跟著太監、宮女一聲聲的喊著「安樂渡」，年僅五歲的他，還不知道發生了什麼變故。咸豐一把抱住兒子，潸然淚下，說：「今日無復有是矣！」

這一刻，咸豐帝與北京城永別。

逃到熱河行宮後，咸豐帝一改往日的勤政習慣，耽於行樂，縱情聲色，甚至有一種至今無法求證的說法：此時的咸豐帝，有自求速死的嫌疑。

三十一歲的他體形消瘦，咳中帶血，卻不顧身體，在熱河行宮拚了命的飲酒，經常喝到酩酊大醉，甚至借此發洩情緒，每次喝醉，必怒罵太監、宮女，連寵妃也不能倖免。

咸豐十一年（西元一八六一年）七月，這個苦命天子，在熱河行宮走完了自己憂傷的一生，他曾不甘沉淪，卻無力回天。

在咸豐之後，清朝還有最後三代皇帝：同治、光緒、宣統。

咸豐至死都以為，大清要亡了，卻不知在他死後，清朝的太陽照常升起，清朝繼續苟活五十年。

但那時，陽光不再耀眼，只有刺骨的陰寒。

4 當了三次皇帝的溥儀，找不到自我

末代皇帝溥儀得了尿毒症（按：指因腎功能衰竭，蛋白質消化後產物、尿素等身體廢棄物，因無法排出而滯留體內所產生的中毒現象），在人生的最後時刻，他很想抽一根菸。可醫生不讓。

彌留之際，在西元一九五九年被特赦出獄的抗日名將杜聿明來看他。呢喃中，溥儀對杜聿明說：「好久沒抽菸了，我想吸，就給我點上一支吧！」

這是西元一九六七年十月。

人生和命運詭異的安排，末代皇帝和抗日名將以這樣的方式告別。杜聿明流著眼淚，為溥儀點上了最後一根菸。

溥儀有很多放不下。臨死前，他對妻子李淑賢說：「我對不起妳。我們結婚才五年多，現在眼看要扔下妳一個人了。我年歲大，從各方面說都很對不起妳。妳體弱多病，我又沒什麼東西留下，妳今後怎麼生活？……誰能管妳的事？我最不放心的，就是妳呀！」

與清朝的倒數第三位皇帝同治以及倒數第二位皇帝光緒一樣，溥儀也沒有孩子。但對於自己的這最後一位妻子，他付出了真感情。

他放不下。

溥儀在西元一九〇八年入宮繼承帝位時，還是一個實際年齡不到三歲的孩子。

當年十一月，彌留之際的慈禧掙扎著，下令迎入醇親王奕的孫子、當時年僅兩歲九個月的溥儀繼承大統，是為中國的末代皇帝宣統。

溥儀的親生父親，是醇親王奕的兒子、光緒皇帝的弟弟、繼承醇親王爵位的載灃。

軍機大臣要來接這位不到三歲的孩子入宮，從小照顧溥儀長大的庶祖母劉佳氏知道深宮似海，聽說溥儀即將被選入宮，立即昏厥過去。家族中，光緒皇帝被慈禧軟禁多年形同廢人，眼下孫兒溥儀又被選為繼承人，劉佳氏知道，這絕非家族之福。

溥儀還小，他不懂，可是即將離開醇親王府，他也拚命哭。後來，這名末代皇帝在回憶錄中說：「乳母看我可憐，拿出奶來餵我，這才止住了我的哭叫。這個舉動啟發了束手無策的老爺們。軍機大臣和我父親商量了一下，決定由乳母抱我一起去，到了中南海，再交內監抱我見慈禧太后。」

溥儀進宮第二天，光緒帝駕崩；進宮第三天，慈禧也病重身亡。

辦完皇帝和太后的喪事，新皇帝要舉行登基大典。在紫禁城太和殿上，不到三歲的新皇帝溥儀號啕大哭。「我被他們折騰了半天，加上那天天氣奇冷，因此當他們把我抬到太和殿，放到又高又大的寶座上時，早超過了我的耐性限度。我父親單膝側身跪在寶座下面，雙手扶我，不叫我亂動，我卻掙扎著哭喊：『我不挨這兒！我要回家！我不挨這兒！我要回家！』父親急得滿頭是汗。文武百官的三跪九叩，沒完沒了，我的哭叫也越來越響。父親只好哄我：『別哭別哭，快完了，快完了！』」

攝政王載灃的話，也讓底下的文武百官竊竊私語。在大清帝國風雨飄搖的末日中，所有人都感覺到了一種不祥預兆：「怎麼能說『快完了』呢？『說要回家』是什麼意思？」

登基大典上的哭鬧，很快就成了現實。在辛亥革命的狂風暴雨中，西元一九一二年二月十二日，清朝以宣統皇帝奉光緒帝妻子隆裕太后懿旨的名義，發布退位詔書：「予與皇帝得以退處寬閒，優遊歲月，長受國民之優禮，親見郅治之告成，豈不懿歟！」

清朝的落幕，與兩千多年帝制的終結，以從容的一句「豈不懿歟」畫上句號。此後，很多人都對實際操刀這篇退位詔書的楊廷棟深表讚許。

帝制結束了，但溥儀和時代的顛沛動盪，才剛剛開始。

紫禁城裡外，兩個世界，溥儀被困在舊時代

許多民國初期的人回憶北京，都說那時的北京分成紫禁城、東交民巷和真正的北京城三個部分。那時候，東交民巷是洋人的地方；紫禁城裡，還住著末代皇帝溥儀。按照民國政府與清朝皇室達成的「優待皇室條件」，溥儀住在紫禁城的深宮大院裡。從西元一九一二年清朝終結到西元一九二四年馮玉祥發動政變，末代皇帝在這裡度過十二年。

清朝結束時，溥儀年僅七歲。可在紫禁城的深宮裡，他仍然享受著皇帝的威儀。隆裕太后為他請了狀元陸潤庠、翰林陳寶琛，以及精通滿漢雙語的進士伊克坦等名師教他讀書寫字。時代巨變，可他學習的仍然是四書五經等儒家經典，以及《庭訓格言》、《聖諭廣訓》、《御批通鑑輯覽》之類的君王文集。

身邊都是大人，他沒有朋友。

他最親近的人，是當初追隨他進宮的奶媽王焦氏，溥儀管她叫「二嬤」。

二嬤是窮苦人家出身，十六歲就嫁給一個姓王的差役，剛生兒子沒多久，丈夫去世。不得已，王焦氏只得到醇親王府當奶媽。不久，王焦氏的親生兒子也病故了。這位苦女子對幼小的溥儀傾注了真心，西元一九〇八年跟隨溥儀進宮後，一直陪護溥儀到西元一九一七年，才被宮裡的太妃們趕走。

可溥儀想念她，紫禁城空蕩冷漠的深宮裡，只有奶媽王焦氏才是他精神深處的安慰。溥儀到偽滿洲國後，特地下令將二嬤接到了長春。西元一九四五年，溥儀被蘇聯紅軍俘虜後，王焦氏流落民間，西元一九四六年死於亂世之中。

很多人都看出了這位少年的孤獨。西元一九一九年，英國軍官莊士敦受李鴻章的兒子李經邁推薦，入宮擔任溥儀的英語老師，莊士敦回憶說：「**當我跨過神武門進入紫禁城時，我意識到我已經從共和制回到了古老的君主制。**」

與溥儀相處日久後，莊士敦感慨說：「皇帝陛下是世界上最孤獨的孩子，**紫禁城的牆是世界上最高的牆。**」

從來只接觸四書五經和帝王治世之道的溥儀，在莊士敦的傳授下，開始接觸英文、數學、歷史和地理等現代科學。在莊士敦的影響下，他剪去了辮子，穿上了西服，戴上了近視眼鏡，在紫禁城裡騎自行車、打網球，還有了一個英文名：Henry（亨利）。

後來，在被蘇聯紅軍俘虜後，他還自稱：「我是 Henry 溥儀。」

西元一九一七年六月，前清的兩江總督張勳，借調停民國總統黎元洪與總理段祺瑞「府院之爭」

的名義，率領五千辮子兵闖入北京，擁戴年僅十二歲的溥儀復辟。在第二次當上皇帝，過了十二天皇帝癮後，隨著張勳的兵敗，此次「宣統復辟」宣告失敗，張勳則在德國人的保護下逃入荷蘭使館。

復辟的清朝遺老們一時又做猢猻散（按：喻有權勢的人一旦失勢，其依附者隨即散去）。懵懵懂懂之中，在帝師陳寶琛等人的教育下，溥儀開始植入了所謂「光復大清」的「宏願」，儘管這將在此後成為困擾他一生的惡夢。

紫禁城裡的生活實在無聊，少年叛逆的溥儀，便經常跟光緒帝的妃子端康太妃等人吵架。西元一九二一年，端康太妃在一次被溥儀頂撞後，惱怒之下召見溥儀的親生母親瓜爾佳·幼蘭，並讓瓜爾佳·幼蘭和溥儀的老祖母在永和宮大殿跪了一個上午。

作為武衛軍創始人榮祿的女兒，心高氣傲的瓜爾佳受不了這口氣，當天回到醇親王府後便自殺。溥儀的親生父親載灃卻不敢對溥儀透露瓜爾佳·幼蘭的真實死因，只是對他說瓜爾佳·幼蘭是死於「緊痰絕」。溥儀自西元一九〇八年進宮後，時隔十三年第一次返回他出生的醇親王府，並鄭重對著母親的靈柩磕了三個響頭。一直到多年後，溥儀才了解到母親的真正死因。

儘管被困深宮，但少年溥儀還是多少聽說了外頭的事。他甚至知道「新文化運動」，還看了胡適的文集。那時，紫禁城裡剛裝好電話，他就打電話，讓「東興樓飯莊」給送外賣，又打電話調侃當時著名的京劇演員楊小樓，然後學著京劇裡的腔調說：「來者可是楊——小——樓啊？」

某天，胡適也突然接到一通電話，對方第一句就是：「你是胡博士啊？好極了，你猜我是誰？」胡適當然猜不出，電話那頭一陣大笑，然後說：「甭猜了，我說吧，我是宣統啊！你說話我聽見了，我還不知道你是什麼樣兒。你有空到宮裡來，叫我瞅瞅吧。」

宣統皇帝溥儀，要見留洋回來的哥倫比亞大學哲學博士胡適。

胡適也很好奇，在跟溥儀的英文老師莊士敦聯繫確認此事後，胡適進宮覲見了溥儀。

新聞吵得沸沸揚揚，說胡適竟然進宮覲見了廢帝溥儀。胡適倒是很坦然，他在報紙上刊文寫了一篇文章〈宣統與胡適〉，裡面寫道：「一個人去看一個人，本也沒有什麼稀奇。清宮裡這一位十七歲的少年，處境是很寂寞的，很可憐的；他在這寂寞之中，想尋一個比較也可算得是一個少年的人來談談：這也是人情上很平常的一件事。不料中國人腦筋裡的帝王思想，還不曾洗刷乾淨。所以這一件本來很有人味兒的事，到了新聞記者的筆下，便成了一條怪詫的新聞了。」

胡適讀出了這位廢帝的天真與寂寞。後來，胡適在日記裡，用白話文寫了一首詩《有感》：

咬不開，捶不碎的核兒，
關不住核兒裡的一點生意；
百尺的宮牆，千年的禮教，
鎖不住一個少年的心！

溥儀當然寂寞，在紫禁城裡，只有奶媽王焦氏、師父陳寶琛、英文老師莊士敦才是他信賴的人。而自從奶媽王焦氏在西元一九一七被趕走後，他日益孤單。

這一切莊士敦看在眼裡，於是給推薦自己任教的李經邁寫信說：「我想我應該提醒您，皇帝目前過的這種虛假生活，對他的健康、體質、智力發展和道德培養都非常不利……儘管他是皇帝，但他首先是個孩子，如果忽視這一點，在未來三、四年中，結果可能會很糟糕。」

溥儀非常想離開紫禁城，可皇宮裡的太妃、遺老遺少還有太監們總是對他說，外面亂哄哄的，都是革命黨，一出去就有生命危險！

於是，這位廢帝經常爬上紫禁城的假山和城樓，眺望外面的世界。他甚至用望遠鏡觀察天空，想要尋找英文教師莊士敦口中的火星。

莊士敦在給友人的信中寫道：「看，他的興趣不僅僅是其他國家，也包括其他世界。」

溥儀非常信賴莊士敦，後來溥儀在回憶錄裡寫道，他五歲時開始，陳寶琛就擔任他的老師，「陳寶琛本來是我唯一的靈魂，不過自從來了莊士敦，我又多了一個靈魂」。

少年溥儀動了心，很想到英國去留學，莊士敦幫助他制訂逃出紫禁城的計畫。然而消息走漏，溥儀的夢想未能實現。

但他很快就將被迫離開紫禁城。

被迫離開紫禁城，卻過上最自由的時光

清軍進關的第一位皇帝順治帝福臨，登基時年僅六歲。而清朝的最後三位皇帝，同治帝登基時六歲，光緒帝登基時四歲，宣統帝溥儀登基時不到三歲。在權臣和後宮的強勢干政下，**滿洲入主中原後的統治，以幼童始，以幼童終**。而身處權力和時代旋渦中無法自拔的帝王們，最終也將用自己的生命和青春，來為帝制時代殉葬。

從這一點來說，溥儀從西元一九〇八年入宮伊始，悲劇就已經埋下。

清朝滅亡十二年後，西元一九二四年十月，馮玉祥率兵進入北京，發動政變，限令溥儀必須在兩個小時內撤離。

無奈之下，溥儀只得在修正清室優待條件上簽字。臨走前，他交出了「皇帝之寶」和「宣統之寶」兩顆印璽，並逃到自己出生的醇親王府避難。

由於擔心革命黨人會加害自己，溥儀隨後又從醇親王府潛逃進入日本公使館，然後輾轉進入天津租界，並先後入住張園和靜園。

身處天津的日子，這位廢帝仍然像在紫禁城裡一樣，非常渴望能到英國留學。在跟英國《倫敦每日新聞》記者凡爾農．麥克尼茲聊天時，溥儀聊到他很想見見英國王子，還有希望與英國首相大衛．勞合．喬治、著名演員查理．卓別林、美國總統胡佛等會面。

英國駐華使館很快回覆溥儀的英文教師莊士敦：「英王陛下政府對溥儀朝廷沒有任何興趣。」凡爾農．麥克尼茲也看得很透澈：「目前他（溥儀）在世界上已無任何重要價值。看起來，也永遠不會再有顯赫的一天了。」

溥儀又想東渡日本，但當時的日本外相幣原喜重郎宣稱：「如果溥儀到訪日本，固當鄭重禮遇，但按照帝王辦法殊感困難。」

在國內，當時北洋政府執政段祺瑞則表示，如果溥儀以「個人資格」赴日本或遊歷歐美，北洋政府「均不加束縛」。

但溥儀沒錢出國。

離開紫禁城後，由於失去了每年四百萬元的「清室優待歲費」，溥儀只能依靠出售從紫禁城帶出來的珍寶，還有清朝遺老們的進貢勉強度日，以致有時連身邊侍從人員的工資都要拖欠。

溥儀的親生父親載灃，還有溥儀最信任的老師陳寶琛極力反對溥儀東渡日本。在陳寶琛等人看來，若溥儀東渡日本，則勢必將放棄帝王之尊而淪為平民，況且也絕對不能讓外國人「領養」溥儀。陳寶琛仍然孜孜追求的，是希望能跟當時的北洋政府談判，讓溥儀「復號還宮」，恢復皇帝尊號和原來的優待條件，在返回紫禁城後再徐圖復辟「大業」。

儘管因為經濟等各種原因被困天津，但從西元一九二五年到西元一九三二年，溥儀卻因此過上了他一生中最為自由的日子。

離開了紫禁城的束縛，雖然生活捉襟見肘，溥儀卻因此收穫了他一直想要的自由。

凡爾農．麥克尼茲在《被放逐的皇帝》中寫道，「溥儀在天津再沒有高高的宮牆障眼了，他接觸了街市的喧鬧，感到很新鮮，經常獨自上街，或帶著（皇后）婉容和（淑妃）文繡，逛珠寶店、百貨店、服裝店和餐館」，儘管變賣的珍寶和遺老們的進貢收入有限，但溥儀仍然「喜歡什麼便流水般的花錢」。

溥儀甚至自己跑到理髮店裡理髮，又到開明戲院看梅蘭芳唱戲，惹得溥儀在天津的大管家、清朝遺老胡嗣瑗上奏要求辭職引退，說外界對他在天津四處遊蕩「頗形輕侮」。溥儀於是賞賜了一頂貂皮，「以旌忠直」，才把胡嗣瑗留了下來。

但在天津的日子並不安生。西元一九二八年，軍閥孫殿英盜挖清朝東陵，挖開了乾隆皇帝和慈禧的陵墓，溥儀為此悲傷氣憤，每日在天津住處擺設乾隆和慈禧的香案祭拜，並且發誓「不報此仇，便不是愛新覺羅的子孫」。

由於手中無兵無權，溥儀等人於是將希望寄託在當時北伐成功的國民政府上。蔣介石就此委託閻錫山查辦此事，可當時兵荒馬亂，加上軍閥們各自為政，此事不久就不了了之。而溥儀和清朝遺老們也從來沒有放棄過復辟的想法，甚至不惜依託外力。

就在溥儀和遺老們加緊與日本勢力勾結的同時，西元一九三一年八月二十三日，溥儀的淑妃文繡卻假裝出門散心，隨後離開溥儀居住的天津靜園，與溥儀打起了離婚官司，史稱「刀妃革命」。

妃子與皇帝離婚，這一史無前例之事，隨即轟動了整個民國。而溥儀不育的祕密，隨著他的妃子文繡的曝光而公開。據文繡的公開說法，她從西元一九二二年嫁給溥儀，到西元一九三一年，溥儀從未與她有過性生活，以致她結婚九年仍是處女：「事帝九年，未蒙一幸，孤衾獨抱，悲淚暗流，備受虐待，不堪忍受。」

為了盡快結束這宗皇家醜聞，溥儀在律師和中間人的協調下，不得已賠償給了文繡五萬五千元贍養費，雙方最終於西元一九三一年十月二十二日簽下了離婚協議書。

溥儀則下令頒發了一道「廢淑妃（文繡）為庶人」的「諭旨」，以挽回面子。其中稱：「淑妃擅離行園，顯違祖制，應撤去原封位號，廢為庶人，放歸母家居住省愆，欽此。」

文繡因此獲得自由。隨後，文繡先後在北平當過中小學老師，甚至沿街賣過菸捲，還在華北日報社當過校對員。西元一九四七年，文繡經人介紹，嫁給了當時國民黨的少校軍官劉振東。西元一九五三年，文繡因心肌梗死去世，年僅四十四歲。

當了三次皇帝的溥儀，成了戰俘

文繡出走不到一個月，「九一八事變」爆發。不久，東北全境淪陷。

在日本特務土肥原賢二的穿針引線下，溥儀在與文繡簽訂離婚協議後的第十九天，也就是西元一九三一年十一月十一日祕密離開天津，並潛往東北企圖復辟。抵達東北第二年，西元一九三二年三月一日，溥儀在日本人的扶持下建立了偽滿洲國，並自稱「承蒙滿洲國三千萬民眾之熱切希望」，出任偽滿執政。

在回憶錄中，溥儀說：「（西元一九二五年）到了天津之後，我一天比一天更相信，日本人是我將來復辟的第一個外援力量……我拉攏軍閥、收買政客、任用客卿全不見效之後，日本人在我的心裡的位置，就更加重要了。」

在溥儀等人的請求和日本人的運作下，到了西元一九三四年三月一日，溥儀又在「新京」長春舉行登基典禮，並將國號從「滿洲國」改為「大滿洲帝國」，並自稱「皇帝」，改元「康得」。

這是繼西元一九〇八年、西元一九一七年之後，溥儀第三次登基「稱帝」。

但溥儀只是日本人的傀儡而已。

由於與「皇后」婉容感情不和，西元一九三七年，溥儀又迎娶了第三位妻子祥貴人譚玉齡。因溥儀有生理障礙，譚玉齡曾經痛苦的對別人說：「生小孩子這種事，我今生算是不能了……。」

溥儀則對外承認，譚玉齡只是他掛名的妻子，是一個犧牲品，只是「為了表示對婉容的懲罰，也為了有個必不可少的擺設」。

儘管是這麼說，但溥儀對譚玉齡仍然傾注了感情。

西元一九四二年，譚玉齡暴斃，溥儀一直懷疑是日本人加害所致。因為當時日本人一直想逼迫溥儀娶一位日本妻子，但溥儀一直婉言拒絕。譚玉齡死後，溥儀一直隨身攜帶譚玉齡的相片，並在相片背面親筆寫下了「我的最親愛的玉齡」字樣。

為了逃脫日本人的控制，西元一九四〇年，溥儀派人祕密聯繫薩爾瓦多外交代表團人員，希望能逃亡薩爾瓦多。沒想到事情敗露，這使得日本人對溥儀更加嚴防死守。

很快，日本人的崩潰速度，超過了溥儀的想像。對此，溥儀的五妹韞馨私下對自己丈夫萬嘉熙說：「我們的死滅就要來臨，你為的是忠孝，問心無愧，我盼望日本快完，也可以說盼望我們自己去就死滅，因為只有這樣，我們的第二代，才有可能當上真正的中國人。」

西元一九四五年八月六日和八月九日，美國人先後在日本廣島和長崎投下了原子彈。同年八月九日，蘇聯百萬大軍兵分四路，向駐守中國東北的日本關東軍發動全線進攻。兩天後，溥儀跟隨關東軍開始撤退，並於八月十九日，在潛逃日本前夕，在瀋陽機場被蘇聯紅軍俘獲。

溥儀的弟弟溥傑後來回憶說，當看到一隊隊手持衝鋒槍的蘇聯紅軍迎面走來時，他內心無比沮喪，心想「萬事休矣！溥儀還不得像（沙皇）尼古拉第二？我們也得白白的陪著他去死」。

溥儀等人被蘇聯紅軍俘虜之時，皇后婉容則一路奔逃返回了長春，但婉容家中卻沒有親戚願意收留這位末代皇后。西元一九四六年，婉容最終病死在延吉。當時，溥儀正被蘇聯人關押在蘇聯伯力戰俘營。

西元一九五〇年八月，溥儀連同二百六十三名偽滿洲國戰犯一起，被蘇聯移交給了中國政府，此後在遼寧撫順戰俘營經歷近十年的思想再教育與勞動改造。

在戰俘營裡，他的身分編號是九八一。

撫順，是清朝的創始人努爾哈赤崛起的地方。最終，也成了清朝末代皇帝的關押改造之地。

自由和自我，溥儀成了最富有的人

西元一九五九年十二月，溥儀到中國科學院植物研究所植物園報到上班。西元一九六四年，溥儀又調到全國政協文史資料研究委員會任資料專員，並擔任第四屆全國政協委員和中央文史館館員。

西元一九六〇年十一月二十六日，獲得公民身分的溥儀，鄭重其事的穿上只有在會見外賓時才穿的中山裝，與同事們一起參加社區選舉。在投下選票時，他激動得流下眼淚，後來溥儀寫道：「一九六〇年十一月二十六日，我拿到了那張寫著『愛新覺羅・溥儀』的選民證，我覺得把我有生以來的一切珍寶加起來，也沒有它貴重。我把選票投入了那個紅色票箱，那一剎那，我覺得自己是世界最富有的人。我和中國六億五千萬同胞一起，成了這塊九百六十萬平方公里土地上的主人。」

在經歷多次相親後，西元一九六二年四月三十日，溥儀最終和在北京朝陽關廂醫院做護士的李淑賢結婚。後來溥儀回憶說：「過去，我從來不懂得什麼叫作友誼，更不懂得什麼叫作愛情。只有『君臣』、『主權』，沒有『夫妻』、『朋友』。如今，我有了朋友，有了真正的伴侶。一九六二年的五一節，我和李淑賢建立了溫暖的家，這是我平生第一次有了真正的家。」

對於自己生命中的最後一位妻子，溥儀傾注真心：當時，李淑賢有時在醫院值夜班，溥儀往往一晚上要打好幾次電話噓寒問暖，甚至親自乘坐電車到朝陽門外的關廂醫院看望，有時候送件衣服，有時候是帶點吃的。

李淑賢身體不好經常上醫院，為此，溥儀經常在清晨四點鐘就起來去醫院給妻子掛號。對於這樣一位此前連生活自理都搞不懂的末代皇帝來說，只有發自內心的真愛，才能驅使他如此奔勞。

西元一九六三年夏天，北京有一次傾盆大雨，全城交通堵塞，溥儀下班後就趕緊打著雨傘去接妻子下班，沒想到沒有接到。在往回走的路上，溥儀發現有一處下水道口沒有井蓋，由於積水太深，人們已無法看到下水道口，溥儀擔心李淑賢路過會掉落進去，於是竟然在北京的傾盆大雨中，撐著傘，像一名警衛戰士一樣直挺挺的守護在下水道口旁邊，痴痴等候妻子。

後來李淑賢回憶，溥儀有一次這麼對她說：「我是從來不知愛情為何物的。只是遇到了妳，我才曉得人世間還有這樣甜蜜的東西存在。」

西元一九六七年十月十七日凌晨兩點三十分，溥儀在北京去世，享年六十二歲。

溥儀去世後二十八年，溥儀的遺孀李淑賢最終決定，將溥儀的骨灰遷葬到清西陵北側的華龍皇家陵園內。陵園選址在陵園自選區正中央，這裡距離溥儀名義上的父親、清朝倒數第二位皇帝光緒的崇陵寶頂只有三、四百公尺遠。

第五章

能力再強的忠臣，也抵不過猜忌

1 大漢第一相蕭何如何活下來？

有一陣子，蕭何的名聲很差。

漢高祖十二年（西元前一九五年），身為大漢相國的蕭何，借職務之便四處強占田宅，放高利貸，惹得關中百姓怨聲載道。昔日的開國功臣一時竟成了千夫所指的地主惡霸。

俗話說，好事不出門，壞事傳千里。

在外征討淮南王英布叛軍的漢高祖劉邦，不久就得知關中民眾都在埋怨蕭何，可他非但沒有發怒，還面露喜色。劉邦班師回朝時，京城老百姓攔路上書，控告蕭何強買民田，價值多達數千萬，請劉邦主持公道。劉邦毫不在意。

回宮後，劉邦笑著對蕭何說：「相國竟然侵奪百姓財產，為自己謀利！」隨後將民眾上書拿給蕭何看，說，「你自己去向老百姓們謝罪吧！」

蕭何誠惶誠恐，辭別劉邦後急忙將田宅退還百姓，但民生怨恨，難以撫平。

實際上，這是蕭何自導自演的一齣戲。

此前，劉邦帶兵平定英布叛亂，一如往常委託蕭何留守京城總攬全域，供應糧草。

蕭何每次派人輸送軍糧到前線，劉邦都要問一聲，相國最近忙於何事。

使者老實答道，相國整日忙於為陛下籌辦糧草兵器，撫恤京城百姓。

每每聽到這句話，劉邦都沉默不語，似乎心生不快。

使者將此事告知蕭何，蕭何也不明其意。明明自己還是和以前一樣兢兢業業，愛民如子，劉邦為何還三番五次詢問。

蕭何的一名屬下聽聞此事，告誡：「相國不久就會有滅族之災了！」

蕭何大驚失色。

他接著對蕭何說：「您位居相國，居功第一，主上已經沒有什麼可以賞賜給您。況且您入關這些年來勤勉為民，深得人心。如今陛下屢次打聽您的動向，是唯恐您在關中乘機起事。既然如此，您何不逼迫百姓賤賣田地，對他們放高利貸，借此自毀名聲。這樣百姓對您生怨，主上聞知也不會對您猜疑。」蕭何恍然大悟，就如其所言，在關中強占民田，欺壓百姓，以「自汙」的方式來糟踐自己的名聲，換取劉邦的信任。

伴君如伴虎，蕭何有苦難言。

一心為君主做事，卻被君主懷疑有二心

這陣風波過去後，蕭何自以為安全了，仍為大漢社稷奔忙，為百姓謀福利。

不久後，蕭何上書請求劉邦開放上林苑。

上林苑是秦朝的皇家苑囿，縱橫三百里，山水環繞，物產豐饒。漢高祖二年（西元前二〇五

年），為了適應戰爭需要，曾一度開放給百姓耕作。

後來，漢朝一統天下，劉邦又將上林苑收歸國有，一片良田無人打理。

蕭何視察時發現上林苑荒蕪已久，於是為民請命，請求開禁。這本是一件利國利民的好事，也是一項贏得民心的德政，不想引來一場牢獄之災。

蕭何上表：「長安地少，民田不夠耕種，且人口日益增多。上林苑中土地肥沃，卻廢棄多年，不如將空地開闢為良田，交給百姓開墾。百姓種植糧食以自足，禾秸則不必收取，可以作為獸食。」

可劉邦看後，懷疑他有意收買人心，當即大怒，罵道：「相國一定是收受商人賄賂，才敢來要我的禁苑。」之後，劉邦下令廷尉將蕭何逮捕，並戴上刑具，投入獄中。

蕭何想不到，自己盡忠職守，做事處處小心，甚至不惜自毀名聲，竟然還是禍從天降。

之後幾日，蕭何除去冠帶，身戴鎖鏈，困於斗室之內，朝中群臣無人敢出面營救。只怕蕭何的昔日好友劉邦已經給他安排好結局，一如韓信、彭越、英布。

年事已高的蕭何，唯有仰天長嘆。

從小官到君王，劉邦都少不了蕭何的幫忙

往事只能回味，獄中的蕭何或許很懷念沛縣那段陽光燦爛的日子。

年輕時，蕭何是沛縣的主吏掾（按：官名，掌管人事。掾，音同院），而劉邦是泗水亭長，兩人是同鄉的小官吏，也是鐵哥們。

每次劉邦去咸陽出差，都要向縣中長吏申請報銷費用。照規矩，每個長吏要給三百錢，只有蕭何知道劉邦生活艱難，每次都會私自多給他二百錢。儘管那時候，蕭何自己也不過是個俸祿僅有一百石的小吏。

劉邦一直記在心裡這份恩情。劉邦稱帝後封賞功臣，就因為這二百錢，給蕭何多封兩千戶封地。當初，曹參還在看管監獄，周勃還在當吹鼓手，樊噲還在屠狗，夏侯嬰還在餵馬。劉邦與蕭何，還有他們的好兄弟，在平靜的過著自己的日子，如果沒有意外，可能就這樣平淡度過一生。

秦二世元年（西元前二〇九年），陳勝、吳廣在大澤鄉揭竿而起，反秦浪潮席捲各地，沛縣百姓也回應起義。經過一場驚險的沛縣爭奪戰後，劉邦被推舉為首領。原本官職比劉邦高的蕭何甘願擔任其副手，幫他招兵買馬，徵集了三千多沛縣子弟，並將縣中政務處理得井井有條，還大肆宣傳劉邦是「赤帝之子」的傳聞。附近幾個縣的百姓知道劉邦的大名後，也紛紛前來投奔。

之後幾年，劉邦和蕭何這對好友合作無間。亡秦滅楚，劉邦征戰在外，蕭何安撫於後，為前線大軍「足食足兵」。如果沒有蕭何，漢軍幾乎無以為戰。

這個本來毫不起眼的團隊，用了七年時間就走上權力之巔，蕭何功不可沒。

蕭何的改政，讓人民只知蕭何，不知劉邦

然而，劉邦對蕭何的猜忌，正是始於楚漢戰爭。

按照張良當時的下邑之謀，劉邦必須坐鎮前線，在正面戰場牽制項羽主力。同時，派韓信帶兵開

關第二戰場，最終迂回包圍項羽，將其一戰擊潰。後方根據地關中、漢中等地，則需委任蕭何全權處理。蕭何在關中統籌糧草，輸送士兵。當劉邦在前線輸得慘時，蕭何總是能源源不斷的運來糧草和兵源，甚至連未成年的十五歲少年和年過花甲的老者也被送到戰場。

關中百姓甘願為此犧牲，毫無怨言，只因蕭何一改秦朝暴政，安撫百姓，甚至開放秦朝的皇家苑囿上林苑給農民耕作，還將大量飢民轉移到蜀地獲取糧食，以解決關中飢荒的問題。

因此，蕭何深得民心，有些關中子弟雖是為漢軍效命，卻只知有蕭何，不知有劉邦。劉邦難免有些顧慮，一旦蕭何懷有異心，在關中稱王，後果不堪設想。

漢高祖三年（西元前二〇四年），正是楚漢雙方在滎陽交戰最激烈的時候，劉邦屢次派使者慰勞後方，每次來使都只是寒暄幾句。

蕭何不敢怠慢，又疑惑不解，畢竟戰事吃緊，應該是後方慰勞前線才是，豈有前線慰勞後方之理。蕭何的屬下鮑生看出了劉邦的猜忌，對蕭何說道：「漢王在外帶兵，數次遣使慰勞，看來是不放心您啊。您可以從自己的親屬中挑選丁壯，讓他們奔赴前線作戰，這樣才能讓他信任您。」

蕭何聽從鮑生的建議，急忙從自己家族的子侄、兄弟中選出丁壯，加緊訓練，送往滎陽，實際上就是讓他們到劉邦身邊充當人質。蕭何將自己家族的青壯子弟全部送到前線為人質，表明自己堅定的追隨劉邦，甚至將家族命運全部託付給他的立場。

劉邦知道蕭何不敢背叛，甚是欣慰。史書載，「漢王大悅」。

怕刀架到自己脖子上，蕭何幫忙殺功臣

漢高祖五年（西元前二〇二年），劉邦擊敗項羽後，在洛陽南宮舉行盛大酒會，對文臣武將論功行賞，將蕭何列為群臣首功，之後特賜他可帶劍穿鞋上殿、入朝不趨的特權。

劉邦說：「鎮國家，撫百姓，給饋餉，不絕糧道，吾不如蕭何。」

劉邦似乎並未忘記與蕭何的情誼。但是，被列為第一功臣的蕭何，卻日漸謹小慎微，終日戰戰兢兢，害怕劉邦的屠刀有一天架到自己脖子上。

歷代帝王，猜疑大臣，都是很司空見慣的，劉邦以一介平民出身而得政權，疑心更重。蕭何不得不採取措施，來換取劉邦的信任，例如與呂后合謀殺韓信，也是為了避嫌，不得已而為之。

漢高祖十一年（西元前一九六年），劉邦御駕親征，平定陳豨叛亂。此時，有人上書告韓信與陳豨通謀，呂后得書後決定趁機剷除韓信。留守京城的蕭何就向呂后獻計，可派人扮成軍人入城，詐稱陳豨已破，命滿朝官員入宮慶賀，將韓信誘騙進宮。

朝臣不知有詐，接到命令後紛紛入宮，只有韓信稱病不到。蕭何只好親自勸說他：「你就算有病在身，也得進宮一趟，以免主上懷疑。」

當年蕭何月下追韓信，將還在當倉庫管理員的韓信舉薦給劉邦，才成就這位名將一番事業。韓信不好意思不給蕭何面子，就隨蕭何入宮。

韓信也許想不到，終結自己生命的人，正是那個當初改變自己命運的人。

結果，韓信一跨入宮門就被擒拿，隨後命喪長樂宮的鐘室。

蕭何在誅殺韓信的過程中立下大功，劉邦聽聞後，將他晉封為相國，加封五千戶封地，並派一支五百人衛隊擔任其護衛。

朝中大臣見蕭何榮寵至極，又是升官又是賞賜，還有衛隊護衛，都向他表示祝賀。

但有一個局外人看出其中玄機，此人是長安城東的瓜農召平。召平原本是秦朝的東陵侯，秦亡後淪為平民，只能靠種瓜創業，他種的瓜有口皆碑，人稱「東陵瓜」。召平不是一個簡單的瓜農。別人都在給蕭何賀喜，只有召平特意登門拜訪，給蕭何報憂，告訴他，劉邦派兵保衛他，其實是擔心他造反，以此監視其一舉一動。

召平勸蕭何不如將自己的財產捐獻出來，以討劉邦的歡心，打消他的疑慮。

韓信不久前剛死在自己面前，蕭何也不知厄運何時會降臨在自己身上，趕緊聽從召平之計，將自己的錢財捐出來，用來資助國家軍隊，助劉邦平叛。

史書記載，「高帝乃大喜」。

往事歷歷在目，故人心卻易變。

此前遣送人質是為自保，自汙名聲也是為自保，而向呂后獻計殺韓信，也是為了自保。

蕭何知道劉邦多疑，處處小心，可在上林苑事件中，還是難逃牢獄之災。群臣無人敢為其申冤，年老體衰的蕭何恐怕就要老死獄中了。

蕭何下獄幾日後，一個王姓衛尉見劉邦心情不錯，趁機問：「不知相國有何罪，遭此大獄？」

劉邦一時高興，就與他聊起來：「我聽說李斯為秦相時，有功歸主上，有惡歸自身。如今相國受商人賄賂，向我請求開放上林苑，這是向百姓獻媚，陷我於不義。所以我將他關押，並無不妥。」

王衛尉替蕭何求情：「臣曾聽說，百姓足則君王足。相國為百姓著想，請求開放上林苑，正是宰相的職責，陛下為什麼懷疑他收受商人賄賂呢？當初陛下率兵滅楚、討伐陳豨、英布，相國都坐鎮關中，那時他可輕易謀取關中。可他效忠陛下，命兄弟子侄從征，又散盡家財作為軍資，時至今日難道還會貪圖商賈賄賂嗎？」

之後他又當面反駁劉邦的觀點，說：「秦之所以亡國，就是因國君不肯聞過，而李斯將惡名歸於自身，又怎麼可以效法呢？陛下實在是誤會相國了。」

經衛尉這麼一說，劉邦冷靜下來，想起往日情誼，心生悔意，便遣使持節，赦免蕭何。

蕭何在獄中命懸一線，沒想到自己還能重見天日。他年事已高，經過牢獄折磨，早已虛弱不堪，只好蓬頭赤足，顫顫巍巍的上殿謝恩，執禮甚恭。

劉邦見狀，強作笑顏，說出一番邏輯不通的話，安慰老友：「相國不必多禮！相國為民請願，是一位賢相，而我卻不過是桀紂之君。我會關押相國，是想讓百姓知道你的賢能和我的過失啊。」

蕭何怕了，自年輕時在秦朝為吏，直到今日才總算醒悟過來，原來在他那位所謂的朋友眼裡，自己的性命微不足道。

從此，年邁的蕭何不再過問朝政，僅僅是掛著相國的職位，在劉邦去世後如履薄冰的多活了兩年。去世時，蕭何只給子孫留下一句遺訓，大概意思是說：後世如果有賢子賢孫，就應當學我勤儉；如果後世無能，也不過是徒積家財而被豪家所奪。

在開國皇帝手下做事，太難了。

2 不被皇帝信任的大唐第一名將李靖

李靖在歷史愛好者的心目中地位很高，被封為「戰神」。這可能主要得益於小說和演義的影響。在傳奇和演義裡，李靖很風光，是「風塵三俠」之一，有紅拂女知己；又是托塔天王，是哪吒父親。但這些，基本都是附會和傳說，跟真實的李靖沒啥關係。

真實的李靖，一生的政治處境挺凶險的。

史書說他一度「闔門自守，杜絕賓客，雖親戚不得妄進」，把自己封閉起來，不是抑鬱，至少也是鬱悶。

一個戰功赫赫的名將，為何內心如此難受？

因為，皇帝對他不放心。

對於李唐帝國的領導核心來說，李靖是個有政治「汙點」的人。

早在李淵密謀反隋的時候，李靖就幹過一件事：自鎖上變（按：帶著枷鎖，進京報告別人叛變的消息）。李靖打算到揚州向隋煬帝告發李淵的陰謀，效忠隋王朝，應該大大有賞。

但為什麼要「自鎖」——給自己戴枷子？這不是表明自己是待罪之人嗎？

我們只能這樣理解這件事：李靖參與了李淵的密謀事業，但由於意志不堅定，想戴罪立功。

沒想到，李淵的勝利來得太快，李靖走到半路，長安已經淪陷。李靖被抓了，李淵準備處決他，以儆效尤。

臨行刑前，李靖大喊：「公（指李淵）興義兵，欲平暴亂，乃以私怨殺壯士乎？」

李靖是出了名的話少。史書記載，他在朝廷上經常嘴巴囁嚅半天，說不出一個字。

如果你以為李靖是武將出身，大老粗不會說話，那就大錯特錯了。時人對他的評價是「才兼文武，出將入相」，說明李靖文武雙全。不說話，是不想說話，不是不會說話。

要把話留到最關鍵的時候說。

李靖能力太強，所以李淵、李世民不放心

要不是李靖才堪大用，他早已死過好幾回了。

基於對李靖的極度不信任，李淵長期把他放在邊疆地區任行軍總管，一方面是利用他的作戰才能，另一方面則考慮用得不順心就殺。

大唐初期，蕭銑以梁朝皇族後裔的身分，趁著亂世，控制長江流域大片土地，定都江陵，仗著水勢與李淵對抗。

李淵派李靖去打蕭銑，這是一場以少打多的戰爭。

一聽到李靖的人馬受到蕭銑的阻擊，無法推進，李淵就莫名發怒，暗地裡下手詔給硤州刺史許紹：殺掉他。

不用罪名，祕密處決。

可以看出，已經貴為皇帝的李淵，一直放不下對李靖的恨意。

許紹認為李靖是不世出的戰將，所以不僅沒有下毒手，而且為他請命，李靖這才逃過一劫。

沒有證據表明李靖知道這個要命的密令。他不說話，沒有申辯，也沒有表忠心，只是很快就以率兵八百擒獲五千俘虜的戰績，做出回答。

李淵很高興，在朝中說「使功不如使過」，還給李靖下手詔：「既往不咎，舊事吾久忘之矣」。

李靖沒說話，第二年出奇謀，一舉把蕭銑滅了。

李淵論功封賞沒得說，然後把李靖弄到了嶺南，「賞」得更偏僻了。

李世民上位後，李靖歷任兵部尚書、尚書右僕射等要職，成為朝廷重臣。但這些也是表面功夫。

李靖能力太強，邊境有什麼亂子，領兵作戰非他莫屬。許以高官厚祿，僅是李世民撫慰和籠絡李靖的手段。

李世民一副「你辦事，我放心」的樣子，其實骨子裡和他父親一樣，對李靖極不放心。

貞觀三年（西元六二九年），李世民下詔派出幾路大軍討伐東突厥，由李靖擔任總指揮，而受他節制的幾路大軍首領，爵位大多都比李靖高。

這就是李世民的高招：**李靖——不得不用之人，也是不得不防之人**。

李靖沒有說話，上了戰場，又是捷報連連。第二年春天，俘虜了頡利可汗，取得徹底勝利。用太上皇李淵的話說，這是自劉邦遭遇白登之圍以來，對抗外族的最偉大勝利。

在慶功會上，李淵自彈琵琶，李世民親自起舞，場面和諧歡快。李靖作為前線總指揮，卻享受不到這歡快的氣氛。

綜合史書記載，在李靖打勝仗前後，接連兩任御史大夫都彈劾了他，罪名是攻破頡利可汗牙帳後，縱容部下燒殺搶掠。

李世民出馬了。他召見李靖談話，把他斥責了一頓。

李靖沒有申辯，連連點頭謝罪。

然後，兩人沉默了許久，李世民才說，前朝有個名將史萬歲，也曾大破突厥，然而隋文帝有功不賞，最後還把他暴殺於朝堂之上。他最後說：「朕則不然，錄公之功，赦公之罪。」意思是，我不是隋文帝那樣的人，對你有功要賞，有罪不罰。

看到沒，李世民不但用史萬歲的遭遇對李靖進行敲打，而且未加核實就強調李靖有罪，只是自己寬宏大量不追究罷了。於是對李靖加官晉爵、給予實物獎賞。

過了沒多久，李世民又找到李靖，對他說：「此前御史大夫對你的彈劾是無中生有，我已經查明了，你不要往心裡去。」

為大唐立功，卻只有猜忌和誣陷等著他

李靖六十四歲那年，以足疾行動不便為由，請求退休。

李世民欣然同意，沒有挽留。緊接著對李靖又是一通名為褒揚、實為訓誡的說教，說古往今來，身居富貴而能知足止步的人太少了，多數人才雖不堪或身體有病，還是不願放棄職權。

第二年，吐谷渾（按：為西晉至唐朝時期，位於祁連山脈和黃河上游谷地的一個民族與古代國家）入侵涼州。

李靖太能打了，唐太宗知道非起用李靖不可，賜給他一根拐杖。

李靖出征，果然大破吐谷渾，再一次用勝仗說話。

但他永遠逃不過那個魔咒：每次大功告成，即有凶險隨身。

這一次是鹽澤道行軍總管高甑（按：音同贈）生等人告他謀反。

李世民的處置方式頗有意思，據史書記載是「命法官按其事」，命令法官核實李靖謀反之事。好像巴不得找到李靖謀反的證據一樣，可見他心裡仍然相信李靖會謀反。

最終當然查無此事，高甑生等人因誣陷而被流放。

李靖仍舊沒有說話，把自己關在家裡，連親戚都很少見，相當於自我軟禁。

後來，李世民讓李靖教侯君集兵法。侯君集恨李靖不盡心傳授，也誣告李靖謀反。

李靖為何屢遭同僚誣陷？

李靖確實是大唐第一名將，南、北、西三面軍事危機都靠他搞定，可太能幹了，容易招人嫉妒。

李靖從不多說話，從不解釋，只是用一次又一次的勝利，用一場又一場的勝仗，堵住這些誣陷和質疑。

哪怕到了晚年，垂垂老矣，他仍然自信，刻意表現出積極效忠的態度。

貞觀十八年（西元六四四年），李世民要征高句麗，故意試探李靖說：「你一生戎馬征戰，南平蕭銑、輔公祏，北滅東突厥，西破吐谷渾，為我大唐立下不世之功，現在只有東邊的高句麗尚未征服，你怎麼看？」

李靖說話了，這是他一生中第二次，也是最後一次說這麼多話。

他說：「臣往者憑藉天威，薄展微效，今殘年朽骨，唯擬此行。陛下不棄，老臣病期瘳矣。」

他把此前的戰功全部推到皇帝身上，然後表態征高句麗自己能隨行，希望皇帝不要嫌棄自己年紀大，一身病。

這一年，他七十四歲。

皇帝當然沒有同意。他只是試探一下，然後走了。

這下，年邁的李靖應該長舒一口氣——皇帝對他徹底放心了。

3 湖北巡撫胡林翼，沒有他就沒有以後的曾國藩

悲劇，從來不是孤立的。

咸豐十一年（西元一八六一年）八月的一天，湖北巡撫胡林翼騎馬走在長江邊上。江面上，兩艘洋人輪船高鳴汽笛，縱橫馳騁，速度之快，讓人吃驚。所經之處，中國漁船均被巨浪沖翻。目睹這一幕，胡林翼「變色不語，勒馬回營，中途嘔血，幾至墜馬」。

時人薛福成在《庸庵筆記》中說，胡林翼本來久病在身，突然受到洋人輪船刺激，一口鮮血吐了出來。整個人差點從馬上摔下來。

這下病情加重，到當月月底就離世了，年僅五十歲。

貴州多盜賊，胡林翼在這裡累積作戰經驗

胡林翼，出生於湖南益陽一個官宦之家。他的父親胡達源曾以一甲第三名（探花）進士及第，考完直接進入翰林院，授編修。比起曾國藩、左宗棠這些普通家庭出身的孩子，胡林翼是京官二代。但這個背景，對胡林翼的影響有好有壞。

好的是，他打小在皇城根下成長，起點很高，眼界非凡。據說，他年少時就說過一句話：「今天下之亂不在強敵，而在人心。」

嘉慶二十四年（西元一八一九年），湖南近代人才的領軍人物陶澍，將赴任川東兵備道，順路回老家，在益陽拜謁鄉賢，見到了陪在祖父身邊的胡林翼。

史書說，陶澍對胡林翼「驚為偉器」，當場欣喜若狂的說：「我找到一個好女婿了！」當時，胡林翼年僅八歲。胡、陶兩家就訂下了娃娃親。

因為出身好，胡林翼向來負才不羈、揮金如土，在當時的人看來，頗有紈絝子弟的習性。

他曾風流成性，流連於秦淮河畔，夜夜笙歌。

他的岳父陶澍知道後卻不以為意，堅信自己沒看錯人。他說，此子是瑚璉之器，將來必成大事，年少縱情，不足深責。他現在不玩，國家用材之時，他就沒有時間玩了。

胡林翼後來考中進士，做了江南鄉試副考官。但在他主試的那一年，江南發生科舉舞弊案，他受到降職處分。這成了胡林翼的一個汙點。

他父親被這個「不走正道」的兒子氣得夠嗆，不久撒手人寰。

西元一八四一年，胡林翼回鄉丁憂守孝。那幾年他幡然醒悟，潛心讀書，逐漸從一個紈絝子弟，修煉成理學的聖徒。

這個過程，和曾國藩有幾分相似。曾國藩年輕時，內心也充斥著各種世俗的欲念，後來透過克己，才修煉成表裡如一的賢人。

沒有人一出生就是聖賢，人性、品格的修煉，其路漫漫。

插句題外話，從胡林翼的轉變，不得不佩服陶澍的確眼光獨到。他親自挑了一個女婿胡林翼，一個親家左宗棠，均在兩人名不見經傳甚至還是小孩之時，就認定他們將來必成大器。果不其然。

若不是朋友們力勸胡林翼重新出山，晚清可能多了一個隱士，而少了一個名臣。

返鄉蟄居，一住就是五年多。也只有歷經繁華奢靡又苦練心性的胡林翼，才守得住這份清寂。他甚至打算退隱山林。

但朋友們覺得可惜，國家遭遇千年未有之變局，正是需人之時，這樣的人才卻深居鄉間，想想都覺得不應該。後來，朋友們湊了一筆錢，讓胡林翼去捐官，重返政壇。

胡林翼本是科舉正途出身，卻因時運不濟，需要花錢捐官復出，自己覺得十分不恥。於是，他主動選擇到邊遠之地貴州為官，以區別於那些輸金為官、汲汲於功名的人。

朋友們愣了，你怎麼去一個大家都不願去的地方？

胡林翼說：「我第一次做地方官，貧瘠之地或許可以保持清白之風，不辜負大家資助我復出的深情厚誼。」

胡林翼初到貴州，任安順知府。

當時的貴州，盜賊如毛，寇亂漸萌，官員無所作為，百姓苦不堪言。

胡林翼到任後，第一件事就是打黑除惡。他親自擔任緝捕隊長，短衣芒鞋，深入深山老林，打擊盜匪。同時興辦保甲團練，招募了一支由他直接掌控的練勇武裝。

這支數百人的武裝，日後成為他出黔協助對抗太平軍的資本。

在安順，胡林翼恩威並施，多年匪患，宣告蕩平。他很快贏得人心，樹立極高的威信。

任職貴州七年間，胡林翼輾轉多地，帶領官兵與盜匪作戰數百次，積累了豐富的帶兵作戰經驗，並編成《胡氏兵法》。

以《胡氏兵法》為基礎，到民國年間，軍事家蔡鍔融合曾國藩、胡林翼的軍事思想，編了《曾胡治兵語錄》。

清朝的大臣們，慢慢的知道遙遠的貴州，出了一個會做官、會帶兵的猛人。

有了胡林翼，清朝才能順利戰勝太平軍

胡林翼的機會，來了。咸豐四年（西元一八五四年）初，太平軍席捲而來，湖廣總督吳文鎔奏調胡林翼馳援湖北。胡林翼立即率六百多名黔兵，從千里之外出發。

儘管胡林翼抵達之時，吳文鎔已經兵敗自殺，導致這名風塵僕僕的猛人一時處境十分尷尬，但毋庸置疑，胡林翼一旦出了貴州，時代的舞臺就為他搭建好了，只等他登臺。

彼時，湘軍初起。最終是曾國藩接納了胡林翼。

曾國藩認為胡林翼「膽識過人，才大心細」，所以極力向朝廷舉薦。咸豐帝同意胡林翼率軍隨從曾國藩行動，從此曾、胡聯手，湘軍進入狂飆階段。

加入湘軍後，胡林翼以強勢作風，對所部湘軍進行一系列影響深遠的改造和重鑄：

一、吸納以東北馬隊為代表的北岸軍精英，形成協同作戰的局面；

二、面對太平軍的堡壘戰術，設計並實施了長壕圍困的應對之策，把單純的戰場廝殺轉化為人力與物力的比拚；

三、一面招募老兵，另一面提拔行伍（按：軍隊的行列。古代軍隊以五人為伍，二十五人為行，故稱。後亦泛稱軍隊）出身的將領，使得湘軍更加務實和凶悍。

經過胡林翼重鑄後的湘軍，成為太平軍在西線戰場上最強悍的對手。不僅如此，胡林翼胸有謀略，根據戰局，制定了「以上制下，步步進逼」的戰略。

歷史證明，湘軍正是遵循了這一戰略思想，從武漢—九江—安慶—金陵，沿長江自上而下，一步步擠壓並戰勝太平軍。

這幾大戰役中，武漢戰役、九江戰役主要由胡林翼指揮；安慶戰役起初由他和曾國藩共同指揮，後因肺病惡化才退居次位，但此戰獲勝後，曾國藩一再強調，首功當屬胡林翼。只有金陵之戰與胡林翼無關，因為那時他已病逝。

入湖北作戰後，胡林翼就因將才難得，屢次獲得升遷。僅一年多後，即咸豐五年（西元一八五五年）三月，就署理湖北巡撫，躋身封疆大吏之列。升遷之快，無人能及。

胡林翼成為湘系集團中，第一位能有效施政的疆吏大員。

在他之前，江忠源獲任安徽巡撫，但來不及施政，就死在戰場上。而曾國藩的遭遇更加微妙。

胡林翼的湖北巡撫之位，咸豐帝原來打算給曾國藩的。咸豐認為，曾國藩乃一介書生，竟然能夠領軍攻下武昌，建立奇功，很難得，應該給予官位。

但很快就有軍機大臣進言：「曾國藩回鄉丁憂，猶如匹夫，在鄉間振臂一呼，竟然有萬餘人回應，這恐非國家之福。」

咸豐頓時「黯然失色」，迅速收回成命，僅賜給曾國藩一個兵部侍郎的空銜。一直到咸豐十年，曾國藩才獲得實權。

曾國藩受到的猜忌，亦是胡林翼需要面對的。

借其威之名，行自己之志

在胡林翼之前，連續四任湖北巡撫死於非命，不是戰敗自殺就是被軍法處斬。

這究竟是偶然還是必然？胡林翼不得不認真思考一下。

雖是非常時期，但手握兵權、身居高位的漢人，始終讓滿族統治者心有猶疑。皇帝們的應對之道，就是在同城任用更高官品的滿人，形成監視與制約。

滿洲正白旗出身的官文，於是幾乎同時被任命為欽差大臣兼湖廣總督，與胡林翼一同進駐武昌城。官文是一個典型的八旗混世官僚，仗著是咸豐的心腹，無所作為，而又為所欲為。胡林翼此時已初現名臣風範，他非常看不慣這樣的官員，曾說官文「左右無一正人，無一謀士，其忌刻傾險，盡是內務府氣習」。

兩人剛上任時，關係十分緊張，勢同水火。

胡林翼常常悲憤欲絕，甚至到了準備率部「一意東下，覓我死所」的地步。他多次憤而參奏官文搞腐敗，但因後者背景強硬，不了了之。

官文為此曾向胡林翼示好，但胡林翼拒不相見。

後來，胡林翼突然意識到繼續這樣下去，始終不是辦法。他決定顧全大局，對官文實施權術。他主動前往拜訪官文，表示冰釋前嫌，並送給官文每年三千兩的鹽務陋規。

為了與官文交好，凡有戰功，胡林翼皆推讓給官文。

官文「有功可居，有譽可邀，有錢可使」，心滿意足，遂對胡林翼做出了回報：別人彈劾胡林翼，官文一概不署名，不但不署名，還為胡林翼辯護；胡林翼有事上奏摺，都要拉上官文一起署名，官文從不回絕。在湖北，督撫牽制的局面，最終變成了督撫合作的格局。

凡軍政吏治，一切事務，都由胡林翼做主，官文只起到橡皮圖章的作用。

從某種程度上來說，官文的滿人旗籍身分，成了胡林翼的一把政治保護傘。

曾國藩起初嘲笑胡林翼處處討好官文，有失大丈夫氣節，後來才慨然讚嘆，胡林翼能夠「借其威重之名，行自己之志」，是「柔弱勝剛強」。

胡林翼曾說，「吾輩不必世故太深，天下唯世故深誤國事耳」，「當痛除此習，獨行其志。陰陽怕懵懂，不必計及一切」。

這是說要以「懵懂」來對抗誤國事的「世故」。但在具體的關係處理上，又不能「太懵懂」。胡林翼的高明與底線，正在於此。搞定了官文，他才可以去做大事。而在胡林翼病逝後，繼任的兩任湖北巡撫，均因未能處理好與官文的關係，而草草去職。這又是後話。

曾國藩和左宗棠能在歷史上留名，多虧胡林翼的照顧

胡林翼撫鄂的數年間，多方改革，**將「天下第一破爛鄂」治理成「天下第一富強省」**。

他剛到湖北獨當一面時，手上僅有分自曾國藩的兩千五百兵力，此後，最高峰時兵力已逾六萬。

清廷始終對曾國藩不放心，當初任命胡林翼出任湖北巡撫，也有鉗制曾國藩的意圖。

隨著胡林翼在湖北做大，湘系集團內部實際上形成了「三駕馬車」並駕齊驅的態勢：湖北胡林翼；湖南左宗棠；江西曾國藩。

三人中，左宗棠是以湖南巡撫駱秉章幕僚的身分左右湘軍；曾國藩則長期率軍客寓江西，並無督撫之權，處境尷尬；只有胡林翼有權有職，名實相副。

這一時期，胡林翼的實力與聲望，實際上已經超越了曾國藩。

但清廷想用胡林翼打擊曾國藩，卻用錯了人。胡林翼對曾國藩，可謂推心置腹，肝膽相照。

湖北在財政上崛起後，每年為湘軍提供的軍費，大約是湖南的三倍。胡林翼知道曾國藩客寓江西，傾食於人，總是按時給曾國藩撥去足額軍餉。

咸豐七年（西元一八五七年），曾國藩因父親去世回籍丁憂，但他希望清廷能夠奪情（按：中國古代丁憂制度的延伸，意思是為了國家奪去孝親之情，可不必去職，以素服辦公，不參加吉禮），讓他繼續率軍打仗。結果清廷不為所動，負氣返鄉的曾國藩被棄置了一年多。

這期間，胡林翼三番五次拉上官文，一起上奏請求起用曾國藩，說他「金石孤忠，可敬可念」。

咸豐十年，時任兩江總督何桂清在江南大營被攻破後，遠逃上海。這個至關重要的位置由誰接

替，一時成了朝廷用人的焦點。

胡林翼當時是熱門人選，但他拉上官文上奏，力薦曾國藩出任此職。戰局仍未明朗，清廷不想再任用何桂清之類的庸流之輩，只好先行賞曾國藩兵部尚書頭銜，署兩江總督。至此，曾國藩才算東山再起，否極泰來。

曾國藩上任後，胡林翼深知他喜歡用忍、用穩，於是送給他四個字——「包攬把持」，力勸曾國藩為了挽救天下安危，一定要置東南半壁江山於一手遮攬之下。

不僅如此，胡林翼還將自己部下精銳的兩個營——霆營六千人和禮營兩千人，撥歸曾國藩。如此大義，難怪胡林翼病逝後，曾國藩黯然神傷，回憶往事，說自己都是靠胡林翼「事事相顧，彼此一家」，才有今日的。從此以後，一起共事的人中，再無胡林翼這般「極合心者矣」。

眾所周知，湘軍三大靈魂人物中，左宗棠恃才傲物，性情偏激，和曾國藩搞不到一起。胡林翼經常居中調停，充當黏合劑，確保了湘軍核心的穩定。

胡、左兩家是世交，二人又是原兩江總督陶澍的女婿和親家，關係密切。胡林翼對左宗棠的性情始終不與計較，並多次舉薦。

最危急的一次，左宗棠被人構陷，性命岌岌可危，胡林翼以自己的人脈，說服官文保全左宗棠。

胡林翼病逝後，左宗棠異常痛心，在祭文中寫道，自此以後，「孰拯我窮，孰救我褊？我憂何訴，我喜何告？我苦何憐，我死何吊？」

可以說，**沒有胡林翼，就沒有後來如日中天的曾國藩，也沒有後來收復新疆的左宗棠，更沒有湘軍內部團結一致的精氣神。**

後來出任過廣東巡撫的郭嵩燾曾說：「數十年來封疆大臣，治、行、才、望，莫獲逮公。」幾十年來，論能力、品行、才幹和威望，各省的督撫們，沒有一個超過胡林翼的。

願做國家與百姓的僕人

除了陶澍，誰曾想到，一個浪子回頭的紈絝子弟，最終成為一個如此偉大的人物！

在湖北巡撫任上，胡林翼說過一句話：「官是苦海，不努力不能保全地方，過努力則一身一心之苦累，不可言狀。」

他本已脫離官場苦海，但後來重返官場，最後吐血而死，踐行了他的信條。

復出為官後，他的清廉，舉世難見。他在神明和祖宗墓前，都曾立誓做一個清官。用他的話說，只有廉吏「可以保清白風，而不致負國」，反之，官員「不十分廉，不足以服眾人之心」。

因此，他做官後，幾乎未補貼家用。在給妻子的信中，他說：「自從政以來未嘗以一文寄家，家中苦況，何嘗不知，惜不能助，且不可助。家中窘時，可以田為質，即罄產何足惜！」

官拜巡撫之後，手握一省財權，家人希望他多照顧本家人，胡林翼斷然拒絕：「我必無錢寄歸也，莫望莫望。我非無錢，又並非巡撫之無錢。我有錢，須做流傳百年之好事，或培植人才，或追崇先祖，斷不至自謀家計也。」

不僅沒往家中寄錢，在湘軍困難之時，他反而把家中糧食用作軍糧。

他說，「吾輩做官，如僕之看家」，做官，就是做國家和百姓的僕人。

郭嵩燾說胡林翼「位居巡撫，將兵十年，於家無尺寸之積」，誠非虛言！

胡林翼臨終前，還在遺囑中強調，自己尚欠著誰誰的債，子孫應永世不忘，陸續還清。

而他生前，把自己的養廉銀（按：為清朝特有的官員之薪給制度。本意是想藉由高薪，來培養鼓勵官員廉潔習性，並避免發生貪汙）都用來買地，在家鄉造箴言書院。因為財力不足，至死書院仍未竣工。他又在遺囑中說：「吾死，諸君賻吾，惟修書院，無贍吾家。」我死後，諸位給我的奠儀，就用來修書院，不必用於贍養我的家人。

後來，曾國藩等人將奠儀全部用在箴言書院的建設上，使得書院得以落成。

可惜，胡林翼走得太早，沒能活到知天命之年。

他的早逝，也使得他的名字，過早的湮沒在同時代名臣的光影之下。

與他同年出生的左宗棠，活到了七十四歲。年近六十，抬棺出征，平復新疆，創下不世功業。彭玉麟、李鴻章、張之洞，一個個皆享壽過七十，是是非非，晚年皆不易，但都在歷史上留下濃墨重彩的一筆。曾國藩算是壽短的，亦年過六十。他們都在後來的洋務運動中，扮演了重要角色。

唯有胡林翼，清醒的意識到外國入侵才是心腹之禍，以至於受刺激吐血，加劇病情而逝，卻再無機會在世界的洪流中翻騰。

悲矣！

4 明朝大將孫承宗，宛如岳飛翻版

天啟元年（西元一六二一年），後金政權的努爾哈赤，趁著向來讓他畏懼的「熊蠻子」熊廷弼遭彈劾鬱悶還鄉的空檔期，在渾河之戰中，一舉拿下明朝在遼東的兩個重鎮——瀋陽和遼陽。

明軍一路向西，退守到遼河以西。

努爾哈赤隨即宣布，從老家赫圖阿拉遷都，遷到遼陽。這是後金劍指中原的關鍵一步，表明努爾哈赤征服天下的野心。

遼陽城東，代子河畔，努爾哈赤興建宮殿城池，稱為東京。

但僅僅四年後，努爾哈赤就決定捨棄新建立的東京，都城北遷到只有遼陽城一半大小的瀋陽。

對於這次遷都的原因，當時對戰的雙方各有說法。

據《清太祖實錄》載，努爾哈赤公開表示，遷都瀋陽，是因為瀋陽四通八達，西征大明，北征蒙古，南征朝鮮，均很便利。

不過，熟悉遼東地理的人，一眼就能看出努爾哈赤此話的破綻：**作為出兵四戰之地，遼陽的地理位置向來比瀋陽更具優勢**，所以明朝當年一建立，就在遼陽設置遼東都指揮使司，使得遼陽在整個明朝都被稱為「遼東首府」。

努爾哈赤違背地理常識的解釋，肯定在有意掩飾什麼。

在明朝人看來，努爾哈赤在掩飾他的害怕。

怕什麼？

怕一個人。

曾任遼東副總兵的茅元儀，後來在《督師紀略》中說：「當奴得遼陽，即擇形勢於代子河北，去舊城數裡而城之，甚堅固，其珍異子女皆畜之。及公漸東，奴懼，遂毀其宮室而北徙於瀋陽，止以五百人守代子城。奴自築宮於瀋陽甕城，屢不就，又懼襲之，漸運珍異入老寨，而又營城於撫寧關塞外，漸思遁矣。」意思是，努爾哈赤毀棄精心營建的遼陽代子城，僅留五百人守城，原來是懼怕「公」的一路向東推進，甚至做好了隨時逃回老寨赫圖阿拉的準備。

這裡的「公」，正是本文的主角——孫承宗。

天啟二年（西元一六二二年），六十歲的孫承宗在明朝邊將乏人、連吃敗仗的情況下，自請出關，督師遼東。他經略遼東的四年，恰好是努爾哈赤定都遼陽的四年。

四年間，孫承宗穩紮穩打，幾乎收復明朝在遼河以西的全部失地。努爾哈赤節節後退，不敢發起任何攻勢，自發兵討明以來，首次喪失了戰事的主導權。

明軍的防線向東推進了兩百多里，挺進遼東腹地。

努爾哈赤清醒的意識到，位置更靠近明軍防線的遼陽，隨時可能被奪回去。這才是他最終決定北遷都城的真實原因。

孫承宗，以一人之力，為晚明大敗局挽回一線生機。

令人痛惜的是，這位能**讓外敵聞風喪膽的老將，卻被自己人攻擊得體無完膚**，只得於天啟五年（西元一六二五年）離職還鄉。

曙光乍現，而後，烏雲又遮蔽了天空。

閹黨贏了孫承宗，輸了整個王朝

孫承宗大器晚成，萬曆三十二年（西元一六〇四年）考中進士時，已經四十二歲，才算正式步入政壇。在殿試中，他得到第二名（榜眼）。如今，在他的老家，河北高陽，當地人仍以「孫榜眼」來稱呼這名晚明英雄。

雖然**他是文官出身，但後來以武將聞名，被史學家譽為明代僅有的三位能出將入相的人物之一**（另外兩人是徐達與楊一清）。這與他早年十分注重研讀兵法有關。進入官場以前，他趁著赴大同任私塾教師的機會，孤身一人背劍徒步，登恒山，走飛狐峪，行程千里。沿途訪問戍邊將士，繪製防禦地圖。

在大同期間，他協助地方官員，平息一場士兵譁變事件，彰顯出不凡的才幹。

進入官場後，孫承宗同樣表現出老練的政治智慧。

發生晚明三大宮廷疑案之一的「梃擊案」時，大學士吳道南諮詢孫承宗的意見。孫承宗給了處理意見：「事關東宮，不可不問；事關皇宮，不可深問。」暗示事件本身很複雜，處理宜點到為止。

黨爭是晚明政局逐漸敗壞的原因之一。**孫承宗**一直被認為是東林黨人，事實上，他在很多大事上的態度，是**只問是非，不問黨派**。

他曾說，「附小人者為小人，附君子者未必為君子。吾輩當斬釘嚼鐵，自立人間」、「不當偕人，亦不當為人偕」。

對東林黨魚龍混雜，小人偽裝成君子，製造輿論裹挾士大夫的狀況，孫承宗頗為不屑。他更加注重個人的獨立判斷和道德修為。

他公開力挺東林黨，是在東林黨最艱難的時候。

天啟四年（西元一六二四年），東林黨與閹黨矛盾白熱化，東林黨領袖楊漣、左光鬥等人被下獄。孫承宗當時為遼東督師，聽聞消息，想趕回京城，當面向天啟皇帝揭露魏忠賢的罪行。閹黨十分恐慌，遂散布謠言，說孫承宗領兵數萬將進京「清君側」。

孫承宗抵達通州，聖旨下來，要他回關外去。營救楊、左的努力失敗了。

不久，東林黨三十五人遇難。孫承宗作《三十五忠詩》，在詩中公開表達：「東林饒善士，予敢附東林。」堅定的站在處境危難的東林黨一邊。

東林黨得勢時，他並不攀附，甚至公開唱反調；但當東林黨失勢時，他卻選擇站在弱勢一邊，不惜犧牲自己的政治前途。

在孫承宗眼裡，沒有黨爭與意氣之爭，只有是非與氣節。

天啟五年（西元一六二五年），孫承宗從督師遼東的位子上被撤，就是因為得罪了閹黨。閹黨群起上疏彈劾他，居心險惡的將孫承宗比作歷史上的王敦、李懷光。

當孫承宗面對惡意中傷，被迫解甲歸田時，閹黨以為他們贏了，其實輸掉的是整個王朝。

閹黨讓孫承宗無力救回晚明

時間回到天啟二年。廣寧（今遼寧北鎮）戰役，明軍又敗給後金。時任遼東經略的王在晉消極退守，打算放棄遼西大片土地，直接在山海關外再築一道重關。屬下袁崇煥、沈棨（按：音同起）、孫元化等人不同意，向朝廷報告。朝廷一時不能下決策。孫承宗自告奮勇出關察看定奪。經過實地考察，他當場與王在晉辯論，徹底否定了修築重關的意見，提出必須堅守關外的寧遠（今遼寧興城）及覺華島（興城南面的海島）。回京後，孫承宗面奏皇帝，說明王在晉不堪重任，自請出關督師遼東。

自萬曆四十七年（西元一六一九年），薩爾滸之戰戰敗後，明軍與後金攻守轉換，遼東戰局就成為明朝邊將的修羅場，不是戰敗自殺，就是被捕下獄，鮮有人能全身而退。

當時，朝中彌漫著一股貪生怕死的情緒，都不敢到關外任職。熊廷弼被下獄後，遼東經略空缺。朝廷任命解經邦頂上，解經邦畏難推卻，抵死力辭，遭到削籍處分。廷臣再推王在晉，王在晉也苦苦推辭，又怕步解經邦後塵，不得已才赴任。了解了這個背景之後，我們才能感受到，此時此刻主動請纓出關的官員，該有一種怎樣的氣魄和擔當。

孫承宗這年已經六十歲。如此高齡，仍自請前往文臣武將視為「死地」的關外，更顯難能可貴。天啟皇帝任命他為兵部尚書兼薊遼總督。

上任伊始，孫承宗就向皇帝表明心跡：「今天下事無一不難，而兵事更難。自非負十分精敏之才，兼幾分痴之性，決不肯妄承於身。所謂痴者，習聞忠君愛國之說，不徇人情，不聽私屬，投之賄必告於朝，遺之書必聞於眾。」

這是孫承宗的夫子自道，從四十二歲進入官場開始，他就很有主見，不結交權貴，也不培植私人勢力，是明朝汙濁官場中一股難得的清流。為此，他也十分擔心，離開都城後，皇帝若聽信讒言，自己在遼東的抱負將無法施展。所以他希望皇帝「以公忠憂國之心，勵精敏有為之氣」。事關軍國大務，只有群策群力，一德一心，才能扭轉遼東危局。

天啟皇帝在給孫承宗的敕書中，呼應了孫承宗的訴求，說：「朕所倚賴，亦唯卿一人。」並把孫承宗比作當下的諸葛亮和裴度，評價相當高。隨後，賜尚方寶劍，親自為孫承宗送行。

孫承宗僅帶了兩、三個幕僚，抵達山海關，大刀闊斧開始整頓千瘡百孔的防務。

他整頓軍隊，淘汰了膽小無能的將校數百人，裁減了冗兵一萬七千餘名。同時，提拔了袁崇煥、馬世龍、祖大壽、趙率教等勇敢善戰的猛將。

他做事雷厲風行。一日，召集將吏，問道：「各位多次說巡視寧遠，為何屢次延期？」眾人回答：「請督師決定日期。」孫承宗說：「明日前往，如何？」眾人驚愕不已。孫承宗又說，就這麼定了。次日出發，兩天後就抵達寧遠。

他決定把關外的防禦中心設在寧遠，命袁崇煥、滿桂重新修築寧遠城。一年之後，城堞竣工，成為關外軍事重鎮。他又下令將西洋的紅夷大炮運上城頭。於是，寧遠固若金湯。

他還實施「以遼人守遼土，以遼土養遼人」的政策，招募流離失所的遼民為兵，重建一支能攻善戰的勁旅遼軍。這支遼軍，在後來明與後金（清）之間延綿十數年的爭戰中，曾多次力挫八旗兵之雄鋒，以明朝晚期一支最為精銳的軍隊而被載入史冊。

而孫承宗最主要的功績，是確定了從山海關到寧遠到錦州的防禦策略。這道防線，史稱**關寧錦防線**。締造關寧錦防線，**成為明與後金（清）最重要也是最後一道防線。直到李自成滅了明朝，這道防線都沒被清兵攻破過**。

任何時代，事在人為。明末在與後金的爭戰中，遼東遇到一個有為敢為的督師，局面就能得到很好的改變。從之前的熊廷弼，到現在的孫承宗，再到後來的袁崇煥，這三人是晚明所有遼東督師中最有作為的。

他們有很多共同點，都曾兩度督師遼東。

在第一次任職遼東後，都曾含冤去職。去職後，大好局面又被壞掉，朝廷只好再請他們出來收拾殘局。起落之間，印證了這三人的能力，也從側面說明了**遼東局勢，明朝是被自己人毀掉的**。用後來的勝利者——大清皇帝乾隆的話說，明朝是「自毀長城」。

孫承宗用四年時間，實現了遼東局勢的反轉。後金不敢輕易進犯，努爾哈赤懾於孫承宗的威力，乾脆捨棄新都城遼陽，北遷到了瀋陽。

正當孫承宗準備發動進攻，進一步收復失地之際，朝廷內部卻發生變化。

魏忠賢把持朝政，以孫承宗督師遼東頗有成效，想拉攏他，於是派人犒勞守遼將士，賜孫承宗蟒服、銀幣。孫承宗得知消息，立刻上奏說，中使（太監）干涉兵政，自古有戒。

中使出關後，孫承宗只陪他喝茶，一句話都不說。魏忠賢因此很不滿。

加上孫承宗在東林黨落難時，力挺東林黨的做法，激起閹黨的瘋狂報復。他們抓住孫承宗的部將馬世龍的一次作戰失利大做文章，彈劾、誣陷孫承宗「喪師數萬、好馬數千，關門且旦夕失守」。

天啟皇帝違背了當初只倚賴孫承宗一人的承諾，連下詔書，命孫承宗回師聽調。孫承宗滿腹憂憤，上疏請辭，解甲還鄉。他在一首詩中，借岳飛當年的遭遇，隱喻自己的功虧一簣，不是潰敗於敵人，而是潰敗於朝廷上的誣陷。

入夜看熒惑，朝來朝議生。
誰將舌上劍，一割塞垣兵。
未抵黃龍府，先驚白馬營。
岳家軍尚在，胡騎漫雄行。

辭官回鄉後，閹黨仍不放過孫承宗，派緹騎（按：古代貴官出行時，前後隨行的紅衣騎士，後指逮治犯人的禁衛軍差役）日夜監視，想抓到他的把柄來治罪。孫承宗為官清白，閹黨緹騎終無所獲。

當時，各地督撫都在替魏忠賢修生祠，有人勸孫承宗在高陽也修一座，借此緩和與閹黨的關係。但孫承宗說：「此好事，公等自為之。」他寧折不屈，決不向閹黨低頭。

比起異族，皇帝更怕竊權者，明亡

崇禎即位後，用三個月解決魏忠賢，倖存的東林黨人重返朝廷。按理說，此前被閹黨構陷蒙冤鄉居的孫承宗，該重新起用了吧？

並沒有。

史載，此時兵部尚書不是別人，正是之前在守遼戰略上與孫承宗意見不合的王在晉。王在晉為泄私憤，阻撓了孫承宗的復出。

孫承宗縱有大才，能夠力挽戰局，可是卻無用武之地。閹黨也好，東林黨也好，真應了孫承宗那句話：親附小人的一定是小人，但親附君子的未必是君子。

直到崇禎二年（西元一六二九年）十一月，八旗勁旅繞道打到了京城門口，製造了震驚京城的己巳之變，朝廷這才想起了老將孫承宗。

孫承宗僅率二十七騎，星夜趕往通州，調度各路勤王兵馬。到崇禎三年（西元一六三〇年）五月，接連收復永平、遷安、灤州、遵化四城，史稱「永平大捷」，緩解了京城之危。

而其間崇禎追究己巳之變的責任人，將袁崇煥於崇禎二年十二月下獄。孫承宗力勸，國家正是用人之時，不能殺良將，沒人聽。

崇禎三年八月，袁崇煥遭凌遲時，京城一片狂歡。孫承宗只能寫詩說：「一縷痴腸看賜劍，幾行血淚灑征衣。」

等到人們讀懂孫承宗時，為時已晚。

而他自己，也陷入了熊廷弼式的悲劇中。當年，熊廷弼與王化貞在遼東產生經撫矛盾，導致戰敗，一個下獄處死，一個舉家自殺。而今，經撫矛盾在孫承宗與遼東巡撫丘禾嘉身上重演。

丘禾嘉是兵部尚書梁廷棟安插在遼東戰場的心腹，不能服眾，卻又大放狂言，說：「閣部（指孫承宗）老矣，遼事我只手可辦。」由此，在遼東形成兩套指揮系統：一是孫承宗—馬世龍—祖大壽等；一是梁廷棟—丘禾嘉—吳襄等。

孫承宗上疏，強調這種局面乃兵家大忌。崇禎似乎對此沒有反應，或者說，這正是皇帝希望看到的互為牽制的局面。

皇權的本質是政治平衡術，遇上崇禎這樣猜忌心重的皇帝，更會把文臣武將互相制衡的統治術用到極致。哪怕外戰失敗，他也在所不惜。在崇禎的眼中，朝堂上的竊權者比關外的異族更可怕，更值得防範。

崇禎四年（西元一六三一年），後金兵圍明軍於大凌城，因孫承宗、丘禾嘉意見遲遲不能統一，延誤戰機，明軍慘敗。朝臣趁此機會，搖脣鼓舌，欲把早已完成京城解圍的孫承宗擼下來。

六十九歲的孫承宗無奈，連上數十道疏，請求辭官。

這年年底，他終於告老還鄉，徹底離開了日漸沉淪的遼東。對他來說，或許只能無限感慨：每因門戶誤封疆，總為籌邊邊未籌。

「手提孤劍向邊州，木葉蕭蕭又早秋。」這或許是孫承宗寫下的最悲愴的兩行詩。

在生命的最後七年裡，他在高陽老家，唯有一心讀書，不廢朝夕。

一個壯志未酬的英雄，暮年遠離刀光劍影，卻能遠遠聽到家國沉淪的消息，這是怎樣一種煎熬的心情。

陳田在《明詩紀事》中評價孫承宗：「有此偉才，旋用旋罷，國欲不亡，不可得矣。」讚揚孫承宗，知其不可為而為之的勇氣和魄力；貶斥明王朝自掘墳墓，宵小別無所長，只會剪除自己的英雄。

孫承宗肯定心有不甘，但他已經無能為力，只能把一腔熱血與憤懣付與文字。在高陽城隍廟有他題寫的一副對聯。

上聯：問你生平所做何事，欺人懦，詐人財，坑人命，姦淫人妻女，占奪人田地。日積月累，是不是睜睜眼看，世上多少惡焰凶鋒，曾饒過哪個？

下聯：來我這裡有冤必報，破爾家，蕩爾產，追爾魂，殄滅爾子孫，降發爾災殃。鬼哭神號，怕不怕摸摸心頭，從前百千機謀詭譎，還容你做麼！

或許是希望那些敗壞國事之徒，死後可以在此受審吧。

崇禎十一年（西元一六三八年），清軍分兩路進攻明朝。在清軍未到高陽之前，友人勸孫承宗到保定避難，孫承宗讓他閉嘴。

孫承宗組織家人和高陽城百姓，對清軍的圍城進行頑強抵抗，直到城中火藥彈石皆盡。城破後，高陽城軍民又與清軍展開肉搏，終因寡不敵眾而失敗。

最終，七十六歲的孫承宗和他的十幾個兒孫子侄，全部在這場家鄉保衛戰中殞命，十幾個婦孺殉節而死。

孫承宗殉國六年後，明朝滅亡，清朝定都北京。

今時今日，如此悲情的老英雄，誰人猶記？

第六章

不懂得掩飾鋒芒，如何活長久？

1 平定七國之亂的第一功臣，絕食而死

周亞夫作為西漢時期開國名將周勃的次子，出道成名極富英雄浪漫主義色彩。

漢文帝後元六年（西元前一五八年），六萬匈奴兵浩浩蕩蕩南下，烽火一路傳到長安。

漢文帝針對京城防衛進行部屬，命西漢楚王劉禮屯兵長安以東的灞上（今西安東郊）、大將徐厲屯兵長安以北的棘門（今咸陽市東北），而長安以西的細柳，則交給河內太守周亞夫。

進行一番周密布置後，皇帝自己也沒閒著，帶著大臣和護衛前往視察。灞上和棘門的守軍聽說皇帝親臨，大開營門迎接。

漢文帝一行車馬從營門長驅直入，無人阻攔。將領們帶著手下，都表現得畢恭畢敬，迎來送往，不失禮節。

看著將士們臉上笑嘻嘻的，漢文帝心裡一點都不高興。

眼下雖還有細柳的駐軍未視察，但漢文帝覺得煩了，巴不得趕緊結束這無聊的工作。

然而，細柳營的將士們卻讓漢文帝眼前一亮。遠遠望去，營門的士兵身披鎧甲，氣宇軒昂，看到皇帝的大隊車馬走近，紋絲不動，異常警覺。

宮裡的護衛囂張跋扈，一來就想硬闖。營門的守軍馬上攔住，手上緊握兵器，寸步不讓。護衛們

高聲喊話：「爾等快開門！我們是宮裡的衛隊，天子車輦馬上就要到了。」

細柳營的將士們完全不把這話放在心上，回答道：「軍中只聽將軍的號令，不聽天子之詔。」

漢文帝得知前進受阻，只好命人持節告知周亞夫。這時，營門方才放行。皇帝一行入營，守軍叮囑他們：「軍營中不得縱馬驅馳。」

先是攔門，接著又是警告，若在一般皇帝看來，這種行為絕對是大逆不道。幸虧漢文帝是性情溫和的一代明君，能體會周亞夫的良苦用心。一行人只好緩緩前行，到了中軍營帳，終於見到周亞夫。

周亞夫全副武裝見漢文帝，揖而不跪：「臣身披甲冑在身，不便跪拜，請允許以軍禮拜見。」

漢文帝心中一顫，一時竟放下威嚴，雙手扶住車前橫木，以示敬意。

出了細柳營，一路上漢文帝還在回味，不禁讚嘆：「周亞夫才是真正的將軍啊！」

細柳營的會面，讓漢文帝終生難忘。他給太子劉啟，即漢景帝留下遺囑：「危急時刻，可把軍隊放心交給周亞夫統領。」

漢景帝前元三年（西元前一五四年）正月，由吳王劉濞（按：音同僻）領銜的吳楚七國之亂爆發。七國之亂，原本其實有九國參加，劉濞先後聯繫膠西、楚、齊、淄川、膠東、濟南、濟北、趙等八國。結果，齊王膽子小，早早悔約。濟北王因為都城城牆倒塌，竟被國內官員挾持，以修築城牆為由退出。

當時諸侯王都對漢景帝劉啟積極推行削藩不滿已久，參與七國之亂的多是削藩的「受害者」，如楚王劉戊因為太后守喪期間飲酒享樂，亂搞男女關係被治罪，削去東海郡，還有趙王劉遂犯法，膠西王劉卬參與賣爵，都被削地。

而吳王劉濞除了被削去會稽、豫章二郡之地，還與漢景帝有私仇。當年，劉濞的長子劉賢入京，與尚未即位的劉啟飲酒博弈，起了爭執。劉啟一怒之下，拿起棋盤毆打劉賢，失手打死對方。

於是吳、楚等七國以「誅晁錯、清君側」為由，發兵數十萬，一路西進。

叛軍打到梁國的棘壁（今河南永城西北）。此時，漢景帝已經聽從袁盎之計冤殺晁錯，想以此平息眾怒，可劉濞拒不撤兵，自稱「東帝」，誓與中央鬥爭到底。

犧牲梁國，以平七國之亂

這一年春天，漢景帝過得很慌。七國叛軍不願罷兵，中央能否和他們正面交鋒，他心中沒底。就在此時，漢景帝猛然想起父親臨終前推薦的周亞夫。

周亞夫終於等來建功立業的機會，被拜為太尉，統率三十六將出征，討伐叛軍。

出發之前，周亞夫對景帝提出自己的作戰計畫，他說：「吳楚兵剽悍輕捷，不可貿然與之交鋒。請陛下允許我暫時放棄梁國，不予救援。我軍迂回到叛軍側後，斷其糧道，待敵軍消耗殆盡，可一戰而勝之。」成大事者，不拘小節，周亞夫的戰略，不惜犧牲一隅以謀全域。隨後，他率軍出征，一路繞道，來到叛軍東北方向的昌邑（今山東境內），占據深溝高壘，而將梁國讓給叛軍，任由其攻打，消耗其兵力。

與之相對，七國剛起兵時，劉濞手下一名年輕的桓將軍曾向他建議，吳國多步兵，步兵利於平地作戰。要避開城池，以最快的速度分兵攻下洛陽武庫、敖倉糧庫，攻占函谷關。如此，據險守關，就算拿不下關中，也可以二分天下。劉濞卻未採納。

因此，叛軍幾乎傾盡全力攻打梁國。梁王劉武是漢景帝的同胞兄弟，正帶兵拚死抵抗。他多次請求周亞夫出兵救援。周亞夫以大局為重，不予理睬，只派輕騎截斷吳楚叛軍後方的運糧水道。

劉武只好帶著必死的決心，親率精銳據守睢陽。城外周亞夫軍不打算傾力支援，吳楚叛軍卻傾巢進攻。從此之後，劉武對周亞夫恨之入骨。

戰爭進行兩個月，周亞夫的計謀終於起效。吳楚叛軍軍糧逐漸耗盡，後備補給跟不上，多次向周亞夫的主力部隊挑戰。

叛軍頻頻侵擾，一夜，營中發生騷亂。深居大帳中的周亞夫早已聽見動靜，但仍從容淡定，躺著不動。不一會兒，營中將士情緒穩定下來，騷動自然平息，周亞夫早睡過去了。

又過了幾天，叛軍大舉進攻軍營東南，來勢洶洶，周亞夫卻調兵到軍營西北去防禦。後來，叛軍主力果然偷襲西北，讓周亞夫逮個正著。吳楚軍這招聲東擊西，用得不太靈。

隨著兵糧耗盡，叛軍實在忍受不了了，只好悻悻然退兵。周亞夫等的就是這一時機，他立即出動精兵追擊，大破叛軍。

叛軍作鳥獸散，劉濞及其部下四散逃亡。劉濞的人頭被懸賞千金，不久死於越人之手。

吳楚七國之亂自爆發到平定，總共才歷時三個月。周亞夫推為首功，當之無愧。

過於耿直，在政治上難生存

七國之亂讓周亞夫的政治生涯走向頂峰，兩年後，出將入相，官至丞相。然而，回到朝中，周亞夫先後因幾件事，與漢景帝產生矛盾，並最終走向悲劇。

漢景帝前元七年（西元前一五〇年），漢景帝廢栗太子劉榮，改立劉徹（即後來的漢武帝）為太子，以其生母王娡（按：音同智）為皇后。

帝王家事，臣子本不該多過問，偏偏耿直的周亞夫在這件事上和漢景帝起爭執。他固執己見，栗太子沒有過錯啊，怎能輕易廢黜？

周亞夫的諫言，挑撥起漢景帝心中的一根刺。從此以後，他和周亞夫漸行漸遠。

這時候，梁王劉武還記著當年周亞夫見死不救的仇恨，每每進宮拜見竇太后，都要和她抱怨周亞夫的種種不是。竇太后也聽了不少關於周亞夫的壞話。

恰好有一次，竇太后跟漢景帝建議，該給皇后的哥哥王信封個侯爵。漢景帝起初故作推辭，說：「太后的侄子和弟弟當初也未封侯，直到我即位後才受封。現在我封皇后哥哥為侯不太合適。」

竇太后堅持己見，說：「當年我哥哥在世時沒有受封，直到他死後，才封了他兒子。這件事情，我到現在都深感遺憾。你現在都是皇帝了，可以便宜行事，趕緊封王信為侯吧。」

漢景帝心生一計，說：「我與丞相商議一下。」

經由與丞相商議後，漢景帝恰好可以擺脫私自賞賜外戚的惡名。稍有政治頭腦的人都知道，此時應該順著漢景帝的意思辦。周亞夫卻對漢景帝甩出漢高祖劉邦的白馬之盟：「非劉氏不得王，非有功不得侯。不如約，天下共擊之。王信身無寸功，不能封侯。」

漢景帝一時啞口無言。

王信封侯一事，周亞夫一句話就得罪了皇上、皇后和太后。

匈奴貴族唯徐盧等五人降漢。漢景帝心花怒放，想封個侯爵來表示一下，以此鼓勵更多匈奴人來歸順。

周亞夫抗議：「這些人背叛自己的主子，我們還給他們賞賜，以後還如何懲戒我朝那些不守節的臣子！」可是抗議無效，漢景帝這次絲毫沒有理會周亞夫的意見，隨後，堅持封唯徐盧等人為侯。

一個執拗任性，一個獨斷專行，君臣漸行漸遠。景帝中元三年（西元前一四七年），周亞夫稱病辭職，漢景帝免去了他的相位。

君臣失和，戰功赫赫的周亞夫短短幾年間，由人生巔峰跌落谷底。

周亞夫的耿直性格正犯了為臣者的大忌，這當然是他走向悲劇的原因之一，但不得不說，也有其家族的原因。

周亞夫的父親，是開國功臣絳侯周勃。他為人敦厚，出身寒微，年輕時靠編織蠶具討生活，有時在別人婚喪嫁娶儀式上吹簫伴奏，掙外快。可他也是最早跟著劉邦打天下的人之一。西漢初年形成「布衣將相之局」，周勃亦是其中翹楚，後來在誅滅諸呂時立下大功，漢文帝在位時曾任宰相。

就是這麼一個老實巴交的人，晚年居然被誣告謀反。漢文帝將他交給廷尉處置。

周勃惶恐不安，說起話來舌頭都打結了，不知道怎樣應付審問。

獄吏看周勃好欺負，經常沒給他好臉色，借機羞辱他。周勃陷入窘境，只好拿出千金賄賂獄吏。

得人錢財，與人消災，獄吏便在書牘背後寫字暗示：「可請公主做證。」

獄吏所指的公主，是漢文帝的女兒，嫁給周勃的長子周勝之為妻。

周勃這才開竅，想起來自己還跟皇室有點關係。於是，他把近些年得到的賞賜全部贈給漢文帝的舅舅薄昭，透過他找到了薄太后。

周勃是扳倒呂氏、扶持漢文帝上位的功臣，又和皇室是親家，被文帝尊稱為「長者」。薄太后得知他蒙冤下獄，登時大怒。

那日漢文帝臨朝，薄太后抄起頭巾就朝他扔去，罵道：「絳侯當年兵權在手時都沒謀反，現在年老了，身居小縣城中，反倒能謀反嗎！」

漢文帝趕緊賠罪，說已經查明真相，這就放周勃出獄，恢復其爵位。

周勃出獄後，連連苦笑：「我曾帶領百萬將士，卻不知道獄吏如此尊貴啊。」

周勃不是特例。文景之際，開國功臣集團出身的官僚頻頻出事。

史載，這一時期，朝中功臣子弟大都驕奢淫逸，所謂「子孫驕逸，忘其先祖之艱難，多陷法禁」。除了因貪汙腐敗和政治風波而身敗名裂，還有的功臣因子孫早夭而無人繼承爵位。到漢武帝時期，朝中顯貴大都不是出自開國功臣集團。

周亞夫出自漢初布衣將相世家，自然不願家族就此沉淪。

如前文所述，在皇后兄長封侯和匈奴降臣封侯兩件事上，周亞夫都站在漢景帝的對立面，據理力爭。並非因為他無偏無黨，而是他作為開國功臣集團的最後榮光，對朝中新貴的抗爭。

漢景帝屠刀向忠臣

周亞夫的政治生涯和其父何其相似。

漢景帝本打算讓周亞夫輔佐少主，想試探他的脾氣是否改了。罷相之後，有一回周亞夫受邀入宮，參加漢景帝的「飯局」。

周亞夫入座後，定睛一看，這桌上擺著的是一整塊肉。美味佳餚在眼前，旁邊卻沒任何餐具。

周亞夫畢竟是曾經封侯拜相的老功臣，見漢景帝這般請客，當場就不樂意了，命令掌管宴席的尚席取筷子來。

漢景帝看著周亞夫，笑說：「難道這還不能滿足你嗎？」

周亞夫心中憤恨，敢怒不敢言，只好脫帽跪下謝罪。景帝讓他起來，他二話沒說，背直挺著，大步流星往外走。

漢景帝看著昔日功臣遠去的背影，喃喃道：「看他悶悶不樂的樣子，如此桀驁不馴之人，怎能輔佐年少之主呢？」

那時，太子劉徹年紀尚幼。漢景帝擔心，自己若有朝一日撒手人寰，周亞夫必定是個禍害。

從那天起，周亞夫的結局便已註定。漢景帝很快找到機會對他舉起屠刀。

周亞夫上了年紀，身體也不好。他兒子買了五百副盔甲盾牌，預先準備，作為陪葬的明器。

可是，周家公子是一紈綺子弟，對雇工極為苛刻，甚至還拖欠工資。雇工們便把周家私自購買甲盾的事情告知朝廷。

當時，私藏兵器是重罪。

漢景帝馬上命人捉拿周亞夫前來審問。周亞夫聲稱對此事毫不知情，悲憤之下，他本要自刎，卻被夫人阻攔，於是被逮捕下獄。

漢景帝的意思已然十分明白，廷尉知道該如何處置，他便責問周亞夫：「君侯這是要謀反嗎？」周亞夫憤怒的辯解：「這不過是兒子給我買的葬器，怎麼說是謀反？」

隨後，廷尉用一句讓人毛骨悚然的話，作為周亞夫的催命咒：「君侯縱使不在陽間謀反，死後恐怕也會在黃泉之下造反吧。」

周亞夫深知，漢景帝是不給自己留一條生路了。漢景帝後元元年（西元前一四三年），萬念俱灰的周亞夫絕食五日，嘔血而死。

2 東晉神童謝安一生風流，難逃猜忌

預感自己時日無多的東晉梟雄桓溫，決定要幹一件轟轟烈烈的大事。

此前，桓溫曾經率領東晉軍隊滅亡成漢、三度北伐，卻在枋頭之戰中慘遭前燕大將慕容垂痛擊。他本來希望借助北伐立威，如今悶悶不樂。後來，他對手下說，如果不能流芳百世，寧可遺臭萬年。

這個驚世駭俗的想法不久付諸行動。枋頭之戰失敗兩年後，東晉太和六年十一月，桓溫帶兵入朝，強行廢掉了晉廢帝（海西公）司馬奕，另立司馬昱，是為簡文帝。

處處受到桓溫牽制的簡文帝，在位僅僅八個月就憂憤而亡。臨終前，他給桓溫留下詔書說：「桓公如果覺得本朝氣數已盡，那麼朕遜位讓賢就是。」

簡文帝死後，年僅十一歲的太子司馬曜即位，是為東晉孝武帝，幾個月後，寧康元年二月，桓溫再次帶兵進入京城建康。

東晉滿朝惶恐，因為當時建康城中流言四起，說桓溫準備血洗朝中大臣，改朝換代。朝中無人敢見桓溫，最後吏部尚書謝安、侍中王坦之前往迎接桓溫。桓溫故意布列軍陣接見各位朝臣。

作為東晉朝中一等士族、太原王氏的代表，執政的王坦之被嚇得渾身溼透，連上書言事的手板都拿反了。

來自陳郡謝氏、向來被視為次等士族的謝安，卻從容就座，然後環顧桓溫故意布下的軍陣說：「我聽說諸侯有道，守在四鄰，明公何必連牆壁後面都要埋伏士兵？」

一看到簡文帝流眼淚就驚慌失措的桓溫，被謝安問得不知如何回答，只好苦笑說：「我也是迫不得已！」

於是，桓溫命令手下撤去另外埋伏的士兵，與謝安開懷暢飲。如此幾天後，帶著大軍進京的桓溫竟然礙不下臉面，自己帶著大軍撤回了駐地姑孰（今安徽當塗）。

時間不等人，已經六十二歲的桓溫逐漸病入膏肓。臨死前，他仍想跟曹丕和司馬炎一樣，先來個「授九錫」（按：九錫是中國漢朝、晉朝等朝代皇帝給臣子的九種最高賞賜），然後再行篡位加冕。桓溫多次派人催促，但執政的謝安和王坦之故意推延。謝安乾脆以負責撰文的吏部侍郎袁巨集文筆不好、需要多次修改為由來推脫阻擋。

野心有餘、魄力不足的桓溫實在等不及了，在最後一次退出建康城五個月後，病逝於姑孰軍中。梟雄桓溫，竟然活生生被耗死了。

神童蓋世有什麼用？門第高低才是重點

說起來，耗死桓溫的謝安，原本與桓溫家族頗有淵源。

謝安四歲時，桓溫的父親桓彝就讚嘆，「此兒風神秀徹，後當不減王東海」。王東海，指的是西晉時期的東海太守王承，史稱「渡江名臣王導、衛玠、周、庾亮之徒皆出其下，為中興第一」。

四歲就被稱為神童的謝安，出自陳郡謝氏，當時在以門第論高低的魏晉時代，陳郡謝氏，只是一個低等士族而已。

在三國時代，謝安的曾祖父、陳郡謝氏的始祖謝纘，只是曹魏一個小小的五品「典農中郎將」，謝安的祖父謝衡，則是一位西晉的大儒；到了謝安的父親謝裒（按：音同ㄆㄡˊ）時期，謝裒與自己的哥哥謝鯤，一度是琅琊王氏權臣王敦的幕府門客。

所以，即使後來謝裒晉升至吏部尚書、太常卿等高級官職，想向蜀漢名相諸葛亮的族親，在東吳、曹魏和西晉都家族顯赫的諸葛恢，為雙方子女求婚聯姻時，諸葛恢直接拒絕，說陳郡謝氏是個什麼東西，「不能復與謝裒兒婚」。

在魏晉時人看來，門第高低，是一個人出身的根本，所以，後來敢於抗拒權臣桓溫的謝安，年輕時還只是一個世家大族的小跟班而已。

在東晉人看來，跟隨晉元帝司馬睿過江，協助建立東晉王朝、號稱「王與馬共天下」的琅琊王氏，是當時當之無愧的第一士族，東晉建國之初，琅琊王氏的王導實際把持了行政權，而王導的堂哥王敦則把持了軍權，王敦在後來甚至發動叛亂、率兵攻入建康，以致晉元帝司馬睿最終憂憤而亡。

琅琊王氏在王敦之亂後有所衰落，隨後，作為晉明帝司馬紹的國舅，潁川庾氏的庾亮家族開始崛起，但由於庾亮逼反蘇峻，導致蘇峻之亂，加上北伐失敗，潁川庾氏的勢力被迫退出東晉中央，隨後，庾亮、庾翼兄弟先後坐鎮荊州十一年，成為雄霸一方、掌握軍權的門閥士族。

庾亮、庾翼兄弟病逝後，晉明帝司馬紹的女婿，來自譙國桓氏的桓溫，取而代之出鎮荊州。在荊州期間，桓溫西伐四川消滅了成漢政權，又兼併了高平郗氏的軍隊，三次率兵北伐，一度進攻到長安和洛陽邊緣，取得輝煌的軍事戰績，但在第三次北伐經歷枋頭之戰的慘敗後，桓溫功業受挫，改而加緊篡位，但在陳郡謝氏、琅琊王氏等士族的聯手抵制下，桓溫最終未能得逞。

而從西晉建興五年（西元三一七年）司馬睿稱帝建立東晉，到東晉寧康元年，權臣桓溫病死軍中，短短五十六年間，東晉政權先後被琅琊王氏、潁川庾氏、譙國桓氏等世家大族控制，以致司馬家族的皇權經常處於號令不施的尷尬境地。

而在士族內部，門第也分為高等士族和低等士族，因此，來自陳郡謝氏，家族成員被高等士族拒婚，甚至被斥落為「新出門戶」的謝安明白，即使神童蓋世，他也只是一個次等士族的家族成員，如此而已。

所以，他需要往上走。

隱居賦詩，贏得名聲的政治手段

在公開抗拒桓溫的二十年前，東晉永和九年（西元三五三年），謝安跟隨著出身琅琊王氏的王羲之，來到了浙江會稽山上，參加蘭亭雅集。

因為王羲之的一篇《蘭亭序》，這一年註定將是一個載入史冊的年分，在這場暮春時節的盛會中，來自東晉第一名門士族琅琊王氏的王羲之，與同遊的一幫士族親友們一起開懷暢飲，後來，王羲之在《蘭亭序》中寫道：「是日也，天朗氣清，惠風和暢。仰觀宇宙之大，俯察品類之盛，所以遊目騁懷，足以極視聽之娛，信可樂也。」

文中的所謂「品類」，指的其實就是與會的各位士族代表，只是這些「品類」在王羲之看來，包括來自陳郡謝氏的謝安在內，都是他琅琊王氏的跟班罷了。

謝安有自知之明，但他也有膽量。

有一次，謝安與孫綽、王羲之等人乘船出海，風浪越來越大，大家都想要返航靠岸，但謝安卻神情自若，「貌閒意悅」，船夫也有意思，一直搖船前進，風浪越洶湧，小船顛簸不止，同行的王羲之等人被嚇得面目慘白，「皆喧動不坐」，一直到這時，謝安才不緊不慢的說，既然大家害怕，那就回去吧。

於是眾人高叫說：「回去！回去！」

此次海上遇險，事後眾人都說謝安「足以鎮安朝野」，以至於後來王羲之跟士族劉尹說，「故當共推安石（謝安的字）」，劉尹也說，謝安隱居會稽東山，「若安石東山志立，當與天下共推之」。

作為一名低等士族的青年代表，謝安明白，他參與王羲之的聚會結交顯貴、出海遇險悠游從容，甚至經常帶著妓女在他隱居的會稽東山賦詩作文，這既是一種政治手段，也是一種所謂彰顯名士風流、博求名譽、待價而沽的手段。

有一次，謝安邀請友人前往臨安山中，他坐在一間石頭房子裡，面對深谷、閉目遐想，然後嘆息說：「如此境界，與伯夷相差又有多遠呢？」

伯夷，指的是商朝末年隱居首陽山的孤竹國君之子。

當時，謝安患有鼻炎，說話吟詩的聲音都不夠清亮，但時人卻美其名曰「洛生詠」，意思是謝安的聲音，代表著西晉首都洛陽的正統讀音，因此時人竟然以捏著鼻子學習謝安讀書吟詩為時髦。

在魏晉時代九品中正制盛行，選拔人才按照主觀標準分為三六九等，那時謝安善於隱居作秀，又時常參與士族高層聚會博求名譽，在東晉士族互相吹捧的風氣中，加上自身確有才華，以致後來有了「東山不出，如蒼生何」的說法，意思是說，謝安如果不出仕做官，那麼天下蒼生可怎麼辦哪！

謝安當然是有想法的，他只是在等待機會。

起初，東晉的司徒府希望徵辟謝安為「佐著作郎」，謝安推託生病不去；揚州刺史庾冰因為謝安有重名，屢次命令州郡縣官徵召謝安，謝安不得已當了個把月小官，又急忙返回東山隱居；隨後，東晉吏部尚書范汪舉薦他擔任吏部郎，他也不去。

如此一來，朝中有人自然看不慣了，說謝安屢次拒絕徵召出仕，性格乖僻，應該終生監視，不得錄用，對此，謝安「晏然不屑」。

能力加人脈，謝安下個工作混得不錯

在謝安看來，他隱居山中只是待價而沽，並非性情乖僻，他只是一直等不到心儀的職位而已。但形勢比人強，隨著陳郡謝氏家族陷入困境，謝安，終於不得不出仕了。

東晉升平三年（西元三五九年），謝安的弟弟謝萬以西中郎將、豫州刺史的身分，隨同北中郎將郗曇兵分兩路，北伐前燕，沒想到謝萬統兵無方，手中部隊竟然在沒有遇敵的情況下自行潰敗，以致豫州治下的許昌、潁川、譙郡、沛郡等郡縣盡皆陷落，謝萬甚至單騎狼狽逃還，被廢為庶人。

陳郡謝氏原本就是東晉朝中的低等士族，如今家族成員竟然如此不堪，眼看家族有因此敗亡的危險，為了振興家族名譽，謝安不得不考慮出山。

謝萬兵敗豫州第二年，謝安回應西大將軍桓溫的邀請，擔任他帳下的司馬。原因是，桓溫的父親桓彝早年與陳郡謝氏有交往，而謝安的長兄謝奕也曾在桓溫軍中任職。更為重要的是，以桓溫為代表的**譙國桓氏，是當時整個東晉朝中最有實力的士族代表**。桓溫本人甚至率軍攻滅割據四川的成漢政權，並一度北伐進攻至長安周邊，軍威之盛為當時東晉之最，勢頭甚至蓋過了琅琊王氏。

可以說，投身桓溫的幕府，就有了強硬的政治靠山。

於是，謝安從新亭出發，許多友人都趕來送行，御史中丞高崧調侃謝安說：「朝廷多次徵召，你都高臥東山隱居不出，所以輿論才說『東山不出，如蒼生何』，如今你終於肯出山當官了，不知道蒼生又應該如君何？」

沽名釣譽的謝安為了維持家族權勢，不得不投靠政治大佬譙國桓氏，當時的人一眼看清，對此，儘管桓溫對謝安禮敬有加，但桓溫的手下有時並不客氣。

有一次，有人送給桓溫一種名為「遠志」的藥草，這種藥草很奇怪，根部叫作「遠志」，葉子部分卻稱為「小草」，桓溫有點困惑，於是拿起藥草問謝安說：「遠志又叫小草，同一種東西怎麼會有兩種叫法呢？」

此時，桓溫的參軍郝隆也在座，只聽郝隆一語雙關的說：「隱居不出就叫遠志，出了地面其實就是小草。」郝隆的意思，是諷刺謝安此前沽名釣譽多次拒絕徵召，如今因為家族陷入困境被迫投靠桓溫，卻只能在軍中當個文職的司馬小官，如此仰人鼻息，只是一棵小草。

桓溫作為幕主很會做人，打哈哈說，郝參軍這樣解釋也挺有意思。

謝安卻深有愧色。在進入桓溫幕府一年後，東晉升平五年（西元三六一年），謝安的弟弟謝萬病逝，謝安於是藉口奔喪，請假離開了桓溫。在謝安看來，他在政治上投誠於譙國桓氏的表態已經做夠了，有了政治強人桓溫的信任和加持，他在東晉朝中的仕途也勢必一帆風順，另外，謝安也隱隱看出桓溫的政治野心是篡奪司馬家族的政權，因此他需要及早脫身，為自己謀求萬全之策。

謝安回到建康後，逐漸憑藉自身才幹，做到了吏部尚書的高職，在當時東晉朝廷看來，謝安是名士，而在桓溫看來，曾經做過自己手下的謝安顯然是自己人，有了內外的雙層加持，謝安在建康混得風生水起。

東晉太和六年，桓溫帶兵入朝廢掉晉廢帝（海西公）司馬奕，改立的簡文帝司馬昱剛即位八個月就憂憤而亡，當時東晉朝廷已經風雨飄搖，所幸在以謝安為首的整個東晉士族的集體抵制下，野心有餘、魄力不足的桓溫也不敢再進一步，最終，桓溫被謝安等人周旋抵制，活活熬死於姑孰軍中。

或許一直到病逝前，桓溫才會真正明白，謝安這棵「小草」，原來真的是「遠志」。

不畏眾怒，謝安看能力推薦人才

桓溫死後僅僅兩個月，謝安就被東晉朝廷晉升為尚書僕射，加後將軍，並與尚書令王彪之一起執掌朝政。

譙國桓氏則在桓溫死後，推出桓溫的弟弟桓沖接任鎮守荊襄，桓沖跟他的兄長桓溫一樣有能力，卻沒有野心，更以東晉大局為重，桓沖甚至主動讓出已經被譙國桓氏控制的江北揚州地區。

當時，前秦歷經多年征戰，最終於東晉太元元年統一北方，面對自從永嘉之亂以來，北方從未有過的政治強權，桓沖明白，東晉朝野上下只有團結一致，才能對抗北方的前秦，否則，長期陷入士族內訌或者威脅司馬家族皇權，必將導致東晉政權的覆滅，東晉的皇族與士族，都沒有好果子吃。

桓溫死後，東晉出現了一個內部和諧的穩定局面，但在對外方面，已經統一北方的前秦，則開始不斷南下衝擊東晉。

面對前秦軍隊的不斷南侵，東晉孝武帝親自下詔尋求良將抵禦北方，對此，身為宰相的謝安，毫不避嫌的推薦其長兄謝奕之子謝玄出任將領。

對於謝安的舉親不避嫌，就連謝安的政敵、中書侍郎郗超也感慨的說：「謝安敢於冒觸犯眾怒的危險舉薦親侄子，確實是英明的；謝玄一定不會辜負他叔叔的推薦，因為他確實是難得的人才。」

謝玄在被舉薦前，只是征西司馬兼南郡相，相當於太守級別，但在謝安的舉薦下，東晉朝廷最終決定晉升謝玄擔任建武將軍、兗州刺史，並領廣陵相，監督江北軍事。謝玄上任後，馬上在江北的津口（鎮江）到晉陵（常州）一帶募兵訓練，並徵集了劉牢之與何謙、諸葛侃、高衡、劉軌、田洛及孫無終等猛將入伍，組成了一支驍勇善戰的北府兵，日後，由謝玄和陳郡謝氏家族組建的這支軍隊，將影響到東晉的興衰滅亡和整個南北朝的發展。

北府兵組建後，就在東晉太元四年（西元三七九年）的江北淮南之戰中，以五萬兵力大破前秦的十四萬大軍，顯示了北府兵的強大戰鬥力。

作為前秦的國君，苻堅顯然認為，淮南之戰只是一個小挫折，不足言道。太元八年，前秦決定裹挾統一北方的餘威，徵集百萬大軍南下攻滅東晉，以求一統天下。

眼見前秦大軍不斷南下，鎮守荊襄地區的桓沖放棄舊惡，主動率領十萬大軍向長江上游的前秦大軍發起攻擊，以求減輕長江下游建康的防守壓力。桓沖甚至主動提出，將派出三千兵力協助防守建康，以拱衛東晉朝廷。

但謝安卻一口回絕，只是回信說，希望將軍鎮守好荊襄地區，自己將在江北回擊前秦大軍。

對此，桓沖義憤填膺的說：「謝安雖然有政治才幹，卻沒有將才，如今大敵將至，他卻到處遊玩，軍事上也只是派遣一些少年抵禦，並且軍隊人數還這麼少，天下大勢看來已定，我們就要集體淪落於敵人之手了。」

當時，不僅是桓沖憂心忡忡，就連陳郡謝氏內部的才幹、北府兵的統領謝玄也萬分焦急，他在率領八萬北府兵出擊秦軍前，特地向謝安請教戰略，謝安卻絕口不提軍事，還帶著他一起到野外郊遊、大會賓客，展示自己的名士風度。

謝安或許是對謝玄絕對信任，又或許也對自己的安排沒把握，唯有寄希望於謝玄能獨力承擔。謝玄在萬般無奈中奔赴前線，他毅然擔負起了東晉朝廷的生死存亡重任。

最終，在淝水之戰中，謝玄指揮八萬北府兵大破前秦的二十多萬先鋒大軍，前秦大敗，此後北方又再次陷入四分五裂，而東晉軍隊則趁機北上，將國土重新推進到了黃河南岸，為後來劉宋的建立和強盛奠定了根基。

淝水之戰勝利的消息傳來時，謝安正與客人下棋，他看了一眼捷報後，又若無其事的繼續下棋。倒是客人後來沉不住氣了，追問謝安戰況到底如何。謝安這時才淡淡的說：「小兒輩已經破賊！」

以風度著稱的謝安強行抑制著心中的狂喜。在送走客人後，他狂奔進屋，竟然將木屐的屐齒折斷了都沒有感覺。

作為魏晉風度的代表，他是淝水之戰的壓艙石（指重心），他和他的陳郡謝氏家族，聲譽也在淝水之戰後達到顛峰。

看出司馬皇族的忌憚，謝安回去過隱居生活

但向來以陰謀詭計橫行著稱的司馬家族，對謝安和陳郡謝氏並不放心。又或者說，作為皇族，司馬家族其實對整個士族都不放心。

想當初，東晉元帝司馬睿完全倚賴琅琊王氏兄弟王導、王敦的擁護，才得以上位，登基時，司馬睿因手上沒兵沒權而很沒自信，甚至邀請王導一起同坐御床，共同接受百官朝賀，王導百般拒絕，並且說：「如果太陽也和地下萬物一樣，那麼老百姓該到哪裡沐浴光輝呢？」司馬睿才打消主意。

晉元帝司馬睿稱帝不到五年，東晉永昌元年（西元三二二年），掌握軍權的王敦就興兵攻入建康，以致司馬睿鬱鬱而終。當時，面對興兵攻入建康的王敦叛軍，司馬睿甚至不得已的說：「你想當皇帝就說嘛，我退位便是，還當我的琅琊王去，又何苦為難蒼生百姓呢？」

而類似的話，簡文帝司馬昱也曾經對興兵攻入建康的權臣桓溫說過，簡文帝司馬昱甚至哀求桓溫不要濫殺朝中大臣，還說：「如果你覺得本朝氣數已盡，那麼朕遜位讓賢就是。」

所以，前有琅琊王氏的王敦、後有譙國桓氏的桓溫，手擁兵權先後作亂，司馬家族驚慌恐懼，再也不希望在東晉朝中出現一個強權士族了。

此前，中原王朝在秦漢時期實現高度集中皇權，但是西晉開始的分封制，以及隨之而來的八王之亂、永嘉之亂，使得渡江南遷的**東晉政權從一開始就先天不足，不得不依賴北方和江南的士族建國。這也使得東晉的司馬家族，從一開始就不得不與士族結盟，方才可以維持帝位**。而眼下，東晉孝武帝認為，趁著淝水之戰驅除北方強敵的有利時機，重新樹立司馬皇權的機會到了。

東晉咸安二年（西元三七二年），當時年僅十一歲的晉孝武帝司馬曜在權臣桓溫的監視下登基。次年桓溫死後，嫂子崇德太后又臨朝聽政，大權繼續旁落。在真正成年掌權以前，晉孝武帝內心非常困惑痛苦，以致有一次他在建康皇宮中喝酒，看到一顆流星掠過時，竟然舉起酒杯向流星敬酒，自言自語說：「流星啊流星，敬你一杯酒。古往今來的帝王都跟你一樣，轉瞬即逝。人人都喊我萬歲，可萬歲天子世上哪裡有呢？」

左右的人聽後都潸然淚下。

所以，當淝水之戰晉軍大勝時，已經二十二歲的晉孝武帝，顯然不甘心皇權再度旁落，而致使司馬家族淪為世家大族的傀儡和附庸。在這種情況下，晉孝武帝啟用自己的弟弟司馬道子執政，並處處排擠謝安。

為了避禍，並無野心的謝安決定以北伐的名義離開建康，並將政權全部交給司馬道子。

於是，謝安被命都督揚州、江州等十五州軍事，並出鎮廣陵，著手進軍中原。為了讓晉孝武帝和司馬家族放心，謝安還讓人在南方的始寧建造了一座莊園，將家小全部搬到莊園裡去居住，以表示自己將在平定北方後，**舉家搬遷過回隱居生活**。

這當然只**是一種表態，目的，則是為了讓皇權放心，讓司馬家族放心**。

在生命的最後一年，東晉太元十年（西元三八五年），六十六歲的謝安因為重病被迫返回建康，當馬車進入烏衣巷邊的西州門時，謝安突然悵然的說：「以前桓溫在世擅權時，我經常害怕不能生還。有一天突然夢到自己乘坐在桓溫的車子上，經過十六里，然後看到一隻白雞，夢突然就醒了。現在回想起來，其實乘坐桓溫的車子，就是取代他的職位。十六里，從那時算起剛好十六年，白雞主酉，今年太歲在酉，我恐怕活不了多久了。」不久，謝安病逝。

而自從兩年前謝安主持淝水之戰勝利後，司馬皇族出於忌憚和功高蓋主的想法，一直不願意論功賞賜謝安。直到此時，晉孝武帝才下令，追贈謝安為廬陵公。

隨著謝安的去世，一直擔心遭司馬皇族加害的謝玄等陳郡謝氏的青年將領們，也自動停止北伐的腳步，而自從永嘉之亂以來，南方千載難逢的北伐良機，至此，也在司馬皇族與士族的鬥爭傾軋中煙消雲散。

謝安去世三年後，在淝水之戰中建功立業的謝玄也在憂慮惶恐中去世，年僅四十六歲。

失去陳郡謝氏等士族的內部制衡，桓溫的兒子桓玄也日漸坐大。到了東晉元興二年（西元四〇三年），桓玄學習他父親桓溫，威逼晉安帝禪位，這一次，桓玄邁出了篡權的步伐，自立國號為楚，改元「永始」。

在司馬皇族與世家大族鬥爭傾軋不休的風雨中，代表寒門庶族的劉裕，最終憑藉著當初謝安、謝玄等人建立的北府兵，打敗桓玄趁勢崛起。東晉元熙二年（西元四二〇年），劉裕最終代晉自立，建立劉宋。

那時，謝安已經去世整整三十五年。

3 獨孤信，以一己之力撐起家族崛起

今天我們來講講獨孤家族，一段驚心動魄、後發制人的家族往事。

獨孤信原名獨孤如願，史書說他「風度弘雅，有奇謀大略」。寥寥數字，說明此人不僅長得帥，還有本事。獨孤信是鮮卑化的匈奴人，其父是一個部落的酋長。在北方少數民族漢化的歷史背景中，這樣的出身很普通。

而這個家族的崛起，全憑獨孤信一己之力。

北魏末年爆發六鎮之亂，這次叛亂因北魏遷都洛陽後，邊鎮鮮卑將領待遇不如洛陽鮮卑貴族，地位下降，矛盾激發而起。後來成為北魏崩潰、東西混戰的導火索。

對獨孤信而言，六鎮之亂則是他成名的開始。戰亂中，獨孤信與武川軍官賀拔度拔和賀拔岳等人，斬殺起義軍將領衛可孤，一戰成名。他由此率領家族挺進中原。

其間，他曾加入葛榮的隊伍，成為其部下。葛榮失敗後，他又轉投爾朱榮。

在東征西戰中，一路升到武威將軍，出任荊州官員，頗有聲望。

南北朝亂世中，有些將領多次易主。獨孤信起初也是隨風搖擺，站到強者一邊。他參與並鎮壓過起義軍，也參加過起義軍，最後又歸附官府。

然而，**在北魏孝武帝不甘被權臣高歡操縱，一路西逃之後，獨孤信竟然捨家棄子，單騎追隨，他的忠義一時傳為美談**。

孝武帝寄人籬下，也頗多感慨，說「世亂識忠良」。於是，封獨孤信為浮陽郡公。

孝武帝從洛陽出走，本意是想用大將軍、雍州刺史宇文泰牽制高歡。但宇文泰卻非常人，他是亂世梟雄，之所以接納孝武帝，不過是想挾天子以令諸侯。

二人漸生嫌隙，北魏永熙三年閏十二月，即西元五三五年二月，宇文泰乾脆弒殺孝武帝，另立孝文帝之孫元寶炬為帝，建立西魏。在此之前，高歡也已扶植傀儡，建立了東魏。北魏遂一分為二。

獨孤信的幸運在於，宇文泰是他的髮小，從小玩到大。因此，**他備受西魏實際掌權者宇文泰的信任，並未因追隨孝武帝而受到牽連**。

相反，在西魏建立後，獨孤信繼續彰顯戰功，一路加官晉爵。

他曾被授予大都督、荊州刺史等職，率兵收復被東魏占據的荊州，其間因寡不敵眾，在南梁躲了三年。西魏大統三年才回到長安，他自認有損國威，上書請求治罪。結果，不僅沒事，還升任驃騎大將軍。

後來，他升任隴右十州大都督、秦州刺史。

史書說，獨孤信到秦州後，公事無積壓。他以禮義教化百姓，勸農耕田養蠶，數年之中，公私皆富貴，流民願附者數萬家。宇文泰以其「信名遐邇」，故賜名為「信」，這就是獨孤信名字的由來。

關於這名美男的一個著名傳說，也是發生在秦州刺史任上。

史書記載，一日，獨孤信外出打獵，回城時天色已晚，因為騎馬趕路，沒有注意到帽子歪向一邊。誰知道第二天，全城的人都學他的樣子側戴帽子。「側帽風流」由此而來，可見當時的人對他的崇拜到了何種地步。

關隴集團政治聯姻合作的陰暗面

宇文泰把持西魏政局的二十二年間，建立府兵制，設置八柱國。古代有名的軍功貴族集團——關隴集團，在他手上完成集聚，基本成形。

西魏大統十四年，獨孤信進位為柱國大將軍，成為「八柱國」之一。也就是說，大概經過獨孤信二十四年的打拚，獨孤家族已成為西魏最顯赫的八大家族之一。

據考證，柱國為春秋戰國時楚國所設立，意為軍隊的高級統帥。宇文泰掌權西魏時重新設立，在府兵的頂端設置柱國。

在西魏大統十六年（西元五五〇年）以前，柱國大將軍這一稱號共封給八人，分別是宇文泰、元欣、李虎、李弼、于謹、獨孤信、趙貴、侯莫陳崇，時稱八柱國。其中，宇文泰總領諸軍，元欣為西魏皇族，兵權受到限制，餘下六人每人統領兩名大將軍，即是府兵中的「十二大將軍」。

關隴集團即是以八柱國、十二大將軍為基礎形成的政治、文化家族網路。根據陳寅恪的說法，此集團有兩大特徵：融治關隴各民族之有武力才智者，比如八柱國家族成員；此集團中的人「入則為相，出則為將，自無文武分途之事」。

從西魏到北周、隋、唐，這幾個朝代的皇室、後族大多出自這些家族：宇文泰的子孫為北周皇族，李虎的子孫為唐朝皇族，十二大將軍之一楊忠的子孫為隋朝皇族。

後族中最大的贏家，則非獨孤信家族莫屬：獨孤信的長女，嫁給宇文泰的庶長子宇文毓；四女，許配給李虎的兒子李昞（按：音同丙）；小女兒獨孤伽羅，嫁給楊忠的兒子楊堅。

不過，在獨孤信生前，這幾門親事只是當時正常的關隴集團內部聯姻。

這種政治聯姻，從獨孤信本人就開始了。史載，獨孤信有三個妻妾，共育有七子七女。其中兩個妻子是進入中原後娶的，有一個是崔氏，即獨孤伽羅的生母，出自中古大族清河崔氏。獨孤信透過累積戰功，終成西魏八柱國之一，才有了與漢族大姓清河崔氏聯姻的政治資本。

到獨孤信的下一代，聯姻世家大族比如弘農楊氏、隴西李氏等，已是家常便飯了。

獨孤信晚年見到楊忠的兒子楊堅，一見之下，就決定將小女兒獨孤伽羅許配給他。當時，獨孤伽羅才十四歲，楊堅十七歲。

史書對這門婚事沒多說，僅說獨孤信見楊堅「有奇表」，即相貌非凡，就把婚事定了。後來的歷史證明，獨孤信看人很準。

可惜，定下這門婚事不久，獨孤信就被賜死。後面的歷史，他看不到了。

獨孤信之死，暴露了關隴集團內部聯姻合作的另一面：權鬥政爭。

到了晚年，宇文泰要取代西魏自立，已是分分鐘的事，但像曹操一樣，他想把「臨門一腳」留給自己的兒子。

他糾結的是，要選哪個兒子當接班人。

宇文泰心中的人選，不是庶長子宇文毓，而是年紀尚幼的嫡子宇文覺。他曾跟親信密語，說想立嫡子為接班人，但怕「大司馬有疑」。

大司馬，即獨孤信，時為三公之一，且是宇文毓的岳父，風頭無兩。

宇文泰死後，侄子宇文護接過權力大棒，擁立宇文覺取代西魏，建立北周。隨之，關隴集團內部最高層的八柱國矛盾公開化：一方為河內郡開國公獨孤信，以及南陽郡開國公趙貴；一方為常山郡開國公于謹，及其所支持的宇文護。

這是關隴集團內部的第一次高層政爭，最終以一種有節制的處置收場。史載，宇文護鑑於獨孤信「名望素重，不欲顯其罪過，逼令自盡於家」。

五十六歲的獨孤信自殺身亡。獨孤家族遭受到重大而致命的政治挫折。

獨孤信的兒子們，此前父貴子顯，依靠父功封爵，論能力卻都一般。在家族的至暗時刻，**維持獨孤家族權勢的**，不是他的兒子們，而**是他的女兒們**。

先說他的大女兒。

宇文護後來廢黜宇文覺，迎立宇文毓為王，獨孤氏夫貴妻榮，成為王后。只是當上王后僅三個月後，獨孤氏就病逝了。宇文毓登基為帝後，追封獨孤氏為敬皇后。因宇文毓死後謚號為明皇帝，獨孤氏遂被加謚為明敬皇后。

再說他的四女兒。

四女兒當時嫁給李虎的兒子李昞，算是門當戶對。後來，李昞被封為柱國大將軍、唐國公，與獨孤氏生了個兒子，名叫李淵。正是他們的這個孩子，後來開創了大唐基業。李淵當上皇帝，建立大唐帝國時，父母早已不在人世，遂追封父親李昞為元皇帝，母親獨孤氏為元貞皇后。

最後是獨孤信的小女兒，隋朝開國皇后——獨孤伽羅。她是獨孤信幾個女兒中唯一留下名字的。獨孤信果然沒選錯女婿，楊堅後來取代北周，建立隋朝，成就霸業，獨孤伽羅遂為皇后。史載，當上皇帝的楊堅專寵皇后一人，讓六宮虛設。當時朝中稱楊堅、獨孤伽羅為「二聖」。

但這一切，並非像世俗所說的，是基於楊堅對獨孤伽羅的愛，而是另有隱情。

隋朝的建立，多虧獨孤伽羅

獨孤家族在北周初年遭獨孤信被賜死、明敬皇后早逝兩次打擊，在皇室已經失去奧援，門庭一度冷落。

此時，嫁入弘農楊氏的獨孤伽羅也只能謙卑自守，與時進退。

相較於獨孤家族的衰微，孤獨伽羅的家公、西魏「十二大將軍」之一的楊忠，則在北周初年的權鬥中保住了弘農楊氏的勢力。

楊忠臨死前，囑咐兒子楊堅不要介入北周皇室的政治鬥爭。

楊堅繼承父親的爵位後，聽從父親的遺言，在權臣宇文護與武帝宇文邕鬥得你死我活之際，超然事外。

北周天和七年（西元五七二年）三月，宇文邕在宮中殺掉宇文護，開始親政。同年，宇文邕立長子宇文贇為皇太子，第二年納楊堅與獨孤伽羅所生長女楊氏為皇太子妃。

至此，弘農楊氏跟當年孤獨家族一樣，透過聯姻皇族，擴大了家族的政治勢力。而獨孤家族則依靠孤獨伽羅這名亂世奇女子，埋下復興的種子。

事情是這樣的：

宇文贇繼位後，生性越發乖戾暴虐，難以捉摸。北周大象元年（西元五七九年），他一反成制，相繼冊立了三個皇后，第二年又在諸皇后的封號中都加上「大」字，隨後又立尉遲熾繁為大皇后，與楊氏並立為「五后」。隨後，又要賜死楊氏，逼她自殺。

一般人認為，宇文贇瘋了，才會做出這一系列瘋狂舉動；但楊堅和獨孤伽羅深知，他們的女婿宇文贇沒有瘋，他是想以這些非常手段來削弱弘農楊氏的權勢。

自宇文邕上位以來，弘農楊氏權勢的上升，已經危及皇權，宇文贇因此必須除去震主之臣。五后並立、賜死楊皇后，不過是宇文贇在「敲山震虎」。

史載，在弘農楊氏家族命運繫於千鈞一髮之際，獨孤伽羅毅然闖入皇宮，反覆向宇文贇求情，叩頭直到血流不止，終於使她的長女免於被賜死的命運，也使得她的夫家免於被株連的厄運。

後代史學家說，獨孤伽羅此舉，中止了宇文贇削弱乃至剷除弘農楊氏的計畫，使楊堅及其家族保全權勢，並在次年實現了周、隋禪代的歷史大變局。

也就是說，**楊堅的崛起，隋朝的建立，離不開獨孤伽羅的功勞**。

這正是楊堅稱帝後寵愛乃至懼怕獨孤伽羅的真正原因。

隋朝建立後，獨孤伽羅在後宮與朝野中舉重若輕的地位，使得獨孤家族在經歷獨孤信被賜死的低沉後，又重回高門大族的行列。

獨孤羅是獨孤信的大兒子，在妹夫楊堅當上隋朝開國皇帝後，命運迎來反轉。

當年獨孤信拋妻棄子單騎追隨北魏孝武帝西逃，尚在繈褓中的獨孤羅被遺棄在了高歡那裡。高歡一直將其囚禁在監獄裡，直到獨孤信去世。後來，據說獨孤羅曾流落民間為乞丐，七妹獨孤伽羅救了他，並開啟了他全新的人生。

楊堅立國後，追贈岳父獨孤信為太師、上柱國、冀州刺史，封趙國公。孤獨羅遂繼承其父趙國公的爵位。他的幾個弟弟，也都一一被封爵，自不在話下。

這是獨孤家族最輝煌的時刻。

等到獨孤信的外孫李淵取代另一個外孫楊廣，建立大唐帝國後，獨孤家族因為是李淵的母族，而繼續受到優待。

但相較於這個家族最輝煌的時候，畢竟已成衰落之勢。

縱觀歷史，隋代北周、唐代隋，這兩次歷史大變局都在關隴集團的姻親圈內部進行。獨孤家族藉此實現家族復興，實力不倒，不得不佩服當年獨孤信借助聯姻，完成了錯綜複雜的權勢布局。

唐朝以後，獨孤家族最終與大部分世家大族一起，消散在了歷史的煙雲中。

4 鰲拜，皇權的犧牲品

鰲拜最後一次進宮面聖時，也許沒想到，他的權勢會在一日之間化為烏有。

這是康熙八年（西元一六六九年）五月，十六歲的康熙皇帝為權臣鰲拜準備了一場特別的「節目」。此前，康熙精心挑選一些年輕力壯的侍衛，天天練習滿洲的「布庫戲」（摔跤）。朝臣皆以為這是皇帝的興趣愛好，也就沒有放在心上。

在決定除掉鰲拜之後，這位少年天子以下棋為由，召一等侍衛索額圖（清朝開國功臣索尼之子）入宮謀劃數日。

康熙問這班日夜操練的侍衛：「你們都是朕的股肱之臣，可究竟是敬畏朕，還是畏懼鰲拜？」眾人答道：「獨畏皇上！」為了康熙皇帝，摔跤少年同仇敵愾。

這日，鰲拜一入宮，康熙當場宣布他的罪行，十幾名少年侍衛聞聲而出，將鰲拜摺倒擒住，不給他任何抵抗的機會。

一代權臣，就這樣被抓了。

在傳統印象中，鰲拜似乎是一個專橫跋扈的權臣，嚇得滿朝文武直哆嗦，康熙也拿他沒轍，才只能用計謀將其擒獲。其實不然。

而且，四大臣輔政制度，本身就是加強皇權的產物。

順治十八年，順治皇帝在撲朔迷離的傳聞中去世，年僅八歲的皇子玄燁即位。在順治遺詔以及孝莊太后的支持下，**索尼、蘇克薩哈、遏必隆與鰲拜四人被推為顧命大臣**。這四個人中，索尼出自正黃旗，遏必隆、鰲拜為鑲黃旗，蘇克薩哈是正白旗，他們**歸屬於八旗中皇帝親自執掌的上三旗，都是異姓功臣子弟，沒有一個是宗室，對皇位沒有威脅**。

在清初動盪的背景下，順治與孝莊如此安排，其實有深刻的原因。

當初皇太極死時，清朝統治者陷入權力之爭。雖然皇太極與孝莊的兒子福臨（順治帝）登上帝位，但皇太極的十四弟多爾袞以及長子豪格，也是皇位有力的爭奪者，都有自己的黨羽。尤其是多爾袞，他在順治即位後以攝政王身分掌握軍政大權，離皇帝就差一個名分，已經嚴重威脅皇權。

因此，順治親政後，立刻將他這位已經去世的叔父攝政王定為「謀逆」，多爾袞的多位親信大臣被殺，一派政治勢力灰飛煙滅。

在朝廷的驚天變局中，四大臣平步青雲，他們無一例外，都是多爾袞的反對者。其中，蘇克薩哈所屬的正白旗原歸多爾袞統領，他在多爾袞死後轉而投靠皇帝，因告發多爾袞謀逆而有功得到破格提拔。之後，與兩黃旗合稱為上三旗的正白旗被順治收歸己用。

原本就跟多爾袞對著幹的索尼、遏必隆與鰲拜，之前都曾遭受打壓，甚至被貶黜為民，順治親政後就把他們都召了回來。順治與孝莊重用這四人，明顯是為了清除多爾袞勢力的影響，也是為了避免出現第二個多爾袞。與此同時，隨著老一輩諸王相繼離世，下五旗力量銳減，餘下諸王、貝勒（按：

清朝宗室第三等爵位）勢單力薄，不敢與上三旗抗衡。

當四大臣受命輔政後，他們特意向八旗中的王公大臣表示：「如今主上遺詔，命我們四人輔佐幼主。可國家政務一向都是宗室協理，我們幾個異姓臣子何德何能，還是應該與諸王、貝勒共同擔此重任。」宗室大臣們誰都不敢當出頭鳥，紛紛表示，先帝深知你們四位大臣的忠心，才委以重任，遺詔旨意甚明，不敢干預。於是，四大臣在孝莊太后的親自主持下正式就職。

從康熙即位到鰲拜下臺的這八年，是四大臣輔政時期。四大臣輔佐年幼的康熙聽理政事，當時的鰲拜還是康熙的得力助手。

康熙後來經常回憶這段政治生涯最初的時光，他說，那時候年紀小，有輔政大臣陪同他聽政，常常會忽視一些言論。日子久了，康熙在他們的輔佐下提升執政能力，知道哪些政策關乎民生，就會跟輔臣說：「此內有關係民命者，尤不可不慎。」

在滄桑寂寥的紫禁城中，**教會玄燁如何當好皇帝的，除了祖母孝莊文皇后，就是上述四大臣。**

鰲拜，輔政時貢獻不少德政

在四位輔政大臣中，鰲拜名列最末，人卻最猛。他是清朝開國名將，從年輕起就提著腦袋為愛新覺羅家東征西討，可謂勞苦功高。

崇德二年（西元一六三七年），驍勇善戰的鰲拜隨皇太極攻打明朝邊防重地皮島，清軍久攻不下，損失慘重。軍情危急，年輕的鰲拜自願擔任先鋒殺上島去，並立下軍令狀：「誓必克島而回。」

在鰲拜的衝鋒陷陣下，八旗精銳登島成功，終於攻克這一軍事重鎮。此戰鰲拜拿下首功，被賜號「巴圖魯」（滿語，意思是勇士），這正是文藝作品中鰲拜被稱為「滿洲第一勇士」的由來。

清軍入關後，鰲拜先後隨軍與李自成大順軍、張獻忠大西軍交戰，再次立下大功。

在一些史書中，張獻忠中了清軍的箭而死，可清軍主帥豪格在給朝廷的奏報中，如此寫道：「鰲拜等奮擊，大敗之，斬張獻忠於陣。復分兵破賊營一百三十餘處，四川悉平。」

鰲拜又一次立下首功凱旋，開始走上人生顛峰。

順治親政後，為嘉獎鰲拜的軍功，讓他位列公爵，授領侍衛內大臣（官居一品）。半生戎馬的鰲拜終於進入清朝統治階層的核心，並在之後躋身顧命大臣。

但在輔政的八年時間裡，鰲拜逐漸成為康熙最忌憚的權臣。

鰲拜的強勢崛起，與四大臣中的另外三人不無關係。

四大臣居首的索尼是四朝元老，輔政時已經六十一歲。據史書記載，他常年疾病纏身，隨著年老體衰，已經逐漸退居二線。

蘇克薩哈原來隸屬於多爾袞的正白旗，出身比較敏感，經常被另外三人孤立，這也是延續滿洲八旗長期以來的內部爭鬥。蘇克薩哈與鰲拜是兒女親家，卻也是死對頭，兩人議事時經常鬧矛盾，資歷最老的索尼也不喜歡他。

遏必隆這個人生性懦弱，懂得明哲保身之道，與鰲拜同為鑲黃旗。

四人各懷鬼胎，遂導致名列四大臣之末的鰲拜，權勢反而最重。

本質上，四大臣都是勛貴，代表滿洲軍事貴族的利益，他們出於清朝統治者狹隘的民族觀，延續政策「首崇滿洲」、「重滿輕漢」。

另外，為了安撫人心、穩固統治，鰲拜等在輔政時期也做過一些好事。

鰲拜等認為：「民生之安危，由於吏治之清濁，吏治之清濁，全在督撫。」為此，鰲拜等著手整頓吏治，嚴查地方上的劣政，獎懲現任督撫，僅康熙元年（西元一六六二年）就處置了三名地方督撫，一人解任，一人以原官致仕，一人降級調用。

康熙五年（西元一六六六年），鰲拜等還想出一套整肅地方吏治的監察措施：「四大臣欲每省差大臣二員，設立衙門於督撫之旁，以廉督撫。」

這一極具先進性的改革措施，在當時因方法不妥而沒有施行，但也表明四大臣整頓吏治的決心。自晚明以來，上到京城，下到地方，官府昏暗腐敗，四方連年戰亂，民間不堪其苦。清初，八旗兵入關後更是實施了一系列惡政，如剃髮、逃人、圈地、遷海等，在給民眾帶來苦難的同時，也加深了民族矛盾。鰲拜等輔政大臣面對這場民生凋敝的大考，採取一系列措施以拯救社會經濟。

歷代王朝立國之初，大都會實行輕徭薄賦，清朝也不例外。

除了開闢荒地三年起科的優惠政策，清朝還多次蠲免賦稅。據《清聖祖實錄》的不完全統計，康熙即位後八年，各類蠲免共一百七十四次，涉及十六個省，七百多個府州縣衛。

康熙三年（西元一六六四年），山西太原所屬十二州縣旱災嚴重，地方官到第二年才申報，並按照平時規定徵收了當年的賦稅。康熙當時年僅十一歲，鰲拜等四大臣建議，嚴懲地方官「察報遲延」之罪，並批准蠲免次年的賦稅，開倉賑濟災民。

第二年，山東濟南等六府也發生了嚴重的旱災，鰲拜等再次蠲免賦稅。

過了幾天，鰲拜等擔心，地方官吏利用蠲免賦稅的機會欺上瞞下，中飽私囊，「使小民不沾實惠」，於是再次下令，規定對犯有此罪的官員從重治罪，絕不輕饒。他們還下令，地方官前往察看災情時不得大張旗鼓，「隨帶人役，務極減少，一切執事，盡行撤去」，就是說，沒必要帶太多人員，把災情控制好才是當務之急。

除此之外，康熙朝著名的「更名田」，也是康熙七年（西元一六六八年），鰲拜等輔政時期頒布的德政。**鰲拜對大清有不少貢獻**，至少在輔政的這八年中，他與其他三大臣為康熙親政起到了承前啟後的作用。

皇帝親政，為何鰲拜敢抗旨？

起初，鰲拜與其他三人共掌國政，後來卻日益驕橫，到康熙十四歲親政時，鰲拜已經在朝中樹立黨羽，壟斷中央各部，獨攬大權，動不動就在皇帝面前吆喝群臣。

康熙五年，鰲拜與另一個輔政大臣蘇克薩哈的矛盾，演變成一場禍國殃民、打擊異己的政治運動。當時，鰲拜以本旗鑲黃旗的土地被正白旗所占為由，執意要更換圈地。所謂圈地，是清軍入關後奪占民間耕地的苛政，曾導致成千上萬農民流離失所，八旗之間為爭奪圈定的土地也常互生齟齬。

鰲拜提出換地，是用鑲黃旗的壞地，換取正白旗的好地，且互換後土地不足，還要「別圈民地補之」，實際上是一次大規模圈地。

這一舉措導致「旗地待換，民地待圈，皆拋棄不耕，荒涼極目」，數十萬農民被迫遷徙，破產失業，被奪占的土地一片荒蕪，天下百姓對此怨聲載道。

四大臣中的索尼、遏必隆與他同屬黃旗，所以姑息縱容鰲拜的蠻橫手段。可負責此事的工部尚書兼管戶部的蘇納海是正白旗人，他站到了蘇克薩哈一邊，跟鰲拜叫板。

蘇納海與直隸總督朱昌祚、巡撫王登聯實地勘察後，發現鰲拜這一更換圈地，害苦京東數百里的百姓，便上書表示反對，懇請停止更換圈地。

鰲拜大怒，跟康熙說，這三個人做事遲誤，應該處死。

少年康熙已日漸成熟，他得知真相後，沒有同意鰲拜的請求。鰲拜一意孤行，直接繞過皇帝，矯詔將反對換地的三位大臣處死。

第二年，康熙開始親政了，鰲拜卻不依不饒，繼續打壓蘇克薩哈。

面對鰲拜的步步緊逼，蘇克薩哈請求退休，自稱願為先帝守陵。鰲拜卻顛倒黑白，以「不願歸政」「有異志」等罪名誣陷蘇克薩哈，擬將其凌遲處死、族誅。

這場鬥爭，已經到了喪心病狂的地步。

康熙帝堅持不同意誅殺蘇克薩哈。

鰲拜態度蠻橫，每天在朝堂上捋起袖子，露出粗壯的手臂，當著康熙的面連續數日上奏。之後，鰲拜再次矯詔，將蘇克薩哈一家冤殺。

為何**康熙親政後，鰲拜還敢公然抗旨**，誅殺大臣？

一是**康熙舉行親政大典後，輔政制度並未成為歷史，輔臣之位仍排在親王、大學士之上，鰲拜仍有批理奏疏之權**；二是在數年的輔政中，鰲拜已經形成了自己的黨羽，當時中央軍政要職中，鰲拜一黨不下二十餘人，牢牢掌控著話語權。

同年，老臣索尼病死，四大臣中只剩下鰲拜與遏必隆，鰲拜的權勢到達頂峰。

難道鰲拜已經成為第二個多爾袞？

其實，鰲拜看似是最大的贏家，卻註定是輸家。

鰲拜不是因為謀反而死，不過是康熙想回收權力而已

有一個故事說，鰲拜有圖謀不軌的野心。他託病不朝，要求皇帝親自前往探望。康熙帶著多名御前侍衛到了鰲拜府上，入其寢室噓寒問暖。這時，侍衛們忽然發現鰲拜臉色大變，急忙上前，掀開被子一看，裡面藏了一把刀。

康熙為了緩解尷尬，笑說：「刀不離身，乃滿洲故俗，不足異也。」隨後，他在步步驚心之中全身而退，躲過了鰲拜的刺殺。

此事史書沒有記載，只收錄在清代文人筆記《嘯亭雜錄》中，真偽莫辨。

最可能的是，鰲拜根本就沒有謀反之心。當年多爾袞攝政時，鰲拜因忠於故主皇太極與幼主順治，多次反對多爾袞，因此遭受殘酷打擊，差點連命都丟了。這是滿洲勇士的忠義之心。

另外，四大臣輔政制度，本就是順治與孝莊採取的臨時措施，在君主專制發展到頂峰的清朝，皇帝賦予大臣的權力，隨時都可以如數收回。

康熙為擒住鰲拜訓練了多名摔跤好手，做足了準備，可真正清洗鰲拜集團時，不費吹灰之力。

康熙八年，鰲拜下獄後，朝中大臣經過審理，列其罪狀三十條，判處死刑。其罪狀幾乎都與八旗貴族之間的鬥爭有關，關於結黨擅權的有二十三條，卻無貪汙受賄，也沒說他有圖謀篡位的野心。

鰲拜淪為階下囚後，沒有反抗，他在受審時說：「皇上旨意，有何辯正？」

此時，鰲拜年已六旬，朝中繁重的政事，比軍旅生涯更加催人老。當康熙來獄中探視他時，他給皇帝看了自己多年來四處征戰留下的傷疤，其中有一道是年輕時為搭救皇太極受的傷。

這次見面打動了康熙。他看在鰲拜建立的功勛上，沒有下詔將他處死，而是將其革職羈押。

同年，鰲拜死於禁所，其黨羽遭到罷黜，僅是朝中文武官員就不下二十餘人。唯唯諾諾的遏必隆也被列罪十二條，奪世爵，論死罪，但康熙念他是顧命大臣，也讓他免於一死。

至此，**康熙親政才不過兩年，處置的朝中大臣卻比鰲拜輔政八年都多**。從此以後，皇帝身邊再沒有出現一個讓他擔驚受怕的權臣，只有越來越多的奴才。

康熙並沒有忘記鰲拜。晚年，他召集諸王、貝勒，追憶年幼時四大臣輔政的時光，說：「我朝從征效力大臣中，莫過於鰲拜巴圖魯者……鰲拜功勞顯著，應給世職。」

這番話似乎說明，當年擒鰲拜只是不得已之舉。但是，皇帝豈能承認自己抓錯人呢？

直到**雍正帝即位後，朝廷才為鰲拜平反，認為他是清朝的有功之臣**。雍正下詔，賜鰲拜祭葬之禮，追複其一等公爵位，子孫世襲罔替。

所謂的康熙智擒鰲拜，並沒有那麼傳奇。看似一手遮天的權臣鰲拜，也不過是皇權的犧牲品。皇帝收回了他的權力，僅此而已。

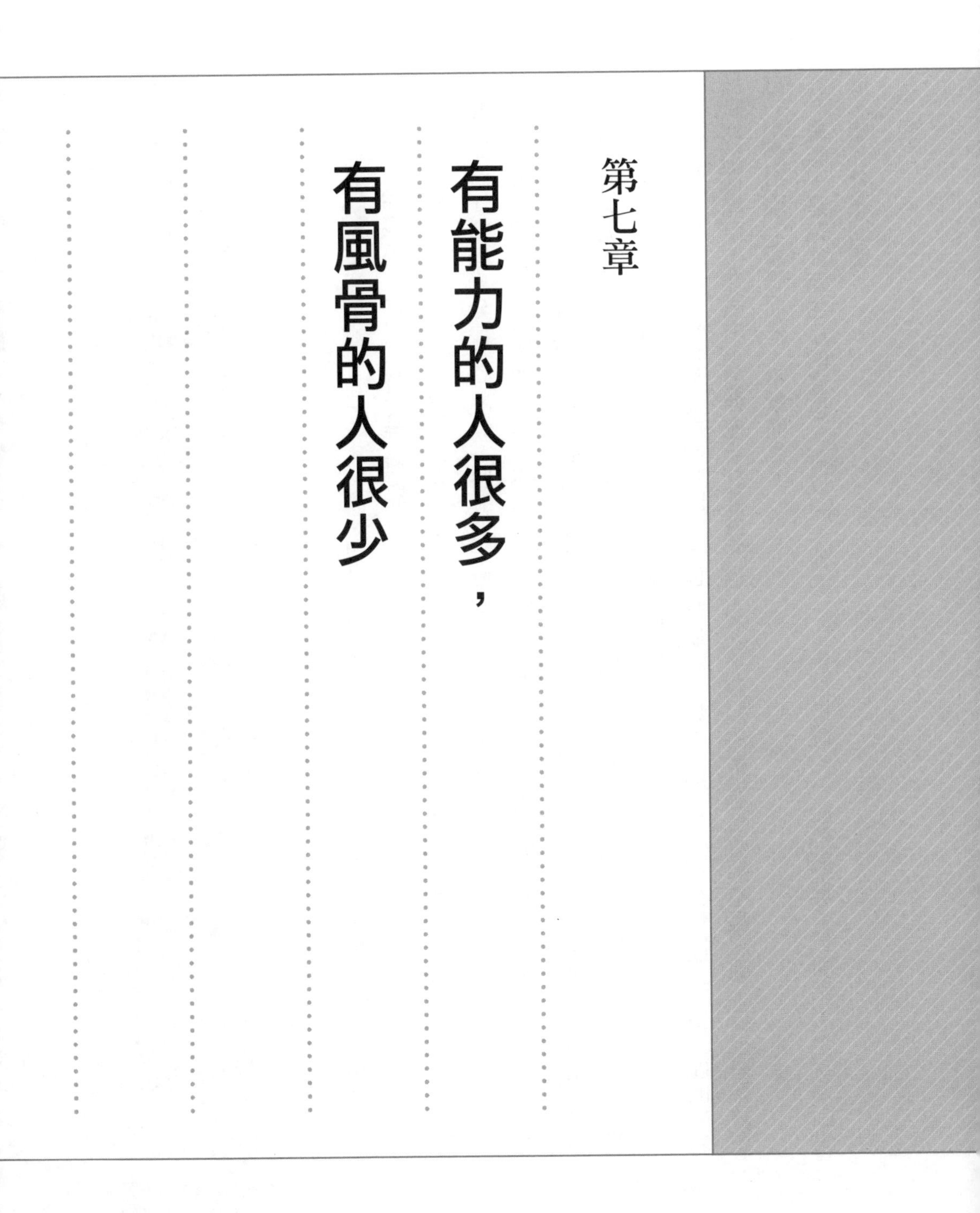

第七章

有能力的人很多，有風骨的人很少

1 范仲淹：文能寫紅一座樓，武能鎮住一個國

北宋詩人梅堯臣寫過一首《啄木》詩，以及一篇《靈烏賦》，寫的是兩種鳥類：啄木鳥和烏鴉。寫完了，他把這兩篇奇怪的詩文寄給范仲淹。

此時大約是宋仁宗景祐三年（西元一三〇六年），范仲淹剛剛被貶謫，從京城開封被貶到了鄱陽湖畔的饒州。境遇十分淒苦，據說一路經過十幾個州，都沒人出來接待他。

梅堯臣的詩文，是出於朋友的叮嚀和勸慰。在《啄木》詩中，他勸范仲淹不要像啄木鳥一樣，啄了林中蟲，卻招來殺身之禍，面對貪官汙吏不要過於耿直。在《靈烏賦》中，也是說范仲淹在朝中屢次直言，都被當作烏鴉不祥的叫聲，勸他應學報喜之鳥，而不要像烏鴉那樣報凶訊而「招唾罵於邑閭」，希望他從此拴緊舌頭，鎖住嘴脣，除了隨意吃喝外，不要多事。

讀到梅堯臣的文字，范仲淹內心暖暖的，但對他的勸告卻不以為然。他很快回了一篇同題的《靈烏賦》給梅堯臣，在賦中，**范仲淹**斬釘截鐵的說，不管人們如何厭惡烏鴉的啞啞之聲，自己將始終堅持一生的信條：**寧鳴而死，不默而生**。

勇氣，是范仲淹生命的底色。可以說，他的一生，都被體內一股熱氣推著往前走，不管刀山火海，寧死都不回頭。

二十七歲中進士之後，范仲淹在地方上任小官十幾年，積攢口碑。他在地方做了很多實事，但視野並不局限於一縣一州，**時常就全國性的時政問題發表觀點**。他對當時的國家政策深感不滿。絕大部分人，縱然心有不滿，私底下發發牢騷就算了，公開場合還是配合著稱頌大宋威武。**范仲淹則不會私下妄議朝政，有問題直接公開討論**。在母喪丁憂期間，他向朝廷上了萬言書，奏請改革吏治，裁汰冗員，安撫將帥。

晏殊和王曾看到范仲淹的萬言書針砭時弊，字字見血，於是極力向宋仁宗推薦這個奇人。范仲淹隨後應詔入京，任祕閣校理，負責皇家圖書典籍的校勘和整理。

入京次年，范仲淹就敏銳的提出，宋仁宗早已成年，垂簾聽政的劉太后應該還大權於皇帝。晏殊得知范仲淹上疏，大驚失色，批評他過於輕率，范仲淹據理力爭。第二年，范仲淹請求離京為官。

劉太后死後，宋仁宗親政，懷念范仲淹當初為自己「仗義執言」，覺得他是自己人，遂下詔調他回京。然而，皇帝想錯了。范仲淹根本不是誰的人，在他的字典裡，**沒有「站隊」，只有「站對」**，站在對的一邊。

這一次，宋仁宗要廢掉郭皇后，范仲淹站出來上疏反對，皇后沒什麼大錯，為什麼說廢就廢呢？然後，他得到了一個字：貶！

兩年後，范仲淹又回來了，知開封府。這一次，他將矛頭對準了宰相呂夷簡。他向宋仁宗進獻《百官圖》，指名道姓，直斥呂夷簡任人唯私，升遷不公。

呂夷簡老謀深算：要讓范仲淹消停，除非讓他消失。

於是，范仲淹又一次被貶，來到了鄱陽湖畔的饒州。

一個人在一生中，哪怕有一次鼓起勇氣，都不是一件容易的事。范仲淹一而再，再而三，越挫越勇，七、八年間，竟遭多次貶逐，沒有堅定的信仰是堅持不下來的。

所以，面對梅堯臣的勸慰，他說出了自己的人生信條：寧鳴而死，不默而生。

絕大部分讀書人，初入官場總有一股銳不可當的勇氣，以及一顆輔佐君王的事業心，但在漸漸熟悉官場規則後，就會慢慢磨平了稜角，變得圓滑世故。范仲淹的可貴之處在於，他在官場沉浮數十載，逆境多於順境，貶謫蓋過升遷，但他始終保持初心，保持銳氣、勇氣。即便隨著年齡增長，他也未曾變得世故。四十歲，他仍然有二十歲的勇氣；五十歲的他，同樣如此；六十歲的他，還是如此。人會老，勇氣卻不曾衰竭。

後來，范仲淹重回朝廷，宋仁宗讓他主動跟呂夷簡道歉，消除隔閡。他說：「臣向論蓋國家事，於夷簡無憾也。」說自己擰人向來對公不對私，沒有錯，不道歉。

范仲淹曾說，做官「公罪不可無，私罪不可有」。即做官必須堅持原則，不怕得罪上級和皇帝，不怕受罪，而個人操守則務求清白，決不能貪贓枉法，授人把柄。做到這兩點，俯仰無愧，勇氣自然就來了。

范仲淹對理想的執著，贏得歷史的尊重

理想，是范仲淹人生的底牌。即使身處迷茫、黑暗與痛苦，他都能保持前行，因為他留了最大的一張底牌。

范仲淹的命並不好。用現代的話來說，命運給了他一手爛牌，他卻打得比所有人都好。他兩歲喪父，母親帶著他改嫁朱家。很長一段時間內，他並不知道自己的身世。在中舉做官之前，他的名字一直叫朱說。

某次，他勸朱家兄弟不要揮霍浪費，結果人家埻他：「我自用朱家錢，關你什麼事？」他一臉驚愕，終於了解到自己是江蘇人，不是山東人。

他發奮讀書，想透過科舉改變命運。而歷史也給了他這樣的貧寒儒生一個機會，宋代的科舉制度打破了階層限制，不再由貴族把持。有一句詩描寫當時的現實，叫「滿朝朱紫貴，盡是讀書人」。讀書，給了庶民向上流動的機遇，這種光榮與夢想，也不斷刺激著他們的進取之心。

范仲淹曾搬到寺廟中苦讀，後來又到應天府（今河南商丘）求學。這期間，許多人從他身上，看到了顏回的影子。他生活清苦，卻不改其樂。每天煮粥，待粥凝固後，用刀劃成四塊，早晚伴著醃菜，各吃兩塊，就算填飽肚子了。他晝夜苦讀，夜裡上下眼皮打架打得厲害，於是用冷水洗臉，提神，接著讀。

當地官員聽說了他的事蹟，特地派人給他送吃送喝，以示鼓勵。范仲淹一概謝絕，說今天嘗到美食，以後對著白粥醃菜就吃不下了。

他在做人生規劃時，早早就敲定了兩條路子：第一志願當良相，第二志願做良醫。這兩種人生設想，都是**以憂國憂民為出發點**。**不是治國家之病**，**就是治人民之病**。

據說宋真宗有一次路過應天府，觀者如堵，唯有范仲淹不為所動，繼續躲在書院裡看書。有一個同學很疑惑的問他：「大家都去看皇帝本人，你怎麼不去呢？」

范仲淹頭也不抬，回了一句：「今後見皇帝的機會多著呢！」

別人說這話，可能是吹牛，但范仲淹說這話，是真牛。二十七歲那年，他考中進士，在殿試環節，見到了皇帝。

范仲淹入官後，執著上疏，針砭時弊，力陳改革。迎接他的是，一次次的貶黜，一次比一次慘。對理想的執著，在現實中碰壁，哪怕頭破血流，至死不曾後悔。就是這樣一個人，政敵多於朋友，朋友多於知己，卻在日復一日的自我砥礪中，贏得了歷史的尊重。

有理想的人自帶光芒。《宋史》評價范仲淹，說他「每感激論天下事，奮不顧身，一時士大夫矯厲尚風節，自仲淹倡之」。一個能影響時代風氣的人，儘管在當時失敗了，但在後人眼裡，又何嘗不是成功了？

宋代第一改革家

能力，是范仲淹一生的底氣。能力越大，責任越大——范仲淹終其一生，都在踐行這句話。

范仲淹早年沉默寡言，給人的印象是踏實內向。沒有人會料到，步入仕途後，他的人生完全轉向，成了國家最出名的話多。

金末元初一代文宗元好問這樣評價范仲淹：「在布衣為名士，在州縣為能吏，在邊境為名將，在朝廷則又孔子之所謂大臣者，求之千百年間，蓋不一二見，非但為一代宗臣而已。」

無論什麼身分職位，范仲淹都能做到極致。

康定元年（西元一〇四〇年）前後，西夏進犯北宋邊境，消息傳至京師，朝野震驚。宋仁宗無奈，遂起用眾望所歸的范仲淹，升他為龍圖閣直學士，讓他與韓琦一起任陝西經略安撫副使。

范仲淹到位後，兼任延州（今延安）一把手，軍政打理得相當到位。西夏人原本集兵延州城下，見此都不敢打延州的主意了，說「今小范老子腹中自有數萬兵甲，不比大范老子可欺也」。小范指范仲淹，大范指鎮守延州的前任、吃了敗仗的范雍。

范仲淹在防守邊塞的戰爭中，「號令明白，愛撫士卒」，採取正確的策略，經常取勝，軍威大振，連宋仁宗都不得不稱讚說：「若仲淹出援，吾無憂矣。」

慶曆三年（西元一〇四三年），宋仁宗決心改革，第一個人事任命就是把范仲淹調回中央，並授樞密副使後拜為參知政事（副宰相）。在皇帝心中，范仲淹是非常合適的改革領袖。范仲淹一生的理想、擔當良相的追求，此刻得以實現。他抓住機遇，提出十項改革方針。拿既得利益者開刀，澄清吏治。

此時，范仲淹的周圍聚攏了一批人，韓琦、富弼、歐陽修等，史稱「同官盡才俊」。范仲淹則是由這些才俊之士組成的政治集團領袖。

范仲淹對貪汙腐敗、尸位素餐的官員毫不客氣，每次看到針對這些官員的調查報告，大筆一揮就把這些官員拿下。富弼說，一筆勾了他容易，可你知道他的全家都在哭嗎？范仲淹毫不心軟，回答說，一家哭總比一路（路，宋代地方行政單位，相當於現在的省）哭要好。

「慶曆新政」剛一年多，就以范仲淹等改革者被逐出京城而宣告夭折。這是范仲淹一生中最鬱悶的時刻。改革失敗後兩年，慶曆六年（西元一〇四六年），五十八歲的范仲淹在貶所鄧州，寫下聞名天下的《岳陽樓記》，表達「不以物喜，不以己悲」、「先天下之憂而憂，後天下之樂而樂」的畢生追求。

然而自始至終，**沒有人因為改革失敗而質疑范仲淹的能力**。人們只是惋惜，如果慶曆新政成功了，就不會有後來的靖康之恥，可惜啊！

朱熹評價范仲淹，「自做秀才時便以天下為己任，無一事不理會過。一旦仁宗大用之，便做出許多事業」。這代表了歷代對范仲淹能力的肯定。范仲淹稱得上是宋代第一位有遠見卓識的改革家。

道德，是他的做人底線，而非標杆

同樣是改革者，王安石、張居正等人身後毀譽參半，而范仲淹名節無疵，堪稱完人，為什麼？韓琦對他的評價便能說明原因：「雄文奇謀，大忠偉節，充塞宇宙，照耀日月。前不愧於古人，後可師於來哲。」

宋太祖趙匡胤以唐朝牛李黨爭造成許多後患為鑑，曾下詔書說：凡是及第的舉人，嚴禁稱主考官為恩師、老師，也不許自稱為門生。**宋代最高統治者最害怕的，不是官員搞貪汙、不作為，而是大臣之間結合成派系或朋黨，威脅皇權**。宋仁宗也多次下詔指示朝官「戒朋黨」。這實際上成了宋初以來的一條鐵律、一道底線。所以，范仲淹斥責呂夷簡培植黨羽、任人唯親時，呂夷簡反誣他「勾結朋黨、離間君臣」，其用心之險惡，可見一斑。

連宋仁宗都不忍直接定罪，而是給了范仲淹一個澄清和解釋的機會，他想聽范仲淹怎麼說，就故意問：「過去小人多為朋黨，君子難道也結黨嗎？」

范仲淹回答：「我在邊防時，見到能打仗、會打仗的人聚在一起，自稱一黨，怯懦的人也自為一黨。在朝廷上，正、邪兩黨也是一樣。陛下只要用心體察，就可以分辨忠奸。假如結黨做好事，那對國家有什麼害處呢？」

范仲淹一生見賢思齊，不斷以往哲先賢的思想、品德和功績勉勵自己。他曾說，「學默默以存志，將乾乾而希聖，庶幾進退之間，保君子之中正」，表達了要像先聖一樣，在得失進退間，不失其高尚的情操。所以他始終以潔身自好和為國事功要求自己，企望在現實世界中成就最高的道德理想。

在個人生活方面，他做了高官以後，家裡生活依然如貧賤時一般儉樸，史書說他的家人「不識富貴之樂」。但對他人急難卻竭盡全力給予幫助，從不考慮自己有無家用。他還在蘇州辦義莊，興義學，影響了宋代士大夫熱衷義莊、義學的風氣。

范仲淹將要退休時，他的門徒建議他在洛陽修建住宅，以安度晚年。他聽後，語重心長的對弟子們說：「每晚就寢時，我都要合計自己一天的俸祿和一天所做的事。如果二者相當，就能打著鼾聲熟睡。如果不是這樣，心裡就不安，閉目也睡不著。第二天一定要做事補回來，使所作所為對得起朝廷的俸祿。」他接著說，「如今我之所以打算退休，就是因我年老體衰，精力有限，能為他人做事一天比一天少，對不起百姓，對不起俸祿。這時營造安樂窩，豈又能安樂？」

這番話，不是聖人說不出來。

道德，在許多人眼裡，是做人的標杆。有道德，說明已經到了很高的境界；而道德，**在范仲淹眼裡，只是做人的底線**。他一輩子都不會逾越底線，去做任何無德之事。

2 文天祥，明知不可為，還是要敗得忠肝義膽

人生許多事，明知不可為，為何仍要為之？

南宋德祐元年（西元一二七五年），南宋臨安城裡，朝野上下亂成一團。面對元朝大軍，南宋各級官員，紛紛拋下年幼的宋恭帝趙㬎（按：音同顯）棄職逃命，已經六十六歲的太皇太后謝道清，為此在臨安朝中張榜痛斥公開逃竄的各級官員：「我朝三百多年，對士大夫以禮相待。現在我與新君遭蒙多難，你們這些大小臣子，不見一人出來救國。我們有什麼對不起大家？你們內臣叛官離去，地方守令捨印棄城……你們平日讀聖賢書，都把自己比作良臣，怎麼到了這時候就撒手不管？你們有什麼臉面對世人，死後又有什麼顏面見先帝呢？」

大宋崩潰在即，對於許多人來說，那些史書上「疾風知勁草，板蕩識誠臣」的訓導，早已被恐懼所籠罩，以狀元出身的宰相留夢炎為首，文臣武將們紛紛棄官逃命。南宋，這個自靖康之變以來就南渡偏安的政權，眼下已搖搖欲墜。

危難時刻，另外一位狀元出身的官員，挺身而出。

那是南宋寶祐四年（西元一二五六年）以二十一歲之身就榮膺狀元的文天祥。眼下，這位四十歲的昔日狀元，正擔任贛州知府。

文天祥剛硬正直，但也不是保守的官員，他「性豪華，平生自奉甚厚，聲伎滿前」，是個懂得生活享受的人。但當朝廷遭遇危難，各級官員紛紛出逃之時，他卻痛哭流涕，變賣家產，毀家紓難，寧可讓自己過上最苦的日子也要「盡以家資為軍費」，傾盡所有，打元兵去。

在南宋危亡時刻，他散盡家財，東拼西湊，甚至聯結了贛州境內的少數民族，終於集合起一支一萬多人的隊伍向臨安進發勤王，對此有朋友勸阻他：「元兵三路直逼臨安，而你卻帶著一萬多人的烏合之眾去以卵擊石，這跟趕著一群羊入虎口有什麼區別？」

這位狀元出身的地方官員，對此回答說：「我又何嘗不知，但朝廷危難，眼下徵召天下勤王，卻沒有一人一馬回應入關，這讓我深深痛恨，所以不自量力，用自己的行動表示，希望天下忠臣義士能夠行動起來。」

儘管南宋皇族和朝廷要員看他只是低級的地方官員，那些畏死逃避的同僚也只當他是孤軍冒進的傻子，但他早已抱定必死之心，要與社稷共存亡。在江蘇虞橋，他臨時組織、毫無作戰經驗的勤王義軍，被凶悍且久經戰陣的元兵屠戮殆盡，他率領殘兵退保余杭。南宋德祐二年（西元一二七六年），在危難之中，他被風雨飄搖的南宋朝廷任命為臨安知府，協助拱衛京師。

元朝大軍逼近臨安城外的皋亭山，在敵兵震懾前，比文天祥早十二年考中狀元的左丞相留夢炎開溜了，然後右丞相陳宜中也腳底抹油了。

臨安城內的鳳凰山皇城中，此時已幾乎無人來朝，只有這位憨直的狀元知府和少數一些官員，還畢恭畢敬伺立在老邁的太皇太后謝道清以及宋恭帝趙㬎左右。無人可用的太皇太后謝道清只得頒發懿旨，任命文天祥為右丞相兼樞密使，全權負責與城外元軍主帥伯顏的談判事宜。

當王朝即將覆滅，南宋皇族們放眼望去，才發現那些他們寄予厚望的權貴高官，都紛紛倉皇逃命；而那幾個他們壓根不當回事的低級官員，卻始終堅守崗位，甚至不惜遠道千里勤王。那些當初共富貴的人都逃跑了，剩下那些他們看不入眼的人，卻選擇了與他們同生死、共患難。

直到最後，仍有文臣武將堅定守護南宋

在中國一千三百多年的科舉史上，一共產生過五、六百位文狀元，其中有四十多人由狀元而官至宰相，即為狀元宰相。在文天祥之前，上一個當宰相的狀元是留夢炎。

眼下，狀元宰相留夢炎已經棄官潛逃，另外一位宰相陳宜中也撇下年幼的小皇帝和老邁的太皇太后跑了，剩下一個爛攤子等著趙家人自己收拾。

就在這時，文天祥挺身而出。臨安城的陷落，只是時間早晚的問題。身為元軍統帥兼宰相的伯顏對此志在必得，可他沒想到的是，那位在南宋危亡之際出任宰相的文天祥，竟然敢跟他抗爭辯論。

惱怒之中，伯顏命令將文天祥拘押起來。被拘押的這一天，是德祐二年（西元一二七六年）正月二十四日。

十一天後，二月初五，已經走投無路的南宋小朝廷，最終在臨安向元軍投降。與一百四十九年前經歷靖康之恥而滅亡的北宋一樣，南宋，也已接近窮途末路。眼看大廈將傾，可仍有人在力撐危局。

為了拱衛趙宋帝國最後的血脈，進士陸秀夫協助名將李庭芝一起抗擊元兵，在南宋朝廷於臨安投降元朝前，祕密護送著趙宋皇族最後的血脈：八歲的趙昰（按：音同是）和五歲的趙昺，出走福州。

臨安之降後三個月，南宋德祐二年五月，陸秀夫和趕來護駕的張世傑一起，在福州擁立趙昰登基，是為宋端宗。此後，被元軍押解北上的文天祥，也在途中逃脫南下，歷經九死一生輾轉來到福州，並被任命為右丞相知樞密院事。

儘管叛降元朝的文臣武將眾多，但在南宋最後的時日，仍然有人在用卑微卻高貴的生命，誓死捍衛著這個他們熱愛的朝廷：從堅守淮東的姜才、李庭芝到堅守重慶的張鈺，以及團結在福州小朝廷周圍的文天祥、陸秀夫、張世傑——這些散落在南宋各個角落，仍然在堅持戰鬥的文臣武將，早已將生死置之度外，因為他們早已決定，要用自己的鮮血，為大宋譜寫出最後的光輝。

大宋的最後風骨

與當初在江西贛州組織兵馬勤王一樣，從元兵手中逃脫的文天祥再次出發，從南宋景炎元年（西元一二七六年）七月到祥光元年（西元一二七八年）十一月，他先後組織義兵，一度收復被元兵占領的江西贛州、吉州、徇州等地，然而在永豐，他再次遭遇敗績，妻妾子女都被元兵俘虜；而在進軍廣東潮州的過程中，他的軍隊又開始流行瘟疫，並奪走他僅剩的一個兒子。

他已然一無所有，卻仍然在堅持戰鬥。他率領著最後的殘兵一路轉戰，最終在退到廣東海豐時，被元將張弘範的部隊突然襲擊。猝不及防的文天祥最終被捕，倉促之中，他吞下龍腦（按：又稱冰片，具有抗炎、止痛的作用，但大量服用會引起毒性反應）試圖自殺，沒想到自殺失敗。

這是文天祥第一次自殺。

元將張弘範要他跪拜，他堅持不拜，張弘範又要求他寫信勸降陸秀夫和張世傑等人，沒想到文天祥卻說：「我無法保衛自己的父母，又怎麼可能教別人背叛自己的父母？」他寧死不降，在被元軍押解前往追擊宋軍時，他寫下了千古聞名的《過零丁洋》：

辛苦遭逢起一經，干戈寥落四周星。
山河破碎風飄絮，身世浮沉雨打萍。
惶恐灘頭說惶恐，零丁洋裡嘆零丁。
人生自古誰無死？留取丹心照汗青。

在廣東崖山，南宋的最後一戰也最終到來。

南宋景炎三年（西元一二七八年），趙昰在流亡的途中病逝，隨後陸秀夫和張世傑又擁立七歲的趙昺為帝繼續抗戰。不久，南宋祥興二年（西元一二七九年）二月，陸秀夫和張世傑率領著殘餘的十多萬南宋軍民，與元兵展開了最後的戰鬥。

宋軍最終慘敗。面對重重包圍的元兵，不願屈服投降的陸秀夫，毅然決然背著八歲的宋帝昺投海自盡。在得知陸秀夫和宋帝昺跳海自盡的消息後，張世傑仰天長嘯、淚流滿面的說：「我為趙氏盡心盡力，一君亡，又立一君，如今又亡矣，不知天意為何。」最終在颶風中，張世傑也跳入滾滾波濤之中，追隨那個他為之奉獻所有的王朝而去。

在整個崖山之戰中，南宋最後殘存的十多萬軍民，或在戰鬥中壯烈犧牲，或不甘受辱投海自盡，至此，南宋徹底毀滅於崖山的怒海波濤之中。

當時，被扣押在元兵船中的文天祥全程見證崖山之戰的慘烈。南宋滅亡後，張弘範在廣東崖山刻上「鎮國大將軍張弘範滅宋於此」的碑文，並讓人再次押來文天祥，對他說：「宋廷已經滅亡了，丞相您對宋廷的忠孝已經傾盡全力了。如果你能用對待宋廷的忠心，來對待當今的聖上（忽必烈），那麼一定可以當上宰相！」

文天祥淚流滿面：「朝廷有難不能救，為人臣者死有餘辜，又怎麼能夠背叛朝廷，不與之同生共死呢？」一席話，說得張弘範也動了惻隱之心，他命人護送文天祥北上大都（北京）見忽必烈。

文天祥再次自殺求死，在路途中，他絕食八日，沒想到仍然不死。於是他放棄絕食，決定與元朝人周旋到底，最終以求一死，為大宋殉葬。

許多年後，常常有人說，文天祥為何不再次自殺？其實，一求速死固然痛快，但這種把牢底坐穿，**始終堅貞如一的信念，卻比「引刀成一快」來得更為艱難**。

在元大都，忽必烈讓九歲的宋恭帝趙㬎出面勸降文天祥，當看到宋恭帝一身蒙古人裝扮出現在牢獄中時，文天祥立刻跪在宋恭帝前淚流滿面，他說：「臣不能保大宋，致使陛下有今日，深愧。聖駕請回，聖駕請回！」

當時宋恭帝已經懂事，在文天祥面前也痛哭失聲。

在牢獄中，元朝人又將文天祥的妻子歐陽氏和兩個女兒柳娘、環娘罰沒為奴，並且讓他的女兒柳娘寫信給他，並提示他說，只要他願意投降，他的家人馬上可以恢復自由身，他本人也可享受榮華富貴，但文天祥執意不肯，在回覆自己妹妹的信中，文天祥寫道：「收柳女信，痛割腸胃。人誰無妻兒骨肉之情？但今日事到這裡，於義當死，乃是命也。奈何？奈何！……可令柳女、環女做好人，爹爹管不得。淚下哽咽哽咽。」

為了逼迫文天祥投降，懾服亡宋子民，元朝宰相孛羅甚至親自提審文天祥，文天祥堅持不肯下跪，強硬的說：「天下事有興有衰。國亡受戮，歷代皆有。我為宋盡忠，只願早死！」

從南宋祥興元年（西元一二七八年）被俘，到祥興二年（西元一二七九年）目睹崖山之戰南宋的毀滅，中間兩次自殺，始終堅持不屈的文天祥，最終在被關押四年後迎來了忽必烈的再次提審。當時，忽必烈仍然重視這位南宋的狀元宰相，便問他說：「你有什麼願望？」

文天祥顯得非常淡然，只是說：「我文天祥受大宋的恩惠，官為宰相，安能投降二主？願賜我一死就滿足了！」最終，他被引出就刑。臨刑前，他特地要求，向著南方大宋的方向跪拜，然後大聲的對圍觀的元朝官吏士卒說：「我心願已了！」

他從容就義。

他死後幾天，妻子歐陽氏為他收屍，在他的衣帶中發現了他的遺言：「孔曰成仁，孟曰取義，唯其義盡，所以仁至。讀聖賢書，所學何事？而今而後，庶幾無愧。」

對此，近代史學家蔡東藩評價說：正如諸葛亮明知不可為，卻仍然堅持北伐一樣，文天祥等人明知南宋大勢已去，卻仍然堅持救亡圖存，「六合全覆而爭之一隅，城守不能而爭之海島，明知無益事，翻作有情痴」。

因為即使明知失敗，也要敗得忠肝義膽、轟轟烈烈。

3 方孝孺，大明第一硬骨頭之死

建文四年（西元一四〇二年），中國歷史上的關鍵年分。

六月，南京城，亂如麻。明朝文學家方孝孺靜坐家中，等待被捕的一刻。

城內布滿通緝令，舉國正追捕上榜的二十九個「奸臣」，排名前五的是：太常侍卿黃子澄，兵部尚書齊泰，禮部尚書陳迪，文學博士方孝孺，御史大夫練子寧。

方孝孺第一個被捕。準確的說，他是被「靖難之役」的勝利者朱棣派人「請」去的。

三年前，朱棣在北京起兵，以「清君側」的名義，反對侄子建文帝的削藩政策。發兵前，他的軍師姚廣孝跪地囑託，說南京城破之日，方孝孺一定不肯投降，希望不要殺他。

「**殺孝孺，天下讀書種子絕矣！**」姚廣孝意味深長的說。

朱棣打下南京城後，方孝孺果然不逃，也不降。下獄後，朱棣再三請人去勸降，方孝孺始終不從。待朱棣準備登極時，為了借重方孝孺在天下士人中的名氣，便要他起草登位詔書。

方孝孺身穿孝服，大哭上殿，見朱棣。史書記下了兩人的對話。

朱棣：「先生請不要悲傷，我不過是效法周公輔佐周成王。」

方孝孺：「那成王現在哪裡？」

朱棣：「他（建文帝朱允炆）自焚死了。」

方孝孺：「成王不在了，為何不立成王之子為帝？」

朱棣：「國賴長君（意為朱允炆之子年幼，不適合掌國）。」

方孝孺：「為何不立成王之弟？」

朱棣：「這是我們的家事，請先生不要過度操心。」

說完，命左右上紙筆。

朱棣：「登極詔書，非先生起草不可。」

方孝孺寫了幾個字，隨即擲筆於地，且哭且罵：「死就死，詔書不可寫。」

朱棣：「難道你不怕誅九族？」

方孝孺：「便誅十族奈我何！」

朱棣徹底被激怒，當場命人用刀割裂方孝孺的嘴巴，從臉頰割到耳朵。

野史記載，方孝孺的族人、朋友、門生，一個個在他面前被處死，他都不為所動。輪到他的弟弟方孝友，他終於流下眼淚，弟弟反過來勸他：「阿兄何必淚潸潸，取義成仁在此間。」整整殺了七天，一共殺了八百七十三人（一說八百四十七人）。

最後輪到方孝孺本人。他慨然赴死，並寫了一首絕命詞：

天降亂離兮，孰知其由？
奸臣得計兮，謀國用猶。

忠臣發憤兮，血淚交流。
以此殉君兮，抑又何求？
嗚呼哀哉，庶不我尤！

方孝孺死時，年僅四十六歲。這是中國歷史上株連最廣的一次殘殺。**方孝孺此後成為「骨鯁之士」的代名詞，成為明朝最硬的硬骨頭。**

但是，關於他的死，幾百年來的爭議，才剛剛開始。

雖是異才壯士，但與君主意見分歧，一樣坐冷板凳

方孝孺死後，硬漢之名蓋過他的學問之名。但事實上，他在世時，學問才是他成名的基礎。他是明初重要的思想家、文學家，年輕時師從「開國文臣之首」的宋濂，並成為宋濂最得意的門生。宋濂常把他比喻為「孤鳳凰」。

朱棣的軍師姚廣孝稱方孝孺為「讀書種子」，後世理解為方孝孺只會讀書，其實不然。當時的讀書種子所指的精神內核，不僅在於讀書、學問一流，更重要的在於學以用世，以道事君，代表儒家的入世追求。所以《明史》說，方孝孺「恒以明王道、致太平為己任」。

簡單來說，方孝孺是「橫渠四句」——為天地立心，為生民立命，為往聖繼絕學，為萬世開太平——的堅定踐行者。

朱元璋在世時，曾兩度召見方孝孺，稱讚他為「異才」、「壯士」。但**方孝孺的政治改革理念，與朱元璋建立的政治體制截然對立，這是方孝孺在朱元璋統治時期空有文名不見其用的根本原因**。

方孝孺的老師宋濂，在明朝開國後，基本已被閒置，後來還受「胡惟庸案」牽連，被貶謫而死。在朱元璋看來，宋濂宣導的仁政治國理念，已經過時了。方孝孺的政治主張與其師相近，宣導「仁德治世」。他提出「格君」之說，要把人君規訓成道德與智慧並重的聖賢之主。換句話說，朱元璋要的是霸道，方孝孺講的是王道。政治分歧的結果，是方孝孺坐了十多年冷板凳。

洪武三十一年，朱元璋去世時，四十二歲的方孝孺已在漢中府學教授任上幹了六年，心中滿是鬱悶。他在那年的立春，寫詩抒發不得志的惆悵：

> 萬事悠悠白髮生，強顏閱盡靜中聲。
> 效忠無計歸無路，深愧淵明與孔明。

然後，這個想學諸葛亮的中年書生，終於等到了天降大任。

建文帝讓方孝孺有發展空間，方孝孺卻害慘建文帝

繼任的建文帝朱允炆，召見並起用方孝孺，授為翰林侍講，第二年調做侍講學士。官品不高，但位置重要，有大把機會把他的治國理念灌輸給新皇帝。

朱允炆但凡讀書有疑問，就請來方孝孺求解。遇到國事，難以定奪，也會請人諮詢方孝孺。鑑於皇帝的信任和恩遇，**方孝孺在建文朝的地位，相當於國師**。

君臣二人在治國理念上高度一致，朝中幾乎所有重要文書，都由方孝孺草擬。某種程度上，方孝孺成了新皇帝的代言人。這是方孝孺覺得可以大展拳腳的基礎。

在方孝孺的推動下，朱允炆決心厲行仁政，進行政治革新。

在朱棣起兵發動「靖難之役」的四年時間裡，方孝孺與他的忠實信徒朱允炆，對按照周制改革朝政顯示出極大的熱情。他們整日在研究如何復古，修建省躬殿，給城門改名字，還計畫恢復井田制……應對如火如荼的軍情，從來不是他們的第一要務。

等到朱棣的軍隊渡過長江，直逼南京，朱允炆才從恢復周制的夢中醒過來。

史載，「帝憂懼，或勸帝他幸，圖興復。孝孺力請守京城以待援兵，即事不濟，當死社稷」。當時，朱棣孤軍從朝廷軍隊的夾縫中，沖到了南京城下，實際控制的地盤其實很小，大半個中國還在朝廷的號令之下。如果朱允炆棄城而去，完全可以號令天下軍隊反攻朱棣，所以臣下紛紛勸他出走，圖謀東山再起。

但是，方孝孺竟然勸朱允炆「死社稷」，真是迂腐到家了。錯失最後一次翻盤的機會，朱允炆把自己弄失蹤了，已然於事無補。而朱棣直接宣布了這名年輕皇帝的死訊，接過帝國權柄。可以說，是方孝孺的政治幼稚病，害慘朱允炆。

方孝孺被逮捕入獄後，表現出了孟子所說的大丈夫氣概，拒絕與篡位的燕王朱棣合作，從而招致誅十族的血腥殺戮。後世評論者認為，朱棣的血腥殺戮是方孝孺激怒了他的結果。說這話的人，實在太不了解朱棣了。朱棣武裝奪取皇位後，只能以酷烈的手段來證明他的合法性。例如，在肉體上消滅朱允炆的死忠，在宣傳上抹黑建文朝，以及銷毀反對派的言論、著作等。

偏偏方孝孺是個硬骨頭。

朱棣對其屠戮十族、焚毀著作，目標就是要消除方孝孺在士林中的影響，震懾其他士人承認當前的政治事實。整個永樂朝，談論方孝孺都是犯禁的，除非按照官方口徑，把方孝孺當成乞憐搖尾的奸臣進行批判。

直到朱棣死後，明仁宗朱高熾繼位，這種政治語境才有所改變。朱高熾多次評論說，方孝孺、齊泰等人「俱是忠臣」。這之後，士大夫才敢爭取為方孝孺平反。

平反的歷程很漫長。到萬曆十三年（西元一五八五年），明朝皇帝才首次以官方形式為方孝孺平反，此時距離方孝孺殉難，已經過去了一百八十三年。

方孝孺學問好，人品好，有骨氣，這是數百年來公認的事實。他被譽為「程朱復出」、「有明之學祖」、「當世文章第一人」等，任誰都無法抹滅掉這些。哪怕是朱棣大權在握時，可以組織寫作班子醜化、詆毀方孝孺，但是，朱棣死後，歷史評價的天平仍會趨向事實一邊。

不過，我們在肯定方孝孺的精神的同時，也應該全面剖析歷史人物，不能以精神涵蓋一切。在實際的政治生活中，方孝孺的能力、魄力和識見，存在很明顯的短板，遠不如後世的張居正。張居正的手腕和權謀，雖然被人詬病，但這恰是其得以推動朝廷改革的原因。而**方孝孺雖有改革天下的理想，無奈過於愛惜羽毛，最後以誤國收場**。

後世推崇方孝孺，也僅限於道德、學問層面的肯定。他成了大明的一個道德模範。

4 張煌言死了，明朝才真的亡了

張煌言（號蒼水）最後一次回到家鄉寧波，是以一名被俘罪犯的身分。父老鄉親聽到消息，紛紛出城觀看，希望看看這名堅持抗清近二十年的孤膽英雄最後的模樣。

浙江提督張傑此前為了抓捕張煌言費盡心機，此刻他在衙署裡「接見」張煌言，第一句話就是「等你很久了」。張煌言神色從容，馬上接話：「父死不能葬，國亡不能救，死有餘罪。今日之事，速死而已！」從清順治二年（西元一六四五年）參加浙東的抗清運動開始，近二十年裡，他從未怕過死，他一直在等待死亡，等一個恰當的時候。

現在，是時候了。

張煌言的死，鄭成功要負一半責任

張煌言被捕，根子在五年前就埋下了。那是清順治十六年（西元一六五九年）的夏天，他與鄭成功聯合北征，逆長江而上，一直打、一直打，直到打下蕪湖。這是多年來張煌言數次攻打長江最大的一次勝利。他後來回憶這一仗的凶險，說是「兩岸炮聲如雷，彈如雨……骨飛而肉舞」。

血腥的場面，因為勝利，而被他寫出了音樂般的歡快。

這一刻的張煌言，一度以為光復故國有望。臨近的州府，一看他的勢頭，也紛紛改旗易幟，最高峰時，長江兩岸有三十餘座城池處在他的掌控之下。

然而，勝利來得快，去得更快。張煌言的三千水軍能拿下這麼多城池，得益於鄭成功的主力部隊，在南京城外牽制住清軍主力。可是，鄭成功卻被勝利沖昏頭，他認為打下南京如囊中探物，因此遲遲不發兵攻城，一次次延誤戰機。結果，清軍援兵趕到，鄭成功卻打不過了，不得已倉促退兵，留下張煌言孤懸長江中游，前無進路，後無退路。

此時清軍重占長江，上下游音信斷絕。張煌言請一僧人密藏書信，經小路急送鄭成功大營，信中苦勸鄭成功千萬別撤退，天下事尚可圖。信還未送到，鄭成功已將沿岸數百里舟師以及駐軍撤了，全軍逃返福建。深感絕望的張煌言在清軍夾擊下，退入崇山峻嶺間打遊擊。經過殘酷的搏鬥，他的軍隊犧牲的犧牲，潰散的潰散，最終僅剩一個隨從攜印陪著他突圍，在善良民眾的掩護下，一路往東，徒步兩千餘里，退回了海上。

這次失敗之後，張煌言再難發起有力的進攻。他被捕，只是時間問題了。

忠「臣」的鐵石心腸

不過，先於張煌言被抓的，是其至親。得知張煌言生還浙東的消息後，總督郎廷佐派兵抄沒了他在寧波的老家，拘禁他的妻子董氏和唯一的兒子張萬祺，企圖用人質逼迫張煌言投降。

張煌言不為所動。十幾年的抗清生涯，早練就了他的「鐵石心腸」：**至親可以懷念，但不可以成為談判的條件**。

他的妻子董氏知道自己嫁了一個什麼人，知道聚少離多，但沒想到會聚得這麼少。他們的第一個兒子出生後，張煌言就離家抗清去了。直到三年後，他終於滿身風塵出現在家門口。可來不及訴說思念，張煌言就說他是來辭別的，錢塘江防線已破，他要隨魯王到海上征戰了。

為了緩解妻子的不安，張煌言和董氏賭擲骰子，讓老天決定他是走是留。或許只有這樣，也才能減少張煌言的愧疚，是天意要他走，不是他自己想走的。

總之，那天之後，他終生再未與妻兒見面。

清順治九年（西元一六五二年），他的父親張圭章去世。張煌言幼年喪母，少年時代就隨父親外出，他的人生觀基本是父親影響和塑造的結果。得知父親離世的消息，他悲痛萬分，但是，仍然沒有回家奔喪。

張煌言被捕前兩年，隱居在舟山附近的一座荒島上。一個部將要他納妾，並把戰死將領陳木叔的女兒獻給他，張煌言嚴詞拒絕：「小姑娘是忠臣之後，怎麼可以遭受如此對待？何況我的妻子為我身陷大牢，我怎麼可以如此對待她？」

離家十幾年，他能做的就是獨自面對漫漫長夜，以此彌補對妻子的虧欠。

清廷官員在與張煌言交戰的近二十年間，無數次對他誘降或勸降均告失敗。這不難理解，一個連拋妻棄子都在所不惜的硬漢，又怎會對敵人許諾的榮華富貴動心呢？他對各種勸降信都不屑一顧，回信也總說自己是「明室孤臣，有死無貳」。

但事實上，清順治元年（西元一六四四年）清軍入關時，二十五歲的張煌言僅是一個舉人，而非明朝的官員。

明亡之後，一些士人精英選擇投奔新主，一些人選擇抗爭，一些人選擇隱居。每個人都經受了生死的道德拷問，而張煌言則成了忠於明朝的那個人。他一定要選擇抗清，不抗爭毋寧死。

某清廷官員寫信勸降他，張煌言毫不客氣的回信：「不孝未便以文文山自況，執事正不必以留夢炎輩自居耳！」意思是，我自己不方便說我想做文天祥，但你也不用讓天下人都知道你想做留夢炎。

張煌言與那些醉心利祿、腐敗透頂的南明官吏有天壤之別，他眼裡只有忠義，沒有其他。文天祥最後從容就義，青史留名。張煌言肯定也會走上這條路，只是遲早的問題。

張煌言，明朝「最後二十年」的英雄

這一天，不久便來了。兩名偽裝的僧人，抓到了出島換米的隨從，浙江提督張傑因而獲悉張煌言藏身的小島。

康熙三年七月十七日，趁著夜色，一隊清軍從山后突入張煌言的住處。當時去逮捕張煌言的一個士兵後來回憶說，張煌言的床下都是書，旁邊有一副棺材，床頭懸著一柄利劍，張煌言想去取劍，不幸被床帳絆倒了，所以來不及自殺。

三天後，他被帶到寧波城，一生中最後一次返回故鄉，以一個被俘罪犯的身分。

又十天，勸降失敗的張傑，派人把張煌言押送杭州。在杭州的監獄內，張煌言絕食相抗，仍舊不降。後來體恤獄卒會被上頭處罰，勉強以水果維持生命。

杭州民眾買通獄卒，以一見張煌言為榮，或請張題詩留念，那些日子裡，張煌言**從一個帶劍的詩人，變成了一個寫書法的囚徒**，在監獄裡恣情揮毫，忙得不亦樂乎。

寫的是什麼？一張一張，寫的都是文天祥的《正氣歌》！

九月初七，張煌言被押赴刑場，看到太陽照在鳳凰山頭，他吼了一聲：好山色！

行刑官問他還有什麼遺言。他隨口吟出早已打好腹稿的四句短詩：「我年適五九（四十五歲），復逢九月七。大廈已不支，成仁萬事畢。」

現場文書當即用筆記錄了下來。

行刑的時刻到了。張煌言拒絕下跪，昂首挺胸，就義於刀下。對他而言，一個張煌言死了，又一個「文天祥」活了。

此前數日，他的妻兒已在鎮江被害。沒有人告訴他這個悲傷的消息。

數年後，一個沒有留下名字的史家，一字一字的寫下：「煌言死而明亡。」

一個朝代，從它被宣布滅亡起，整整殘喘了二十年。張煌言，是這二十年最後的孤膽英雄，最後那個堅毅而悲傷的句號。

5 中國末代狀元劉看霖的人生信條

睡覺前，劉春霖跟家人約好，隔天早上一起去中山公園。

第二天早晨，劉春霖沒有起床。家人進房一看，才知道他已在睡夢中離開人世。

這一天是一九四二年一月十八日。劉春霖生於同治十一年（西元一八七二年），終年七十一歲。

五天後，北京一家報紙報導了劉春霖的死訊。人們這才知道，中國最後一個狀元走了。

末代狀元，第一人中最後人

劉春霖出生在直隸肅寧縣，家境貧寒。父親原是農民，後為了養活劉春霖及其兄長，到保定府衙門當差，母親在知府家當僕人。劉春霖兄弟倆被寄養在伯父家。

在晚清，貧寒子弟透過讀書改變命運的路已經很窄。科舉進入「資本時代」，贏家大多來自有資本投入教育的大家族。但劉春霖是個例外。

這個窮人家的孩子無師自通，能寫一手好字，讀書記性超好，過目成誦。十來歲時，他把自己寫的春聯拿到當地集市上賣，被搶購一空。人們說他是神童。

劉春霖和哥哥要考秀才。按規定，每個縣的秀才名額是固定的，分到肅寧縣的名額很少。劉春霖兄弟太優秀，招來嫉妒，一些考生為了排擠他們，買通了肅寧縣廩生（按：在明清由公家發給銀兩、糧食的生員（俗稱秀才，通過院試，得到官學入學資格的士人））胡光簽。胡光簽負責出面遊說其他廩生，說劉春霖父母是皁隸（按：舊時衙門裏的差役）和僕人，出身不好，他們兄弟不能參加考試，如果允許他們兄弟考試，全縣的考生就要罷考。

清朝的科舉制度要求，童生考秀才，需要有廩生擔保才能考。

胡光簽一活動，沒有廩生願意為劉春霖兄弟擔保，導致兩人沒資格考試。

後來，肅寧縣一個姓解的老廩生聽說這件事，頗為義憤，毅然出面為劉春霖兄弟擔保。劉春霖兄弟因此可以參加考試，雙雙考中秀才。這年，光緒十三年（西元一八八七年），劉春霖十六歲。

中了秀才後，劉春霖進入保定蓮池書院學習。保定蓮池書院是直隸最高學府，時任院長吳汝綸是著名的文學家和教育家，後來還出任京師大學堂總教習。吳汝綸執掌蓮池書院十餘年，思想開明，銳意改革，不僅教傳統學問，還大量引進西式課程，將書院辦成領先全國的新式學堂。

在這裡，劉春霖除了學習經史子集，還學了《萬國史要》、《世界文明史》、《海上權力史》、《植物教科書》、《幾何》、《西醫內科全書》、《天演論》等科目。書院有英語、日語教員，還有慕名而來的外國留學生，劉春霖由此打下了他的西學基礎。

這種教育背景，決定了劉春霖將成長為一名有別於傳統士大夫的近代知識分子。

劉春霖在保定蓮池書院學習整整十年。其間，他的父母相繼病逝。

光緒二十八年（西元一九〇二年），劉春霖參加鄉試，考中舉人。

光緒三十年（西元一九〇二四年），慈禧太后七十大壽，特增加一次會試，時稱「甲辰恩科」。各省的舉人齊集京城，三十三歲的劉春霖最終脫穎而出，獲一甲第一名，成為狀元。

第二年，清政府宣布停止科舉，盛行了千餘年的科舉制度戛然落幕。而科舉制的廢除，讓劉春霖成了中國歷史上最後一名狀元。後來，他自嘲是「第一人中最後人」。

時代的機緣巧合，使得劉春霖的人生與「末代狀元」的名號緊緊連在一起。

書法寫太好，所以劉春霖成了壯元

殿試結果張榜後，順天府尹給一甲三人——狀元劉春霖、榜眼朱汝珍和探花商衍鎏（按：音同流）戴上金花，披上紅綢，領著他們開始騎馬誇街。

儀式結束後，劉春霖被送回他居住的直隸會館。在那裡，所有居京的直隸名人、親友等，已設了宴席在等他一起慶祝，直到深夜，人才散去。

劉春霖一夜成名，從此成為名流。

傳聞，當年的狀元應該是廣東人朱汝珍，但慈禧在最終定奪時，一來由於痛恨康有為、梁啟超，對廣東人素無好感；二來朱汝珍的名字諧音「誅汝珍」，讓她想到幾年前被她投井誅殺的珍妃，所以她對這名狀元帶來的不祥兆頭感到忐忑。

將目光下移到第二名劉春霖後，她的心情才豁然開朗——春霖，春風化雨，普降甘霖，多麼吉祥的意頭，多麼契合當下大旱的背景中朝野對雨水的渴望；而他的籍貫直隸肅寧，肅靖安寧，又多麼符合王朝末世背景下統治者心中的政治理想。因此，劉春霖被提到第一名，欽定為狀元。

傳聞當然不可信。真實情況是，與其說**劉春霖**命好，不如說他**書法好。他的小楷在當時是一絕，而科舉殿試重視書法甚於文章內容，這為劉春霖奪魁奠定了基礎**。在此之前，他還曾因為字寫得好，間接為慈禧抄過佛經。得中狀元後，劉春霖的友人拿了他的書法到上海印行售賣，被一搶而空。

劉春霖的殿試策論答卷，在他生前也公開出版了。從他的答卷內容來看，也深度契合了當時朝廷亟需進行制度改革的訴求。他在裡面講要保存國粹，也講要學習西學，振興中國商業，整頓軍隊和吏治……中西合璧，視野開闊，確實是清末新政所需要的新式人才。

光緒三十年（西元一九〇四年），狀元劉春霖成為翰林院修撰。

不久後，清政府為推行政治改革，選派一批精英赴日本留學。劉春霖與其同科進士譚延闓、沈鈞儒、商衍鎏、王揖唐等人，一起進東京法政大學學習。劉春霖在日本接受了君主立憲思想。光緒三十三年（西元一九〇七年）學成回國後，他成為清末立憲運動中最活躍的一員。

有直言敢諫之人，是國家之幸。所以清朝不幸

宣統元年（西元一九〇九年），劉春霖當選順直諮議局（相當於省議會）議員。

宣統二年（西元一九一〇年），劉春霖當選資政院（相當於國會）議員。

他有末代狀元的功名，又是日本法政大學的畢業生，對中西文化和政治理論都有很深的造詣，無論在資政院演說還是辯論，都常常引來滿場歡呼。

這一年，湖南巡撫楊文鼎未經省諮議局決議而發行國債，資政院認為此種做法違背了立憲精神，應當處分。然而，軍機大臣操縱並發布上諭稱，此事純屬疏漏，不必追究。

如此，從各省諮議局到資政院，就成了擺設。

劉春霖對此十分惱怒，在資政院會議上斥責說：「我推想軍機大臣的本意是藉此事試探資政院，想看看資政院的權力是不是可以侵犯，資政院的法理是不是可以違背。如果這次我們不質問，相當於默認這種行為。默認之後，恐怕以後這種侵權違法的事就止不住了。」

有些議員提醒他：「你反應這麼強烈，會不會讓軍機大臣心裡不爽啊？」

劉春霖一聽更來氣了：「我們資政院必要求著軍機大臣心裡舒服，還成個什麼資政院呢？……現在議決的案軍機大臣就不照行，將來無論再提出何等議案，一定是無效的，就是將來軍機大臣侵權違法，也不過以疏漏二字了之。」他堅持要資政院傳喚軍機大臣來答辯，就此事解釋道歉。

不僅懟軍機大臣，劉春霖連最高當權者都懟。

同年，攝政王載灃頒布朱諭，要求資政院不要干預內閣和軍機大臣的人選問題。

劉春霖十分激動，堅決指出攝政王的做法「與預備立憲的時代不相符合」，「於立憲精神很相背馳，將來立憲政體很不牢固，仍恐要變成專制」。

他請攝政王收回成命，否則「全體辭職亦無不可」。

可惜，整個清末，像劉春霖這樣有勇氣為程式正義較真的人，實在太少了。有些議員，只知道攀附權貴，淪為朝廷的附庸。

劉春霖很看不起這些人。他公開斥責這些同事，「會場之上發出議論，不敢公然反對，每每用調停主義；出了會場之外，昏夜叩權貴之門」。

他說，一個議員這樣「奴顏婢膝」，兩個議員這樣，三個議員這樣……軍機大臣就會拿勢力壓倒他，拿利祿羈縻他，資政院就會被徹底輕視。

當年，在那場讓他一舉成名的殿試中，劉春霖就表達過，有直言敢諫之人，是國家之幸。

他一直如此實踐著。他希望影響更多人，但他應該失望了。

從劉春霖的汙點，看見他的人品

西元一九一二年，大清亡了。劉春霖灰心失意，一度隱居不出。

他是末代狀元，又寫得一手好字，求字者絡繹不絕。他定了潤格（按：代人作書畫文字時，所訂的酬金價目表），有償書寫，不愁生計。

一九三〇年代，華北的實權人物宋哲元曾請劉春霖為他講學，兩人建立了良好關係。但劉春霖別無所求，只是建議宋哲元創辦一所學校，用於教育青年。宋哲元接受其意見，出資創辦明軒中學（宋哲元字明軒）。劉春霖很高興，欣然出任學校董事，並私人捐贈一批圖書，幫學校建起圖書館。

劉春霖中狀元兩年後，原配夫人不幸去世，很多人想給他提親，包括皇親貴胄。貴族裕庚有意將次女容齡嫁與劉春霖續弦。當時，容齡與姐姐德齡在宮中當女官，深得慈禧喜愛。劉春霖的老師、北洋大臣楊士驤負責說媒，但劉春霖多次婉拒，說自己出身寒家，不敢高攀。此婚事只好不了了之。

此事傳出去，人們笑劉春霖太愚笨，連將婚姻裙帶作為升官階梯的道理都不懂。劉春霖笑著解釋：「人有巧拙，拙者我之長。倘隨俗俯仰，恐用力越多，見功越寡。」

任何時代都不缺精明人，但「守拙」卻是劉春霖一生的信條。

後來，劉春霖續娶了滄州張氏之女。過門後，張夫人說：「我跟你，不是看中你的功名，是欽佩你的人品。」

在清末立憲期間，有一天，同鄉金選三告訴劉春霖，當年害他們兄弟倆不能考秀才的胡光篯，現在年老多病，生活艱難，遭報應了。

劉春霖聽完沒說什麼。不久，金選三要回鄉探親，劉春霖拿出一些銀圓，托他帶給胡光篯。胡光篯收到銀子後，深為感動，對之前的所作所為極其悔恨。但劉春霖聽完金選三轉述胡光篯的感激和自責後，卻淡然說道，這是當時的環境所致，自己從不記恨於他。

到了一九一四年，民國大總統袁世凱派人請劉春霖出山，任大總統府內史（祕書）。劉春霖答應了。因為劉春霖中狀元後，袁世凱曾奏請清廷讓劉春霖襄理新政，但慈禧不批。不過劉春霖感念於心，一直視袁世凱為恩師。

大總統府內史其實是一個閒差。袁世凱的真實用意，可能是網羅前清遺老，為他接下來的稱帝做準備。後來，在各省各界組織所謂「請願團」勸進的過程中，劉春霖作為直隸省的代表跟著勸進。一九一七年，張勳復辟。由於康有為盛情相邀，劉春霖穿上前清官服，跟著眾遺老朝拜了溥儀。熱鬧了幾天，就失敗散去。劉春霖後來對自己參與此事十分悔恨。

這兩件事，成為劉春霖留在歷史上的「汙點」。但歷史學者對劉春霖的做法，更多表達了「同情之理解」。史學家分析，劉春霖在袁世凱稱帝中的表現，主要出於知遇之恩的報答。在張勳復辟中的表現，則是對那個讓他成就功名的朝代仍然抱有很深的情感。再加上民國政治的亂局，並未能將中國引向治世，讓他更加懷念從前。在民國政府，劉春霖還曾任中央農事試驗場負責人、直隸高等學堂學監、直隸省教育廳廳長等職。

一九二八年左右，五十七歲的劉春霖辭官，從此徹底告別政壇。

第一人中最後人，錚錚鐵骨，照耀青史

一九三一年，日本帝國主義侵占東北。

這一年，家人準備給他做六十大壽，劉春霖說，現在國不安寧，民不聊生，咱們一家人玩一天就行，不迎客慶祝了。然而，隨著生日臨近，滄州、保定的親戚都提前來京祝賀。他的兒子劉海雲只好請了京劇團在家表演。但劉春霖卻很難高興起來，他寫詩：「憂國忍能看彩戲，為傳雪已兆豐年。」

像杜甫「憂國願豐年」一樣，劉春霖在人生大喜的日子裡憂心忡忡，唯有祈願國泰民安。

那一年，他寫下了《六十自述》，回顧他的人生。「平生志不在溫飽」，「不崇高第崇高行」，在時代大變局中，他一直保持了家國情懷。

他是中國科舉時代最後一個狀元，驀然回望，在他六十歲時，也僅有他這個末代狀元僅存於世。這讓他無比悲涼：「第一人中最後人，只今四海剩孤身。」

他老了，社會擔當卻不減當年。

一九三三年，黃河決口，河北遭災。劉春霖利用自己在社會上的地位，聯合發起成立了「河北移

民協會」，組織募捐和移民。在包頭附近建立「河北新村」，兩次共移民三百三十多戶，一千一百多人。沿途費用都由劉春霖自己承擔。

他老了，骨頭卻越來越硬。

一九三四年，偽滿洲國總理鄭孝胥拉攏劉春霖共同輔佐溥儀，許以教育部長一職。劉春霖斷然拒絕，並宣布與溥儀決裂：「君非昔日之君，臣亦非昔日之臣。」

一九三七年，七七事變後，北平失守在即。同鄉好友金選三假稱自己病重，將劉春霖騙到天津，並在英租界為他找好了安全住處。

劉春霖住了一陣子，驚聞北平淪陷，潸然淚下。他對金選三說：「父老慘遭蹂躪，我當了逃兵，真是愧對先祖之教導。」他毅然辭別金選三，回到了淪陷中的北平。

後來，大漢奸王克敏、王揖唐等人在北平組成「華北政務委員會」傀儡政權。

王揖唐與劉春霖是同科進士，又同在日本留學，平日頗有些交情。為了裝點門面，王揖唐親自帶著禮物去請劉春霖出任偽職，劉春霖當即表示：「寧做華丐，不當漢奸！」誓不依附日本侵略者，並怒斥王揖唐等漢奸是「筋骨軟的東西」，此後閉門謝客。

據說王揖唐惱羞成怒，鼓動日本兵將劉春霖一家趕出家門。劉春霖一度流落街頭，後在社會輿論干預下，劉春霖才被允許領回個人財物，回家居住。

儘管人生最後幾年，與家國同落難，劉春霖生活潦倒，但他仍然保持民族氣節，錚錚鐵骨，照耀青史。

一九四二年一月，七十一歲的劉春霖去世。

中國最後一個狀元走了。

國家圖書館出版品預行編目（CIP）資料

活成了帝王將相：每個人都有某個時刻，能和權與利非常靠近，你怎麼選擇眼前的路？看 38 位將相帝王，洞悉人生成敗模式。／艾公子著 . -- 初版 . -- 臺北市：大是文化有限公司 , 2022.12
416 面 ; 17×23 公分 . --（TELL；046）
ISBN 978-626-7192-42-9（平裝）

1.CST：中國史　2.CST：通俗史話

610.9　　111015734

TELL 046

活成了帝王將相

每個人都有某個時刻，能和權與利非常靠近，你怎麼選擇眼前的路？
看 38 位將相帝王，洞悉人生成敗模式。

作　　者／艾公子
責任編輯／陳竑惠
校對編輯／李芊芊
美術編輯／林彥君
副總編輯／顏惠君
總 編 輯／吳依瑋
發 行 人／徐仲秋
會計助理／李秀娟
會　　計／許鳳雪
版權主任／劉宗德
版權經理／郝麗珍
行銷企劃／徐千晴
行銷業務／李秀蕙
業務專員／馬絮盈、留婉茹
業務經理／林裕安
總 經 理／陳絜吾

出 版 者／大是文化有限公司
臺北市衡陽路 7 號 8 樓
編輯部電話：（02）23757911
購書相關資訊請洽：（02）23757911 分機 122
24 小時讀者服務傳真：（02）23756999
讀者服務 E-mail: dscsms28@gmail.com
郵政劃撥帳號：19983366　戶名：大是文化有限公司

法律顧問／永然聯合法律事務所
香港發行／豐達出版發行有限公司
Rich Publishing & Distribution Ltd
香港柴灣永泰道 70 號柴灣工業城第 2 期 1805 室
Unit 1805, Ph.2, Chai Wan Ind City, 70 Wing Tai Rd, Chai Wan, Hong Kong
Tel：21726513　Fax：21724355
E-mail：cary@subseasy.com.hk

封面設計／孫永芳
內頁排版／邱介惠
印　　刷／緯峰印刷股份有限公司
出版日期／2022 年 12 月初版
定　　價／新臺幣 460 元
I S B N／978-626-7192-42-9
電子書 ISBN／9786267192603（PDF）
9786267192610（EPUB）